从深圳到雄安

——中建三局争先之道

许名波◎著

红旗出版社

图书在版编目（CIP）数据

从深圳到雄安：中建三局争先之道 / 许名波著. —
北京：红旗出版社，2019.6

ISBN 978-7-5051-4883-3

Ⅰ. ①从… Ⅱ. ①许… Ⅲ. ①建筑企业—企业史—中
国—现代 Ⅳ. ①F426.9

中国版本图书馆CIP数据核字(2019)第127352号

书　　名	从深圳到雄安：中建三局争先之道		
著　　者	许名波		
出 品 人	唐中祥		
总 监 制	褚定华	责任编辑	朱小玲
出　　版	红旗出版社	内文设计	张　敏
邮政编码	100727	地　　址	北京市沙滩北街2号
编 辑 部	010-57274497		
发　　行	北京华景时代文化传媒有限公司	电　话	010-83638551
印　　刷	北京中科印刷有限公司		
开　　本	710毫米×1000毫米　1/16		
字　　数	234千字	印　　张	19
版　　次	2020年1月北京第1版	印　　次	2020年1月北京第1次印刷
ISBN 978-7-5051-4883-3		定　　价	42.00元

序一

伟大进程中的生动案例

习近平总书记指出，改革开放是当代中国发展进步的活力之源，是党和人民事业大踏步赶上时代前进步伐的重要法宝，是坚持和发展中国特色社会主义的必由之路。

改革开放之所以伟大，是因为改革开放以来的 40 多年是中国历史上最为波澜壮阔的历史进程之一；是因为改革的进程无比艰难曲折，无论是思想层面、顶层设计层面还是微观经济层面，每一次进步都可谓步步惊心。我十分有幸亲身经历并参与其中，亲眼见证了这个伟大时代。

还记得 1956 年，我在第一机械工业部工作时曾看到这样的事：沈阳有两个相邻的工厂，一个变压器厂、一个冶炼厂，都是政府行政主导的企业。变压器厂需要大量的铜，由主管的一机部从云南等地运到沈阳；而冶炼厂生产的铜则由冶金部从沈阳运往全国各地。现在看起来挺可笑，但当时就是那样。一墙之隔的两个厂由于行政主导，没有市场，造成资源的极大浪费。

1982 年，我被调入刚成立的国家经济体制改革委员会。从此，研究经济改革成为我的主要工作。这一年，党的十二大召开，明确提出要系统地进行经济体制改革，提出“计划经济为主、市场调节为辅”的原则，这是党的文件第一次提到“市场”，第一次提出了指令性计划和指导性计划的划分，从而撕开了传统计划经济体制的口子，为下一步突破奠定了基础。

我在《从深圳到雄安》这本书稿中看到，中建三局也正是在这一年走向深圳特区，开始从计划经济时代的“等饭吃”到向市场“找饭吃”，承接到建设华夏第一高楼——深圳国贸大厦的项目，还创造了代表中国经济崛起的“深圳速度”。可以说，没有改革开放就不可能有“深圳速度”，也就不可能有今天深圳和今天中国“大海一样雄阔”的经济实力。

改革最难的是，不断攻克体制机制上的顽疾，突破利益固化的藩篱，不断解放和发展生产力，不断激发和凝聚创造力。

记得在 1984 年，我参与起草了《中共中央关于经济体制改革的决定》，这份纲领性文件后在党的十二届三中全会正式通过，《决定》明确指出：“商品经济的充分发展，是社会经济发展的不可逾越的阶段，是实现我国经济现代化的必要条件。”

邓小平同志对这个《决定》给予了很高的评价。他说：“这次经济体制改革的文件好，就是解释了什么是社会主义，有些是我们老祖宗没有说过的话，有些新话，我看清楚了。过去我们不可能写出这样的文件，写出来，也不容易通过，会被看作‘异端’。我们用自己的实践回答了新情况下出现的一些新问题。”

我注意到中建三局企业文化的核心是“敢为天下先，永远争第一”。这就很好，我们谋生存、干事业、求发展，推进改革开放就是在走前人没有走过的路，就是“摸着石头过河”。

许多如同中建三局这样由国家指令性计划成立的老国企，是组成中国经济板块的重要拼图，一向是中国经济体制改革的难点和重点。他们具有“红色基因”，有许多优良传统，但是在国家改革开放的进程中，也暴露出许多问题。不将他们的问题研究透、解决好，中国改革开放进程就不能算是完美。我非常欣慰地看到，中建三局的发展壮大历程都与中国改革开放的伟大进程相互印证。中建三局在发展壮大的进程中，经历了种种曲折和艰难，但是三局人百折不回、永远向前，一如中国的改革历程。

我长期研究宏观经济，但是所有的宏观经济、顶层设计和各种政策规定最终都将由微观的实体企业来体现和完成。习近平总书记说：“今天的中国经济已经是一片大海！”那么大海的形成正是由无数充满活力的企业汇聚而成，无论是民营企业还是国有企业，都是汇聚成这片大海的欢快细流。研究中国经济，中建三局是生动的案例；研究国有企业，中建三局是鲜活的标本。

从深圳特区到雄安新区，恰好是中国改革开放 40 多年来的两个重要节点，这也表明中国经济已经进入了一个全新的时代。中建三局在这两个重要节点上都有突出贡献，这不是偶然。

如今，我每次路过长安街，都能看到一幢巨大的建筑正在悄悄长高，那就是“中国尊”。有人告诉我，这是北京第一高楼，是由中建三局建设的。这些年来，我跑遍全球，也跑遍全国各地，中国经济的发展最直接的体现就是在建筑上，中国的每一座城市都在长高、变大，路更宽、桥更多，更便捷、更绿色、更文明——就如同其建设者将一个个坐标标注在这个伟大的时代。

是为序！

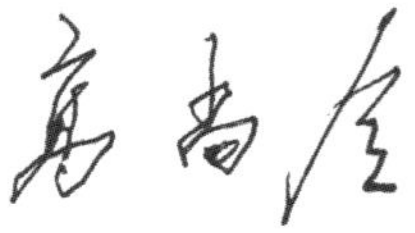

（原国家体改委副主任、中国经济体制改革研究会原会长、著名经济学家）

序二

坚守初心使命　致力世界一流

水有源，树有根。国家的发展必有其源，企业的发展也必有其根。根是文化，是基础，亦是初心。

2015 年，时值中建三局五十华诞，我们推出了首部长篇报告文学《敢为天下先》，记录了自三线建设以来三局发展进程中发生的惊心动魄的攻坚故事、涌现出的可歌可泣的模范人物。书中对企业发展变迁进行了忠实还原，回答了三局“从何而来”的问题。“从何而来”就是我们的初心，就是我们的根脉。在我看来，我们初心的内核就是“听党指挥、建设祖国”，是永远的“建筑国家队”——这一点不因时代变化而更改、不因市场变化而位移。

从三线建设到改革开放，我们从大山大川走向大江大湖，积极投身到伟大的时代变革，三局在建设祖国、标注时代的同时也逐步发展壮大。许名波同志拿着这本《从深圳到雄安》请我作序。我能感觉到，作者被那些时代标注的璀璨故事、企业发展的曲折历程深深影响，他试图从旁观者的角度解码企业，却掩饰不住参与者的澎湃与感动。

从深圳特区到雄安新区，是中国改革开放伟大进程中的两个重要节点。本书将企业置于改革开放40多年风云际会，从三局出征特区起笔，到布局全国、管理变革，再到建功雄安，对时代与企业改革发展做出了深刻剖析，既有思辨的冷静与客观，亦有情怀的热忱与执着，很好地平衡了学理性与可读性。更难能可贵的是书中许多地方直陈中建三局发展痛点，甚至自揭短板。或许有些观点还可商榷，一些总结还可提炼，但是这种态度是值得肯定的——企业的发展需要多角度审视，我们的事业需要多方位反思。

从出征特区，到布局全国，再到走向海外，中建三局排除万难，一步步成长为国内建筑施工领域的领先者；从“鲁布革试点”，到总承包管理，再到“三商一体”，中建三局锐意改革，勠力创新，以转型升级书写从优秀走向卓越的崭新篇章。但是我们的前行之路并非一帆风顺，一路走来，我们奋力爬坡过坎、穿越激流险滩，经受挫折、有过失误。好在我们从未忘却初心、从未舍弃使命。

中建三局的辉煌业绩不是偶然，而是在党的领导下，几代三局人不忘初心、牢记使命、奋勇拼搏的必然。我认为本书很好地回答了我们“因何而兴”的问题。

40多年改革不息，70载长歌未央。我们聆听时代的脉搏，感受时代的体温。我们共同看到：一个华丽的新时代正徐徐展开。生于这个时代，我们与有荣焉，理当以砖瓦做笔，以砂石研墨，用建筑为时代树碑立传！

习近平同志说，为中国人民谋幸福，为中华民族谋复兴是中国共产党人的初心和使命，也是改革开放的初心和使命。具体到我们企业来说，我们的初心就是坚持“听党指挥、建设祖国”，而我们的使命就是勇当“大国顶梁柱”，致力成为世界一流名企。这是历史、更是现实赋予的任务，也是我们“去向何方”的路标和方向。

站在新起点，面对新挑战。如今的三局正处在转型攻坚的关键时期，为中国建造贡献更多成果，为城市运营提供更多方案，为人类命运共同体构建带来更多贡献，是我们致力“三个转型”的理想与追求。我们在工程局第六次党代会上提出打造“最具价值创造力的世界一流投资建设集团”的新目标，这是我们勇当“大国顶梁柱”使命的具体表述，也是我们从大江大湖走向大海大洋的使命担当。

党的十九大提出了要培育具有全球竞争力的世界一流企业。中建集团被确定为创建世界一流示范企业的10家央企之一，我们作为中建集团旗下的排头兵企业，理当将创“世界一流企业”作为我们新时代的新使命。那么何谓“世界一流企业”？国务院国资委强调要实现“三个领军、三个领先、三个典范”。“三个领军”是指在国际资源配置中占主导地位、引领全球行业技术发展、在全球产业发展中具有话语权和影响力的领军企业；“三个领先”则是在全要素生产率和劳动生产率等效率指标、净资产收益率和资本保值增值等效益指标、提供优质产品和服务等方面的领先企业；“三个典范”是在践行新发展理念、履行社会责任、拥有全球知名品牌形象的典范企业。

显然，我们要实现以上三个“三”还有很长的路要走，但是我们走过千山万水，就是为了更勇敢坚定地跋山涉水。可以想见，我们面对的困难和问题肯定很多，可借鉴的经验却很少。因此，我们必须以更加昂扬的斗志、更加争先的精神投身到新的历史使命中去。

薪火相传，弦歌不辍。家国梦和企业梦、个人梦从来都是相伴相生。我们的征途永无终点，我们的奋斗永不止歇。

不忘初心，我们是永远的“建筑国家队”！

牢记使命，我们奋力勇当“大国顶梁柱”！

（中建三局董事长、党委书记）

目 录

第三章　智者常虑

第四章　因势而变

第五章 千年雄安

引 子

2018年春节，正值万家团聚的时节。距离北京105公里的河北容城县城郊，北风如刀，寒气袭人，前一天的一场冬雪给燕赵大地披上一层银色的薄被。在一处偌大的工地上，却是机器轰鸣、人声鼎沸，正在热火朝天地施工中。

敏锐的媒体早就发现了这个工地与其他工地的许多不同之处，比如更多地采用装配式建筑、更智能化的生产方式、更绿色的发展理念，当然最大的特别之处是：这是雄安新区的第一个重大工程和样板工程。

正在施工的工程是雄安市民服务中心，媒体称之为“雄安第一标”！

正在现场采访的央视记者拦住一位50多岁敦厚的中年汉子，问他：“春节加班会很辛苦吗？”

“辛苦？比起30多年前我在深圳国贸大厦时可强了许多，因为如今工地的条件好了，管理更完善，技术更先进。”汉子自信而淡定的回答引起了记者的极大兴趣。

这位汉子名叫宋福生，曾于1984年参加深圳国贸大厦的施工，是“深圳速度”的亲历者，他至今仍清晰记得1984年第一次来到特区深圳的情形。

彼时，子承父业的他，成为中国建筑旗下子公司一名抹灰工，此前在湖北荆门上班。“接到调令，说是要参加深圳国贸大厦项目的建设。当时，一同出发的还有几个班组，行李都是卡车运送过去，人都是坐火车。我们一到工地就迅速进入现场开始干活，我主要是负责装修抹灰。我印象最深刻的就是，从160米高的深圳国贸大厦楼顶往下看，路面上的汽车特别小。”

这座当年的“华夏第一高楼”深圳国贸大厦，首次在国内采用大面积整体同步滑模工艺，创造了“三天一层楼”的“深圳速度”，成为中国改革开放迅猛发展的代名词之一，书写了“中国奇迹”。

30多年后，宋福生他们又将在雄安新区创造新的建设奇迹。

从深圳特区到雄安新区，宋福生跟随企业一起走南闯北，从青春少年变成了中年大叔，已成长为质量与安全监督领域的工匠能手。作为该项目二工区安装质量总监，他每天雷打不动的一项重要任务，就是对工程已经安装完成的管线进行抽样检测。

宋福生对记者介绍说：“过去，项目机械很单一，主要靠人海和塔吊。如今，在雄安市民服务中心项目中，施工技术先进，现场有大型机械近百台。项目建设速度惊人，有时即使是上午和下午对比，建设现场都会呈现两个样子。在这里，盖房子如同搭积木，用三维建筑模型优化施工工艺，机电管件采用数字化加工，一些很难焊接的地方还会用到焊接机器人，这些都让作业偏差变小，但功效更优。”

时光易逝，情怀不老。

“改革开放40多年来，我从弱冠之年到知命之年，我所在的企业也发生了巨大而深刻的变化。”宋福生将饱含深情的目光投向热火朝天的施工现场，感慨地说，“从‘深圳速度’到‘雄安质量’，这么多年来，我一直是一个普通的建筑人，但是我们所建起的高楼、路桥，却见证了咱们国家的伟大发展。施工完‘雄安第一标’，我的职业生涯也就没有遗憾了。”

宋福生口中的“所在的企业”，就是中国建筑第三工程局有限公司（以下简称“中建三局”或“三局”），是一支成立于1965年的“建筑国家队”，从三线建设到开拓深圳，再到今天成为建设雄安新区的先锋队，已经成为业内知名的投资建设集团。30多年来，他们传承红色基因，和改革开放进程同频共振；他们满怀家国天下，与大国崛起之路相互印证。

从深圳特区到雄安新区，恰好是中国改革开放进程的两个关键节点，也是这个伟大时代的两个经典坐标。

从“深圳速度”到“雄安质量”，中建三局及其员工恰逢其时，在看似偶然的相遇中，其实有着内在的必然。

砖瓦如笔，标注时代。

人们感知的时代变化，没有什么比高高耸立的建筑和通达四方的路桥来得更直接、更直观。千千万万的“宋福生”，以及以中建三局为代表的许多中国企业正是这个伟大时代的见证者、建设者和参与者。

参天之木，必有其根；怀山之水，必有其源！

从1978年到2018年的40年间，世景变迁让人恍如隔世。这个有着近14亿人口的国度就如同一个巨大的试验场。人们在迷雾中摸索、在困境中挣扎、在跌倒中爬起，如同涓涓细流千回百转、汇流成河，终成不可阻挡之洪流，一路高歌猛进奔流到海。按国家统计局历年公布的数据，1978年全国GDP为3645亿元，2018年为900309亿元（注：根据国家统计局官网数据），40年间增长247倍！经济总量从世界第十位跃升至第二位。中国的经济、人们的生活、企业的发展等都发生了翻天覆地的巨变。

世界都看到了一个奇迹般崛起的中国。

客观地说，过去的每一段时光都是唯一的，但是改革开放的40多年则更为独特和不可复制。我们脚下这片神奇的土地每一秒都在发生着不可思议的神奇的变化，这个时代是如此雄浑壮丽、波澜壮阔，要想全面总结改革开放40多年的伟大成就是困难的，因为可歌可泣的成就浩瀚如海。

但复盘一家企业的发展之路或许是可能的——比如宋福生所在的中建三局。

中建三局的年产值从1978年的5381万元到2018年的过2000亿元，40年增长约4410倍。从以土建施工为主的传统建筑施工企业成长为综合性投资建设集团公司，从以困守“围城”的“建筑队”成长为跨国企业。40年间他们建起的无数高楼和路桥正是这个时代最好的注脚。

作为一家国企，中建三局在这场伟大的变革中有着怎样的奋斗故事？又有过怎样的彷徨、挣扎甚至是困惑？或许，解析中建三局的改革之路，以一家企业的发展作为标本进行分析研究，多少可以为我们感知中国改革开放40年来的伟大进程和中国建筑业的发展历程提供一点点参考。

那么，就让我们从40年前开始讲述吧！

第一章

出征特区

“三天一层楼”的“深圳速度”享誉中外，成为中国改革开放迅猛发展的代名词，载入了特区建设、中国建设的史册。

这座大厦已不仅仅是一座摩天大楼，它是深圳精神的体现，是一个时代精神的缩影。而“深圳速度”，不仅仅是深圳的速度，也不仅仅是三局的速度，已经成为我们民族崛起的速度！

1 真理标准之辩

大多看似突然发生的故事其实暗中铺垫已久，就如同春天的到来必然经过严冬，种子发芽前会在黑暗的泥土中蛰伏多日。

1978 年 5 月 12 日，刚入夏的武汉南湖之滨，菜花金黄，田地间一派忙碌。在这一大片连绵的耕地之间，有一个围墙圈起来的院子，显得有些突兀。一条黄土路从围墙前划过，偶尔有车开过，总会卷起一阵灰尘。这条路后来叫珞狮南路，因为路的起点是坐落着武汉大学的珞珈山，终点是华中农业大学的狮子山。

围墙内就是国家建委第三工程局的总部所在地——因此被周围的人们称为“三局大院”。三局大院于 1975 年开建，系三局在西南地区完成三线建设任务后，从贵州省安顺市搬迁而来的总部基地。三局大院所在地正处于珞狮南路的中间位置，属于交通不便的郊区，院子中的员工们如果要上街，需要等半小时以上才会有一辆公交车摇摇晃晃地开过来。但对这群刚刚从大山中走出来的建筑人来说，能有这么一大块地方用于建设总部基地，已经非常满足了。三局下属的几家公司总部则建在更远的地方，比如一公司（时名为四公司）位于荆门市，二公司位于武昌县（今江夏区），三公

武汉珞狮南路三局大院

1975年开建，系中建三局迁到武汉后的总部基地，人称“三局大院”

司则在150公里外的蒲圻市（今赤壁市），机械施工公司（后改为四公司）也在武昌县。

大院中刚栽种不久的柏树正生机盎然，时任三局临时党委书记的岳洪林在办公楼传达室拿到了当天的报纸，每天读报是他多年的习惯。他在当天的《人民日报》上看到了一篇转载《光明日报》的特约评论员文章《实践是检验真理的唯一标准》。文章明确提出：检验真理的标准只能是社会实践！

文章最后写道：“社会主义对于我们来说，有许多地方还是未被认识的必然王国。我们要完成这个伟大的任务，面临着许多新的问题，需要我们去认识，去研究，躺在马列主义毛泽东思想的现成条文上，甚至拿现成的公式去限制、宰割、裁剪无限丰富的飞速发展的革命实践，这种态度是错误的。”

岳洪林几乎本能地察觉到这篇文章不简单，于是将这句重重地画了好几笔下划线，陷入了沉思。

岳洪林曾经是三局进入攀枝花的第一人，率领三局员工翻越西南大山、穿行于黔东南高原从事三线建设，1975 年又率队迁入湖北武汉，是三局最早的技术型领导之一，此时正以“临时党委书记”的身份领导三局，是第一责任人。

果然，这篇文章的发表在当时沉闷窒息的中国社会引起了巨大反响，有人认为这是在“砍旗”，是违反中央精神和反对毛泽东思想，讨伐之声隆隆四起。于是，一场关于真理标准问题的大讨论在全国掀起。

这一年 5 月 19 日，邓小平在接见文化部核心领导小组负责人时谈及此文，认为文章是符合马克思列宁主义的。6 月 2 日，他又在全军政治工作会议上再次以此文为题，严厉批评了教条主义，号召“打破精神枷锁，使我们的思想来一个大解放”，指出关于实践是检验真理唯一标准问题的讨论，非常有必要。11 月 10 日至 12 月 13 日，中央在北京召开了为期一个多月的工作会议，其核心议题就是讨论国家的经济问题，邓小平在闭幕式上强调，“解放思想是当前的一个重大政治问题”，“真理标准问题的争论，是个思想路线问题，政治问题，是个关系到党和国家的前途和命运的问题”。这是对持续半年之久的真理标准问题讨论的科学总结。直到 1981 年，党的十一届六中全会做出了《关于建国以来党的若干历史问题的决议》，关于真理标准问题的讨论才告一段落。

这场关于真理标准问题的大讨论，影响了中国改革的整个进程。在思想基础上，它彻底摧毁了“两个凡是”的政治原则，倡导一种全新的实践主义理论。而在经济变革中，它试图建立一种全新的思想基础和商业伦理。在后来的十多年里，它与“以经济建设为中心”以及“稳定压倒一切”等政治格言一脉相通，分别从方法论、战略目标和成长边界三方面进行了清晰的表述，从而构成了中国的改革文化和思想基石。

在几乎所有的经济和政治变革中，首先必须是思想转变，然后才是制度之变。可以说，此后数十年的中国的改革开放进程均以此次“真理标准之辩”为发端；也可以说，日后中国企业及其他事业的发展，折冲百回，曲线前行，都以此为最根本的起点和边界。

此时的三局，刚刚调迁到湖北，系一支成立于 1965 年的大型国营建筑企业，成立之初的主要任务就是进行三线建设。然而，三线建设任务完成之后，当时的国内与国际形势均发生了深刻变化。三局千里调迁湖北之后，其实也正面临着外部经营环境的制约和挑战，比如：如何解决任务不足的大难题？未来的目标何在？存在的意义何在？这些问题都让原本处境尴尬的三局又呈现出复杂多变的色彩。

岳洪林在这次“真理之辩”中嗅到了非比寻常的味道，在局党委发起了学习和讨论。

而在距离武汉 200 多公里的小城荆门，三局一公司的机械动力管理员、32 岁的孙文杰正在学习英文，毕业于同济大学的他是三局当时为数不多的知识分子。但在这家有着数千人的建筑公司，孙文杰的存在感并不高，知道他的人并不多。他也读了那天的《人民日报》，并在其中也似乎读到了什么。

同在小城荆门，35 岁的洪可柱正在为自己工厂生产的灯泡销路和成本过高发愁，当时他在三局灯泡厂任厂长。这是一个由三局一公司职工家属为主组建的厂办小企业，是处于计划经济和市场经济夹缝中的一个集体小厂，但也是三局第一个直接对接市场的企业。洪可柱在这里早早地感知了市场的气息，接受了市场的洗礼，培养了他的竞争与成本意识。

孙文杰的机会来了又失去，中建总公司要抽调一批知识型员工赴美国琼斯建筑公司学习，先是到沈阳建工学院进行封闭式的英语强化训练。但是 3 个月后，就在即将成行之际，因美国对台军售造成中美关系恶化，他的美国之行被取消。他有些落寞地回到荆门，但是他仍然坚持英语和专业知识的学习，他坚信这些知识总有一天会派上用场。

1978 年，孙文杰所在的一公司总经理是已经 49 岁的张恩沛，他正率领一公司的干部职工大战荆门炼油厂、荆门电厂等项目。军人出身的张恩沛表现出一贯惊人的工作热情，他吃住都在工地上。他的另一个部下——人称“铁姑娘”的李传芳此时是施工队队长，正带着一帮大老爷们儿用一些简单的工具从事繁重的劳作。10 年前，也就是在贵州大山深处的三线建设时期，张恩沛曾遭造反派批斗，被下放到木材厂当一名砍伐工，在那里他碰到刚刚大学毕业的李传芳，他们也就是从那时成为守望相助的战友。

1978 年底，有一个细节值得一提，即企业“革委会主任”这个职位悄然消失，被彻底地锁进了历史的档案柜。这一年 12 月 18 日，党的十一届三中全会在北京召开，在这次具有历史转折意义的大会上，以邓小平同志为主要代表的中国共产党人开启新的征程。全会做出了将党的工作重点转移到社会主义现代化建设上来的决定。人们将这一年称为中国改革开放的元年！岳洪林组织三局全体干部职工学习党的十一届三中全会精神，他敏锐地察觉到中国的命运列车即将变轨，国家的发展主轴将迎来全面的改变！

如果说此时的中国是一个巨大的沉闷的湖泊，那么一场改革的大潮即将掀起，将搅动这个巨大湖泊下的每一颗泥沙，也将影响到每一个人。无论是三局还是孙文杰，或者是张恩沛、洪可柱以及三局的1.4万名员工，他们的人生轨迹都将发生重大改变。

2 时代之问

据英国著名经济学家安格斯·麦迪森所著《世界经济千年史》《世界经济千年统计》，从公元元年到1889年间中国经济总量一直居世界第一位。因为这期间是农业经济时代，中国的农业技术长期领先于世界。同时，这与历代推动经济变革的思想、政策也是分不开的。

2700年前，春秋时期的管仲就以“重商主义”变法思想帮助齐桓公创造齐国盛世。如今的中国“宏观要稳、微观要活”就与管仲倡导的“放活微观、管制宏观”一脉相承。其“盐铁专营”思想也比英国经济学家凯恩斯提出的“国家干预经济替代自由放任”早了2000多年。

而秦国的“商鞅变法”更是对后世影响深远。商鞅提出了“废井田、重农桑、奖军功、实行统一度量和建立县制”等一整套变法求新的发展策略，“以农立国”就是今天的“农业是国民经济的基础”这一思想的基础。在秦孝公死后，商鞅失去变法的强有力支持者，只得逃亡，最终死于秦军的车裂之刑。但秦国的变法效果显著，奠定了秦国强大进而统一中国的基础。这些思想至今仍在经济发展、社会治理中得到应用，可谓泽被千年。

此后的中国有汉武帝推行政治经济改革、北宋王安石以“理财”“整军”为核心变法等，均造就盛世。

然而，因为政治僵化、闭关锁国等原因，中国错过了第一次工业革命。1765年，蒸汽机的发明使得英国、德国等国凭借先进的工业技术快速崛起。

此后清政府虽然也开始了“洋务运动”，但是落后挨打的局面已经形成。从第一次鸦片战争时起，中国开始了长达100多年的屈辱历史。

在1800年，中国的GDP还占全世界的33%，到1948年已下降到4%，可谓国力羸弱、一穷二白。

伟人毛泽东于1949年10月1日在天安门城楼向全世界发出强音：“中国人民从此站起来了！”从此开启了由中国共产党领导人民进行社会主义革命和建设的伟大征程。

到1978年，改革开放总设计师邓小平向世人宣告：“不打破思想僵化，不大大解放干部和群众的思想，四个现代化就没有希望。”

1978年，在这片土地上开始的这一次变革，与中国历史上的任何一次都不同。因为，这是由中国共产党领导的一场自上而下、自内向外、由表及里的变革。

只是当时身处其中的人们，未必知晓他们所承担的历史重任！

1978年的三局工程计划处，经常挤满了下属公司来要任务的人。因为没任务，就意味着公司没有收入。计划处的同志只得安抚大家说：“一旦有任务，绝对会第一时间通知你们。”但他们自己也清楚，任务不是说要就有的，他们还得到湖北省建委去跑、去要、去等。

其时，三局所有的工程任务都依靠政府划拨、分配，然后由局总部根据各公司情况再行分配。而湖北省当时的任务量并不大，还要优先照顾省属企业和市属建筑公司。三局作为中国建筑业的“国家队”和“野战军”正面临着任务不饱和、干部职工吃不饱饭的艰难困境。当时职工们衣食住行的条件都极其恶劣，比如三局三公司的许多职工在完成了华中农业大学的校舍建设任务后，无处可去，仍然住在当初搭建的工棚中长达十几年之久。没有任务便在校园中开荒种地，他们的举动让校方很为难，多次要求他们搬走，但是这些职工并不知道搬去何处，对他们来说这简陋的工棚就是家。许多青年职工的婚姻也成了大问题，企业内部的女孩子以嫁给地方为荣，而企业外部的女孩子更是不愿嫁进来。当时有一首打油诗流行一时，有这样一句：有女不嫁建筑郎，家无余粮更无房。

如何生存？如何发展？这不仅仅是一家建筑企业的问题，更是这个民族共同面临的艰难问题。

在“真理标准问题大讨论”的思想热浪掀起之后，1978 年 10 月 22 日，邓小平出访日本，先后参观了东京的新日铁公司和日产汽车公司。在日产的一个汽车厂里，他真正领略了“现代化”的生产线。在大阪考察时，他专程去了松下电器公司的茨木工厂，在那里，他会见了另一位亚洲传奇人物——松下公司创始人，被尊称为“日本经营之神”的松下幸之助。这次访问让邓小平印象深刻，也让他意识到中国企业与世界一流企业的巨大差距。

1978 年的中国企业是怎样的景象？也许我们从外国人眼中能看得更真切一点。1978 年 7 月 28 日的《华盛顿邮报》刊登了记者杰伊·马修斯发表的一篇中国工厂观察记。在这篇题为《尽管宣布要对工厂进行改革，工作仍然松松垮垮》的报道中，马修斯写道：

> 同中国大多数工厂的情况一样，桂林丝厂的工人看来并不是干劲十足的。就业保障、退休金保证以及其他一些好处促使中学毕业生拼命挤进工厂去工作。因此，许多人都挤进了本来就已经过多的工人行列。生产线上工人过多使工人长时间地闲着。在我逗留的几分钟里，只有一个女工干了活，而没有一个女工说得清楚她们的生产定额是多少。
>
> 中国工人把他们的工作看成一种权利，而不是一种机会。工

厂管理人员对于工人阶级中的成员不敢压制。在这种企业里，工人的身份是可以世袭的，当一名工人退休时，他或她可以送一个子女到这家工厂工作。桂林丝厂有2500多名工人，从来没有解雇过一个人。

这家工厂的革委会主任谢广之（音）告诉记者，去年，全厂85%以上的工人都增加了少量的工资。由于几乎所有的工人都增加了工资，所以这次加工资没有起到明显的刺激作用。从今年开始，工厂开始对一些劳动好的工人给予少量的奖金，一季度的奖金不超过1.75美元。

最后，马修斯断言："这种松松垮垮的工作态度，仍然是妨碍这个世界上人口最多的国家实现现代化的一个主要障碍。"

那么三局的情况又如何呢？此时，三局一公司系任务饱和的公司，但是仍然生存艰难。张恩沛后来回忆说："由于僧多粥少，企业惨淡经营，步履艰难，尤其是一公司地处荆门这个内陆城镇，受地域影响，生存危机十分严重！"一公司作为任务饱和的公司之一尚且如此，其他公司状况可想而知。

另据李传芳的一段回忆，可以看出当时企业的情况。"当时我任施工队队长，由于大家是吃'大锅饭'，工人们的收入主要是按月领取固定工资，'磨洋工''混日子'情况比较普遍。"

李传芳曾为此着急上火，总想着凡事自己带头激励工人们，她一个女人，常常抬着100公斤的预制板上墙头，因此得名"铁姑娘"。但是她终究不是铁打的，繁重的体力劳动影响到她的身体健康，以致她的第二个孩子流产。她试图以自己的示范作用带动工人们的积极性，但是这样的带头示范作用收效甚微。

档案显示，1978 年的三局全年产值 5381 万元，利润 146 万元，而全局职工达 1.4 万多人，人均产值仅为 3619 元。

这代表了当时中国建筑业的普遍情况：利润率低、生产效率低、科技水平低、企业冗余人员多——俗称“三低一多”。

当时收入分配制度存在的问题很多，归纳起来主要是“低、平、乱、死”。“低”是部分职工工资偏低；“平”是平均主义，劳酬脱节现象比较严重，职工工资同企业经营好坏与劳动贡献大小不挂钩，干与不干、干多干少、干好干坏一个样，有人形容为“苦了干的，养了懒的，便宜了调皮捣蛋的”；“乱”是工资标准多；“死”是工资管理过于死板，企业没有自主权，缺乏主动性、积极性。这些直接导致了员工责任意识淡薄，生产效率低下。

员工们拿到工资，也并不等于就有了粮食，还需要凭粮票去指定的地点才能换来粮食。三局大院的员工们则需要搭公交车到街道口或者指定副食店。物资紧缺，猪肉、水果等更是很难买到，当然很多员工也都买不起。副食店 8 点才开门营业，可是从凌晨时分已经开始排起了长队，在呼呼的寒风中，人们揣着粮票、肉票、油票、糖票等花花绿绿的票证，只等开门抢购。改革势在必行，但是如何改？怎样改？又找不到一条明确的路径。

在这时，有一些建筑企业自发地进行了一些改革改良，比如北京市第六建筑公司采用“全优超额奖”的办法，按照完成的主要经济指标确定超额奖金，完成指标好的奖金就多，完成指标差的奖金就少，单位之间不拉平，工人、队组按照全优标准考核，超额不封顶，完不成经济指标减发奖金和工资。这一举动大大提高了工人的积极性，生产效率和工人收入大幅上涨。这如同一颗石子击破了平静的湖面，许多企业开始向他们学习。

三局也决心引进这一做法。这一年年底，三局在一、二、三公司和机械施工公司共 5820 名直接生产工人中试行这种做法，并制定了三局版的《全优综合超额奖暂行办法》。

结合 1978 年全国科技大会的会议精神以及“科学技术是生产力”的指导思想，三局在 1979 年 2 月成立了建筑科学研究所，6 月颁布实施了《技术改进奖励暂行办法》，这是对科技、对知识的全面觉醒。同时，在 1979 年 10 月，三局成立了调整职工工资办公室，局长楚福和任主任。这些在当时看似不起眼的细节，表明了企业以经济发展为主轴进行机制改革的迫切心情。

同时，更深层的国家改革方案开始发酵，人们似乎看到了希望的曙光！

但是改革到底向何处去？恐怕在那时，还没有人能给出确切的答案。不过邓小平在中国的南海边画了一个圈，仿佛为人类经济史上即将上演的重头戏写下了一个精彩的开局。

3 特区之特

1979 年 4 月 5 日，距离“真理标准问题大讨论”近一年之际，正值阳春时节，南方高大的木棉花灿烂吐蕊、摇曳枝头，北京中南海的杨柳刚刚染绿。中央在北京再次召开工作会议，广东省委汇报了利用广东的地域优势，在沿海划出一些地方单独管理，设置类似海外的出口加工区和贸易合作区，以吸引外商前来投资的想法。

会议间歇，邓小平与时任广东省委第一书记习仲勋谈话。邓小平说，你们上午的那个汇报不错嘛，在你们广东划出一块地方来，也搞一个特区。

过去陕甘宁边区就是特区。中央没有钱，你们自己搞，要杀出一条血路来。

这次会议正式明确深圳、珠海、汕头和厦门试办出口特区，并指示广东省委先重点抓好深圳。

1980 年 3 月末，国务院在广州召开广东、福建两省工作会议，研究并提出了试办特区的一些重要政策，并同意把原拟的“出口特区”名称改为“经济特区”。1980 年 8 月 26 日，第五届全国人大常委会第十五次会议批准了《广东省经济特区条例》。这一天成为深圳经济特区成立日。这也是中国全面走向改革开放的重要标志，是这个伟大国家的重大抉择。

后来有一首叫《春天的故事》的歌曲传唱大江南北，歌词写道：

一九七九年
那是一个春天
有一位老人
在中国的南海边画了一个圈
神话般地崛起座座城
奇迹般聚起座座金山
春雷啊唤醒了长城内外
春晖啊暖透了大江两岸
啊，中国，中国
你迈开了气壮山河的新步伐
你迈开了气壮山河的新步伐
走进万象更新的春天

这个老人就是中国改革开放总设计师邓小平，画的圈自然是指深圳！

40年后，人们都知道，这个“圈”不仅彻底改变了中国的经济进程，甚至放在整个人类发展史上来说都影响深远。

搬掉罗湖山，填平罗湖洼地。深圳特区的建设开始了。

深圳特区的成立，需要大量的建设，作为国有大型建筑企业的中建三局迎来了机遇。

1981年10月的一天，岳洪林在办公室接到国家建工总局的来电，希望三局派人到深圳特区承揽任务，以支援国家对深圳特区的建设。放下电话，岳洪林就先找楚福和商量。岳洪林说：“特区建设工作量肯定巨大，这将是我局的一个机会。更何况我局一向以响应国家号召为己任。”

楚福和也说：“是啊，我们三局似乎与‘特区’特别有缘，三线建设时期的渡口称为‘攀枝花特区’；队伍开拔贵州后，所在地又称为‘六盘水特区’；这一次的‘深圳特区’，我们三局当然是不能错过的。”

他们在出征深圳的重大抉择和认识上达成了一致。

派谁去呢？岳洪林提出让张恩沛去。他说：“我看先期派出一公司比较合适，主要是基于三个理由：一是张恩沛是个勇于开拓的领导，他早就有出征的愿望；二是一公司待在荆门这个内陆城镇，任务量不大，也需要找米下锅；三是一公司在承建荆门热电厂、荆门炼油厂之后，资金积累比较充裕，还有部分材料节余，有冒险的本钱。”

楚福和表示赞成：“张恩沛是当兵的出身，敢闯敢拼，有责任、能担当。”

张恩沛出发前去向岳洪林汇报，楚福和正好也在。张恩沛有些不安地说：“万一失败了怎么办？”

岳洪林说：“我给你设想三种情况，一是赔它个几百万元，二是不赔也不赚，三是赚一点回来。不管哪一种情况，我想局党委都是可以接受的。”

楚福和郑重地说："无论什么事情，我们都要大胆地去试一试。我想中央搞经济特区也是没有经验的，中央领导都不怕，我们怕什么？"

岳洪林说："国家建工总局对我们提出了三个希望：一是创名牌、树信誉，影响东南亚；二是用我们的力量抵制境外力量；三是总结一套与外商打交道的经验。这也是我们代表组织对你提出的希望，你要努力去实现它。"

以上信息来自三局 1996 年出版的《光辉的历程》一书，主要来自岳洪林的回忆录。

张恩沛身材高大，性情耿直。其时已经年过五十，但是早年的军伍生涯让他保持着一贯的雷厉风行，同时他始终充溢着一种饱满的理想主义激情。第二天，张恩沛带着夏祖根（一公司合同预算科科长）、刘敏智（局经营部工作人员）两人踏上了南下的火车。

有一个近乎巧合的细节：三局是在攀枝花特区成立的，而广东省的省花也是木棉花。攀枝花其实就是木棉花，因为它开得红艳但又不媚俗，枝干壮硕，姿态顶天立地，花葩的颜色红得犹如壮士的风骨，色彩就像英雄的鲜血染红了树梢，也称之为"英雄花"。

张恩沛到深圳特区时，时任深圳市委书记是梁湘，两人均是军人出身，皆性烈如火。他们的故事将在后面的篇章中讲述。

当时的广东交通非常落后，京广铁路在广东境内竟然全是单线。从广州到深圳中间都要转乘四五次轮渡，需要花费一天的时间。

2015 年春天，笔者曾去张恩沛位于深圳的家中采访。此时的他已经 85 岁，满头银发，仿佛是一根根导电的钨丝，闪烁着明晃晃的光。虽然他刚经历了一次心脏搭桥手术，但是精神抖擞、逻辑清晰。他回忆这段历史时说："当时有许多人不理解，说是才刚刚从大山中走出来，又要去偏远的小渔村。只怕干部职工是不会愿意远征的。”

“但是，如果不走出去，固守内地小镇，恐怕我们真的只能饿死了。”他眼神深邃地仰望着，一副如释重负的样子。因为大家都知道后来的故事：他率队走出了湖北小镇，成功闯荡深圳特区。

值得一提的是，1981 年孙文杰已经升任动力科科长（该科主要业务为管理公司的机械设备），但是被中建总公司抽调到中建香港公司，他毅然离开了荆门远赴香港，开始了他的一段传奇。多年后他再返回时，是以中建总公司总经理的身份。

其时，珠江三角洲像一个硕大无朋的香喷喷的蛋糕，依靠毗邻港澳的独特地理优势和侨乡众多的人文优势，以较低的土地价格和充足的廉价劳动力吸引了大量外资的直接进入，尤其吸引了港澳台制造业的大规模转移，以“三来一补”（来料加工、来样制作、来件装配、补偿贸易）为主要贸易形式的外向型企业迅速遍布城乡，如春风野火，熊熊燎原，形成了星河般繁密的群落，掀起了中国改革开放之后的第一轮经济大潮……

就在张恩沛率队出征深圳之际，1982 年 6 月 26 日，中国建筑工程总公司在北京成立，原国家建工总局下辖的 6 个工程局和 4 个设计院全部划归中建总公司。此后，中国人民解放军两个基建工程支队集体转业，组建成中建七局、中建八局。从这一天起，国家建工总局第三工程局正式更名为“中国建筑第三工程局”，简称“中建三局”。

按国家行政机构改革部署，原建工总局行政职能部门划归新成立的建设部，而企业经营部分改立“中建总公司”。变“建工总局”为“中建总公司”，不只是更名那么简单，这意味着由计划经济向市场经济转型，由国家指令性计划的“给饭吃”转变为必须自己主动向市场“找饭吃”。

对三局或者张恩沛来说，深圳特区的特别之处就在于：这里有活干！

有活干就等于有饭吃，员工就有了出路。

4 特区首战

先行者往往也意味着更多艰辛与更高风险。

这不仅是对张恩沛而言，对深圳市政府甚至对这个国家而言，一切都在试验探索，因而需要勇气也需要耐心。

1981 年的深圳，与其说是一个偏僻的小渔村，不如说是一个大工地，到处尘土飞扬。张恩沛和夏祖根、刘敏智住进了一间板房中。

他们白天奔波在特区政府的各个部门之间，找工程、要任务，晚上就在活动板房中煮点面条凑合吃一餐，边吃边碰头当天的工作情况，并相互鼓励打气。其时，深圳建设刚刚起步，任务量不算太重，更何况深圳曾一次性接收了有两万人的兵转工基建部队，任务一般要优先安排给他们。与张恩沛同来的其他单位的同志看机会似乎不大，先后折返，但是张恩沛却立下了“不接任务誓不回家”的决心。他们苦苦煎熬了多日，不停地给自己鼓劲——“再坚持一下！”

人生往往就是这样，可能你坚持了很久，觉得再撑下去也是徒劳，但只要你咬咬牙，再坚持一下，便可能柳暗花明。张恩沛的“再坚持一下”为他们赢得了进入深圳的第一个任务——市人民医院门诊部工程。

这个工程并不大，张恩沛的原则是“任务不分大小、条件不分好坏、路途不分远近，只要有利可图就上”。更何况这是三局进驻深圳特区的第一个工程，不仅要做，而且必须做好、做精，即使是杀鸡也要用牛刀。

1982 年大年初四，正当人们还沉浸在春节氛围中的时候，一公司一个 13 人的先遣队在张恩沛的命令下奔赴深圳，领队为一公司副经理王亲民和二处主任王毓刚。关于这段历史，王毓刚在 2014 年有一段回忆是这样写的：

> 我们到达深圳后，在一间 18 张床位的招待所里安顿下来，以这里作为先期工作和生活的暂居地。在王亲民副经理的安排下，我们分成了几个工作小组，我在任务承接组。
>
> 当时深圳基建工作组一位叫陆炳生的科长很热情，他给初来乍到的我们推荐了一个议标工程，即位于深圳市建设路和深南大道交汇处东北角的人民医院门诊楼。当时，深南大道路段正在大开挖做地下方沟，其他很多地方也都在挖方填方，我们所处的地方就是一个工地，整天都是尘土飞扬，喧嚣声不断。在这样的环境中，我们不仅没有烦恼，反而处于一种莫名的兴奋之中：南下“找米”找对了。

张恩沛指示要不计成本，用绣花般的功夫做好这项工程。为了做到文明施工，他们自己掏钱在马路边砌了围墙，还刷了白灰，将工地与马路完全隔开，尽量减少对市容市貌的影响。施工围挡在今天看来太过平常，但是在当时，放眼全国都不多见。

工程优质高效地推进，特别是装修真正做到了精雕细刻的程度。在贴山墙马赛克的过程中，第一次业主发现一些小问题，张恩沛他们二话不说，指挥工人打掉重新做。再请业主来看，业主认为差不多了，可他们心知肯定还是不够满意，又主动打掉再贴。业主又看，认为不错了，但是张恩沛又发现了一些小问题，再一次主动砸掉重做。业主十分惊讶，张恩沛说，必须精益求精才行。直到第五次贴上去的马赛克可用精美绝伦来形容，这一次业主无论如何也不让砸了，拦着他们说：“这些都是艺术品啊，再打掉我们就不依了。”

当时在安装铝合金门窗时，因为对工艺、技术都不熟悉，也是再三返工。此项工程，张恩沛承认并没有挣到钱。这似乎不合乎他“只要有利可图就上”的原则，但是他为什么要这样做？只是“利”在张恩沛眼中，并不仅仅是眼前的“蝇头小利”，还包括企业信誉、客户信任、工程质量，以及技术积累和人才培养。

真正的围棋高手或者三军统帅，从来不纠结于一城一池的得失，而是把眼光放在更为开阔的全局。1985 年，海尔创始人张瑞敏曾经因为砸掉 73 台有质量问题的冰箱而闻名中外，但 1982 年“张恩沛四砸马赛克”的故事尚鲜为人知。今天我们回头解读这两起“自砸事件”，无论是张恩沛“四砸马赛克”，还是张瑞敏“砸冰箱”，都表现出那个时代的企业家对产品质量的孜孜追求，对客户高度负责的态度和精神。

这也是“工匠精神”的具体体现，这种精神对企业亦影响深远。截至 2018 年，三局先后荣获 218 座鲁班（国优）奖，这在同行业中名列前茅。

所不同的是，中建三局那时的对外品牌意识还不强，关在围墙中自己就悄无声息地砸了。而张瑞敏砸冰箱则是在全国媒体的面前，成为一起极其经典的品牌营销事件。因此海尔品牌几乎在一夜之间家喻户晓，而中建三局的品牌则如同他们施工的摩天高楼一样还需要长时间的慢慢累积。

三局在深圳市人民医院门诊楼项目的“牛刀小试”赢得了口碑。市基建办马上决定将深圳电讯大楼等工程交给三局，为三局在深圳特区站稳脚跟打下了良好基础，也为三局发展史上一个具有里程碑意义的工程——深圳国贸大厦的承接埋下了伏笔。

5 抉择之难

在企业运营的任何时期，企业或者企业家都会面临抉择问题。当然，任何一项抉择都会产生不同的结果。

在计划经济时期，企业的抉择基本上按国家政策的导向走，以符合规定、符合上级领导意图为主要依据。“科学决策”“民主决策”这样的说法是很多年后才出现的。在改革开放初期，中国的多数企业，特别是民营企业，还是以“老板决策”为主。这样的决策很难说有多大的科学依据，更多的是看“老板”的个人胆识和市场直觉。

张恩沛马上就要面临一次重大的抉择。

1982 年 8 月，深圳电讯大楼工程正上主体。此时，深圳已开始实行以招标的方式发包工程，逐渐形成了公开竞争的建筑市场。

三局边建造电讯大楼边跟踪新项目，准备利用已有的信誉和竞争优势接一个大工程。很快，他们承接港资工程金城大厦，但就在这时他们得知，深圳国际贸易中心大厦即将招标。

深圳国贸大厦，53 层（其中地下 3 层），设计高度 160.5 米，建筑面积约 10 万平方米，将是中国第一高楼。比 30 层高、6 万平方米的金城大厦，多出了 4 万平方米。

如果能够承接深圳国贸大厦工程，其深远的意义不言而喻。张恩沛暗暗下定了全力争取的决心。

可是，深圳市相关部门对他们明确表示：“如果你们要参加国贸大厦的投标，就必须放弃金城大厦。”一边是到了嘴的肥肉，一边是飞在空中的天鹅，鱼和熊掌不许兼得，怎么办？

三局及一公司内部产生了严重的分歧，致使张恩沛也难以取舍。整整一周的时间，他吃不下、睡不着，满脑子纠结。有朋友劝他：“别傻了，捡到篮子里才是菜，到手的肥肉不吃，为一个虚幻的天鹅梦较什么劲？”

也有老同事打来电话说：“张经理，你不想想，金城大厦也不差啊，万一你投标国贸大厦落选了，你怎么向全体员工交代？”

还有一些老领导也劝：“你好不容易才在深圳打开局面，你的功绩足够大了，没必要再冒险了。如果中不了标，金城大厦也没了，会影响你的发展啊。”

就连金城大厦的业主也来了，说：“如果放弃国贸大厦的投标，我们愿意每平方米给你们增加 30 港元。”金城大厦 6 万平方米，也就是一共给他们增加 180 万港元。

那一个星期，对张恩沛来说如同一年般漫长。朋友、同事和领导的劝说都很在理，金城大厦业主方的诱惑也很吸引人。可是，中国第一高楼的诱惑更大啊！中建三局能在这样的机会面前退缩吗？

张恩沛召集大家开会，说：“金城大厦是可以多赚一些钱，但做完也就做完了，能给企业带来什么？能有什么影响？而国贸大厦是中国第一高楼，虽说经济效益目前难以估计，但产生的影响不可估量，给企业带来的社会效益将是长远的。”

王亲民、王毓刚看着张恩沛，同时表态：“张经理，无论你做出什么决定，我们都支持你。”

张恩沛面对与他朝夕相处、并肩作战的同志们，狠狠一拍桌子说：“放弃金城大厦，全力投标国贸大厦！”

放弃在手的“鱼”，去争可能失去的“熊掌”，这是他的第一次拍板。今天我们来分析此事，很难说张恩沛的抉择是科学和民主的，因为其带有自身鲜明的性格特征。但是成功企业家必须有独树一帜的眼光和敢于挑战传统的魄力。

英特尔公司前 CEO 安迪·格鲁夫说："只有偏执狂才能生存。"他在自己的书中写道："你的企业迟早会走到一个战略转折点，企业的根基会在瞬间发生剧变，技术、规则、竞争环境、行业形态……一切的一切都变了。如果放任自流，战略转折点的破坏力足以葬送一家'好好的'企业。然而，战略转折点并不总是通向灾难，一些企业可能会利用这个时机跃升至新的高度——如果管理者能够敏锐地觉察风向的转变并及时采取正确行动的话。"

张恩沛在面临抉择时，安迪·格鲁夫还没有当上英特尔公司的 CEO，前者也没有听说过"只有偏执狂才能生存"这样奇怪的话。但张恩沛确实表现出了"偏执"，这种"偏执"就是对"华夏第一高楼"的狂热和迷恋。后来，三局一举拿下"三大地标"也是如此，再后来承接"雄安第一标"时也是表现出了"偏执"的特质。如果不偏执，就不会如此努力，自然也没有即将诞生的"深圳速度"——最起码，"深圳速度"的诞生不会由三局来创造。

企业家的这种"偏执"往往带有冒险的色彩，但是只要选择的方向是正确的，那么通往成功的概率就会很高。企业平庸或是卓越的分水岭往往就在于关键点的抉择上。如果当初三局不选择深圳国贸大厦，三局仍然还是三局，但是绝不会是后来那个引领行业的三局。

结果证明了张恩沛的选择是正确的，这一点后来也被总结为三局"敢为天下先，永远争第一"企业品格的有力证据。

关于工程建设领域的招投标制度，深圳是先行者。在此之前，三局的任务几乎都是依托上级划拨得来。比如湖北省或者武汉市认为需要在哪儿建一个工厂，那么就筹集资金，然后会安排省属建筑企业或者三局来施工。

在改革开放之前，省、市的建筑企业往往会得更多照顾。这就是计划经济。

在深圳国贸大厦进行招投标算开启了中国建设领域的先河，改行政划拨为公开招标，以市场之手取代行政之杖，是建筑市场走向市场经济的标志性事件之一。

此时，“偏执”的张恩沛开始谋划投标华夏第一高楼了。

6 奖金之争

1982年9月1日—11日，中国共产党第十二次全国代表大会召开。邓小平致开幕词：“我们的现代化建设，必须从中国的实际出发。”“把马克思主义的普遍真理同我国的具体实际结合起来，走自己的道路，建设有中国特色的社会主义。”这是中央对外释放的重大信息，即：下决心放弃高度集中的“苏联计划经济模式”，开始以计划经济为主、市场调节为辅的经济体制改革。胡耀邦作《全面开创社会主义现代化建设的新局面》报告时，提出了经济奋斗目标：到20世纪末实现工农业年总产值翻两番。这个目标显然相当务实，1995年全国的GDP提前5年比1980年翻了两番。

1982年10月，党的十二大刚刚开完不到一个月，深圳蛇口工业区管委会门口突然竖起了一块巨大的标语牌，上面写着“时间就是金钱，效率就是生命”，这句标语引发了广泛的争议，有媒体甚至指责这是“一切向钱看”的错误思想。还有许多人给蛇口工业区主任袁庚施压，让其撤换这条标语，同样“偏执”的袁庚面对炮轰，拒不撤换。这样的争议，说到底仍然是意识形态的争议，是新旧两种观念的交锋。

不过，后来这句标语成了改革开放的经典理念。在当时体现了深圳特区政府的重要导向，或许正是这个导向让张恩沛和团队成功中标华夏第一高楼——深圳国贸大厦。

在主体工程招标中，张恩沛在投标书中明确提出，要使用滑模技术高速度完成此项工程，这在所有参与投标的 7 家公司中是最有技术特点的方案，因而受到建设方的青睐。

滑模技术，三局早在渡口时期就开始应用，又经过贵州水城电厂、湖北青山热电厂、荆门热电厂等项目的发展，逐步成熟，这也是张恩沛敢以滑模工艺投标的重要原因。

用传统工艺的话，每一层主体结构施工最少需要 15 天。地上 50 层，则一共需要 750 天。利用滑模技术最少可以节约一半的工期，这让深圳市委、市政府大为兴奋，人们也充满了期待。显然，用滑模技术更符合深圳特区建设需要。

此时，张恩沛已被任命为三局局长，楚福和任局党委书记，岳洪林因年龄原因光荣退居二线，担任企业顾问。在此需要说明的是，此前岳洪林是以临时党委书记身份任三局"一把手"，而此时则是"局长"为"一把手"。尽管此时"经理（厂长）负责制"还没有正式出台，但这种市场经济下的变化在企业中已经悄然开始。

同时，深圳国贸大厦项目彻底打破了"大锅饭"。工地上对分配制度再一次进行了改革，实行计件工资制，鼓励多劳多得，奖金上不封顶。有的工人的月奖金高达 600 元，而当时全局的月平均工资不过数十元，这个收入在当时的建筑企业可算"天价"！工人的积极性空前高涨。

深圳国贸大厦工地员工的收入之高传到三局其他工地，自然也引发了一场"地震"！有羡慕的、有眼红的、有争论的，甚至有人写信向上级举报说："深圳国贸大厦项目私发奖金，不符合国家规定。"

"领导们肯定收入更高，工程还没完，钱都分完了。"

“我们的工作也很辛苦，为什么我们一个月只能拿几十块？”

面对各种各样的议论，张恩沛顶住压力明确表态：工人们收入越高，他们干劲就会越大。我们按计件工资来发放工资，没什么不对！

据李传芳回忆，她当时的职务是三局副局长、工程总指挥，她的工资也就每月 100 元再加 75 元的特区津贴，比工地上许多人都低。

这样的收入分配制度改革，最初不被人们接受也是正常的，它是企业深层次改革中必须经历的过程。

最终证明，对比李传芳之前在荆门任施工队队长时的情况，显然分配上的激励作用更为明显。

在这场中国企业变革中，“摸着石头过河”是最生动的表述之一，三局这次在分配制度上的大胆变革也不失为一次“摸着石头”探索前进的经验。

但是，三局的员工们并不是“一切向钱看”。在国企中，特别是一些有着悠久历史的企业中，有一个奇怪的现象：一方面，员工们会为切身利益，甚至一点蝇头小利而锱铢必较；另一方面，面对责任和担当，他们往往又能挺身而出、甘于奉献。这种奇怪的现象与国企的政治属性和经济属性相互交织的特质相关。一方面，国企有听党指挥的优良传统，具有较强的政治属性，他们在关键时刻能拉得出、打得赢；另一方面，企业是经济体，那么其员工自然也是“经济人”，其追求利益也是本能。西方古典管理学有一个著名的“经济人假设”：人都希望以尽可能少的付出，获得最大的收益。但是在国企中，员工们并不仅仅是“经济人”，他们还是“政治人”。

因此，无论是国企还是民企，一味强调企业的政治属性或者一味强调经济属性都是片面的。

三局的员工们在此时表现出了高度的责任感和奉献精神，这也是他们在三线建设中传下来的好传统。虽然身处特区深圳，但是大家仍然住在工棚中。工棚是用油毛毡和竹竿、竹席搭起来的，被大伙戏称为“竹园宾馆”。夏季的深圳高温酷热，又经常下雨，工棚里闷热又潮湿，工地依然12 小时轮班，人停机不停。

许多老员工在回忆这段往事时都感慨地说：“无论是张局长，还是李指挥长，都没有特权，吃住、干活都跟我们在一起。”

张恩沛任局长后，他必须有大量时间在武汉总部主持工作，因此他与李传芳约好，每天上午 9 点由李传芳去电话局排队打电话向武汉总部汇报工程进度。这一天，李传芳按例打电话汇报时，发觉张恩沛的声音不对头，有气无力，还有压抑的呻吟。她关心地问：“张局长，你怎么了？”

原来是张恩沛的阑尾炎发作了，他痛得豆大的汗珠往下掉。李传芳问：“那你为什么不去医院？”

张恩沛的回答让她泪流满面，张恩沛说：“我怕你打电话找不到我，万一有什么事给耽搁了怎么办？”

30 多年以后，已经从深圳市副市长岗位退休的李传芳回忆这段往事时仍然忍不住眼眶潮湿。她喟然长叹：“‘深圳速度’得来真的太不容易了！”

7 “深圳速度”

1983 年 3 月 1 日，主体结构开始施工。深圳国贸大厦每层面积达到1530 平方米，在如此大的单层面积上使用滑模技术，国际上都尚无先例。尽管当时三局的滑模工艺比较成熟，但是他们仍然遇到了问题。

很快，时任深圳国贸大厦项目现场总指挥的李传芳接到报告，耗费大伙无数心血、被寄予厚望的“大面积内外筒整体液压滑模”第一次开滑就失败了。

深圳国际贸易中心大厦

高 160.5 米，时为华夏第一高楼，在施工中，中建三局创造了“三天一层楼”的“深圳速度”，成为改革开放迅猛发展的代名词

他们遇到了前所未有的挑战。此前在国际上，丹麦就曾因滑模失败，一次性死伤 30 多人，美洲的一个工程则损失过几百万美元。没有人愿意这样的厄运出现在深圳国贸大厦项目上，但是这样的阴影却时刻笼罩着他们。

大家憋着一股劲，调整了滑模的提升时间。但是，第二次试滑仍然失败了。

滑模究竟能否成功？大家心里都有种乌云压顶的感觉。梁湘、周鼎等深圳市领导再次来到工地视察，他们面色凝重！

梁湘是军人出身，新中国成立前随叶剑英元帅南下接管广州。他是因时任广东省委书记任仲夷的“三顾茅庐”出任深圳市委书记的，他性情刚烈如火，同时又有着百折不挠的坚韧。对他来说，这幢华夏第一高楼不仅是深圳建设的象征，更代表中国的国家形象，也是对改革开放成果的一次检验。

再滑一次吧，梁湘给予了支持。

可第三次还是失败了！气氛像那些作废的混凝土一般凝重，沮丧写在了每一个人脸上。

随之而来的各种指责和劝阻如同一座大山压得李传芳他们喘不过气来。作为现场总指挥，那段时间经受的压力可能是她这辈子最大的。多年后她回忆说，她当时之所以没有崩溃，是因为她看到了 1600 多名参战员工支持的眼神，她不能放弃。

工地当时有 4 个年轻人，工地主任、施工指挥王毓刚，支部书记、副指挥厉复兴，总工程师俞飞熊，滑模主管罗君东。他们风华正茂，是张恩沛、李传芳最信赖的骨干力量。由于这四人总戴着红色的安全帽出现在施工现场的各个角落，被工人们亲切地称为“四顶红帽子”。

“四顶红帽子”甚至都没有时间去叹息，便一头扎进工地，继续做实验、测数据，终于让他们找到了原因：一是混凝土应当达到一个最佳的强度系数，这个系数已经掌握；二是混凝土在浇灌时的速度问题，这个速度必须有一个最佳值才行。

4 个人一起去找李传芳，要求再滑一次。

而这时，李传芳犹豫了。张恩沛再一次来到现场，在简易的会议室中，张恩沛听取“四顶红帽子”的汇报，心潮澎湃。

听毕，张恩沛问：“你们确定要再试一次？”

“四顶红帽子”齐声回答：“我们要！”

1983 年，深圳国贸大厦项目施工期间，时任中建三局局长张恩沛讲话

“四顶红帽子”之一、同时也是李传芳丈夫的俞飞熊说：“我是技术负责人，如果再次失败，我愿去坐牢。”

张恩沛再一次狠狠地拍了下桌子，震得桌子上的茶杯、图纸都跳了起来：“好，就再试一次！”这是张恩沛的第二次拍板。

张恩沛去找深圳市的领导，要求再次试滑。张恩沛对犹豫不决的深圳市领导说：“其一，若再不成功，我们加倍赔偿损失；其二，组织上怎么处理我都可以，甚至法办，我也毫无怨言。”

罗昌仁副市长见张恩沛态度如此坚决，经多方论证后，他表态说：“国内首次把滑模技术运用到高层建筑中，失败在所难免，如果又回到过去的老路上，我们还有什么进步可言？这与中央设立特区的精神是不符的。因此，我建议再给三局一次机会！”

有了深圳市的支持，大家又鼓足勇气开始准备。第一层建筑面积 1530 平方米，一层需要约 2400 立方米的混凝土从多个方位、分数次浇灌。因为设备不足，施工现场混凝土供给量跟不上。

客观地说，其时中国的建筑业施工水平是低下的。当时主要采用的还是自拌混凝土，需要工人用胶轮车一车车地将混凝土送往作业面。由于速度太慢，根本就达不到滑模需要的技术参数。

这就要求必须引进先进的设备，可是三局当时并没有这么多的资金积累。退一步讲，就是有钱，根据规定购置 5 万元以上的设备还需要打报告经上级批准。

但是项目等不到“公文旅行”的时间，张恩沛再次拍板，贷款购进设备！这就是三局历史上著名的张恩沛“三次拍板”。在今天的人们看来，似乎只是一个故事，人们可以轻松谈论的一个传说，却是中建三局历史上三次决定前途与命运的拍板。

张恩沛通过深圳市政府的支持，向银行贷款 300 万港元，一次性购进两架爬塔、三台混凝土输送泵和一个混凝土搅拌站。这在当时是严重违反财经纪律的做法，他本人为此承担了极大的政治与经济风险。果然后来此事发酵，由国家 12 个部委组成的联合调查组明确此举违犯了财经纪律，对张恩沛进行严肃处理。

中国的企业家，特别是改革开放初期的企业家除了承担管理风险，往往还要承担政治风险。由于当时一切都在试验探索，需要跨越常规、冲破体制、特事特办，这就使得改革的道路显得格外艰难和惊险。

张恩沛在被调查时，深圳市领导、建设方都帮他求情：深圳国贸大厦质量好、建设速度快，特别是创造了“深圳速度”，立下了大功，为深圳做了大贡献等等。调查组这才给他下了“功大于过，下不为例”的八字评语。

一开始，张恩沛怎么也想不通，但后来还是释然了，毕竟国家规定就是国家规定，深圳虽然开放了，但是国家的金融政策还是没有变，外汇管理规定没有变。1986 年 6 月，57 岁的张恩沛被调离了三局主要领导岗位，被派往中建总公司也门公司任总经理。他本想悄然离开，但是那一天闻讯赶来的三局员工将他团团围住，此刻的他已经头发花白，原本高大魁梧的身材有些佝偻，他潸然落泪，哽咽而泣："三局不曾负我，我也不曾负三局。"送行的三局员工们挥泪如雨。

2008 年，中建三局在深圳召开改革开放 30 年座谈会，张恩沛受邀参会，他对当年这事只用了简短的 8 个字回应：无私为公，值得值得。

第四次试滑于 1983 年 9 月 18 日晚 9 点开始。这是一个让人窒息的时刻，深圳市副市长罗昌仁也赶到工地，鼓舞军心。

夜深静谧，海风轻拂，灯光通明，1600 人的工地静得针落可闻。

张恩沛缓慢而沉稳地走向指挥台，他目光如炬，人们只听得他浑厚而沉稳的声音传来："同志们，4 个月的努力和煎熬，今晚就要见分晓！深圳市委市政府和三局的全体员工都在等着我们的好消息。可以肯定的是，所有技术上的难点和障碍都已被我们克服了，现在就看我们的临场发挥，看人的因素了。所有的岗位、所有的工序、所有的作业都不能有任何的疏忽与差错。今晚，我们一定要把滑模拿下来。大家有没有信心？"

"有！"工地上各个岗位的 1600 名员工，同时发出震耳欲聋的呐喊。

张恩沛发令："开始！"

一声令下，静静的工地突然声音大作，搅拌机和输送泵开始轰鸣。大地微微颤动，混凝土像汹涌的河水涌进平台上各个进料口，也如同壮士胸中压抑了太久的豪气，在这一刻喷薄而出。

那场面无比壮观。

晚 11 点，是预定的第一次滑模提升时间。分布在 1530 平方米操作面各个关节点位置的 576 个油压千斤顶同时启动，“嗒、嗒、嗒、嗒”，576 个马达的声响清晰而惊心。

罗昌仁、张恩沛、李传芳、黎克强和工程指挥部的成员们蹲在滑模平台的下方，眼睛一眨也不眨地盯着拉模的过程和效果。

那滑模上升的声音就如同有人在张恩沛、李传芳的心坎上踢踏，又仿佛有人拿刀在他们的心尖上磨砺，每一秒都如此漫长。自重 280 吨、结构庞大的滑模，慢慢地被同步顶升起来，一厘米，又一厘米。混凝土墙脱离了模板，像长城，稳稳地矗立在眼前！青灰色的墙体在夜灯的照射下，像婴儿皮肤般柔和光滑……脱离模板怀抱的墙体已经不是混凝土，那是破蛹而出的蝴蝶，那是丹青妙手笔下的骏马。沉默的墙体有了生命，是大楼的精灵，是先贤鲁班的英灵，它们在说话，在欢歌，在向这些建设者微笑。

继续浇灌，继续提升，滑模整体提升后，宣布一层大楼完成。经过激光检测，楼层的水平度和垂直度完全符合标准（工程竣工时，大厦倾斜度只有 3 毫米，远远低于国际标准误差）。

张恩沛命令工程师再仔细检查一遍。“四顶红帽子”受命奔赴各节点检查，一一往回报告：“我们成功了！”

成功了！

巨大的喜悦代替了巨大的压力。

张恩沛再也忍不住泪水，任其肆意流下。

罗昌仁副市长擦着眼角的泪花，与张恩沛和李传芳一一握手，感慨地说：“太不容易了！祝贺你们！祝贺中建三局！”

李传芳按捺住猛烈的心跳，拿起麦克风对着工地周围沉默等待已久的 1600 名员工说：“同志们，告诉大家一个好消息，滑模成功了，我们胜利了！”

大家听罢，先是瞬间的寂静，接着就欢呼起来。他们把安全帽从头上摘下，使劲地挥舞着，喊叫着，拥抱着，泪水与汗水交织在一起！

滑模的成功，在三局发展史乃至中国建筑史上，都具有划时代的意义。从最初 7 天一个结构层，又提升到 6 天一层、5 天一层、4 天一层，到了 19 层之后，达到 3 天一层，最快时是两天半一层，而且质量完全合格。为了消除人们对混凝土强度的担心，也为了给以后的投标留有余地，从第 31 层开始，把速度控制在 3 天一层。“深圳速度”诞生了！

1984 年 1 月 24 日，鼠年春节前夕，邓小平首次亲临深圳特区视察，此时深圳经济特区刚刚成立 4 个年头，特区的建设热火朝天。下午 4 时 40 分，邓小平登上罗湖商业区 22 层高的国际商业大厦的天台，俯瞰建设中的罗湖新城区。60 多幢 18 层以上的高楼大部分正在建设中，到处是吊机伸出的巨臂，一片繁忙景象。此时，已近黄昏，冷风袭人。随行人员几次要为 80 岁高龄的邓小平披上大衣，都被他拒绝了。眼前火热的建设场景感染着邓小平，他看完后说：“都看清楚了。”

在参观深圳市容途中，经过正在施工的深圳国贸大厦，车队停了下来，深圳市委书记梁湘指着正在施工的国贸大厦告诉邓小平，现在深圳三五天可以盖一层楼。邓小平问：“都是国内的工程技术人员吗？”

梁湘答：“都是。”

邓小平高兴地笑了。

这是邓小平第一次来深圳国贸大厦。

关于“深圳速度”的传播也颇有意味。据王毓刚回忆：

> 1984 年 3 月的一天，国贸大厦主体滑模已经到了 40 层以上，工地来了一名年轻人，他问我，你们干的叫什么工程，用的是什么工艺，连脚手架也没有。原来，他是《中国青年报》的记者张扬。我推荐他采访厉复兴（时任国贸工程工地党支部书记），厉复兴作了非常详细的介绍。张扬当晚即写了稿件传回北京。第二天，在《中国青年报》上看到了张扬宣传建设国贸大厦三天一层楼的报道。一石激起千层浪，随后，《人民日报》《光明日报》转载了这一消息。源自深圳的建筑，自己的媒体竟然没有报道，这引起了深圳市领导的重视，决定让报社加强对深圳市基本建设报道的力度。

1984 年 3 月 15 日，新华社向全世界发布一条消息：

> 正在建设中的中国第一高楼深圳国际贸易大厦主体建设速度创造了“三天一层楼”的新纪录，这是中国高层建筑历史上的奇迹，标志着我国超高层建筑工艺达到了世界先进水平。

在当时的中国，中央媒体发表的每一条消息背后都有着值得深思的政治意向。新华社等央媒这一次看似妙手偶得的“三天一层楼”的消息，其实是向世人传达很重要的政治风向，其至少包含了如下几点：中央对深圳特区、对改革开放是肯定的；只要敢努力、敢尝试，任何奇迹都是可以创造的；“时间就是生命，效率就是金钱”的提法是正确的，是符合改革开放大方向的。

深圳的改革成果、中央的改革开放决心需要一个对外宣传的突破口，这个口不能太小，也不能太大，而华夏第一高楼建设中的“三天一层楼”

的消息刚刚好。于是“三天一层楼”的“深圳速度”迅速传遍大江南北，震惊中外。“深圳速度”也由此成为中国改革开放进程中的一个重要标志性事件，加速了改革开放的步伐。

需要说明的是，后来“四顶红帽子”中的两人王毓刚、厉复兴先后担任过一公司的总经理。李传芳因为在创造“深圳速度”中表现出的敬业精神和专业素养，被深圳市政府调入深圳市任主管建设的副市长，三局“铁姑娘”从此成为特区女市长，她此后仍然关心三局的发展。2015 年，三局建局 50 周年之际，张恩沛和李传芳一起被评为“三局十大领军人物”，并受邀参加表彰大会。

虽然三局创造了足以流传后世的“深圳速度”，也为三局自身的发展带来了巨大的“红利”，但仍然有一些时代遗憾，其中最大的遗憾是：拒绝了深圳市划拨的一块黄金土地。

由于三局在深圳建设中的重要贡献，深圳市政府曾提出划出一块地给三局建设基地，用于修建办公楼和职工宿舍等，以后就扎根深圳，长期为特区建设做贡献。这块地位于福田区深南大道，也就是今天《深圳特区报》社址所在地。

据说当时三局在征询员工意见时，多数员工对此并不感兴趣。绝大多数员工都只认为自己是深圳的过客，建设完了还是要回去的。多年后张恩沛回忆此事深感遗憾，说这是自己的局限性——这其实是时代的局限性。

还有一件事值得一提。1983 年左右，三局在武汉第一高楼晴川饭店施工中，由于没有塔吊和施工电梯，三局二公司的工程技术人员根据一套图纸自行加工生产了塔吊和电梯，此后也想过走一条生产施工设备的路子，但是亦因为当时反对的声音过大而“流产”。须知，当时中联重科、三一重工等企业还未创办，施工设备的生产在全国还是一片空白。如果他们坚持走下去，或许在中建集团的序列中会多一家叫“中建重工”的企业——这也是时代的局限性。

无论如何，“三天一层楼”的“深圳速度”享誉中外，成为改革开放迅猛发展的代名词，载入了特区建设、中国建设的史册。

这座大厦已不仅仅是一座摩天大楼，它是深圳精神的体现，是一个时代精神的缩影。而“深圳速度”，不仅仅是深圳的速度，也不仅仅是三局的速度，已经成为我们民族崛起的速度！

第二章

拓 者 无 疆

从“等饭吃”到“找饭吃”、从“挑饭吃”到“造饭吃”，从“土灶饭”到“洋大餐”，三局的市场拓展之路是中国建造崛起的现实标本。“找饭吃”的过程是区域布局；“挑饭吃”的过程是能力提升；“造饭吃”的过程则是模式转变；而吃“洋大餐”，则是中国建造走出国门、走向海外。

第一节　从“等饭吃”到“找饭吃”

1986 年 5 月 9 日，在北京工人体育馆举行的国际和平年百名歌星演唱会上，当时名不见经传的歌手崔健以近乎歇斯底里的声音大声唱道：

我曾经问个不休
你何时跟我走
我要给你我的追求
还有我的自由
可你却总是笑我
一无所有

在那个刚打开国门不久，正面临着剧烈社会转型的年代，崔健高亢而真诚的嘶吼声给人们带来了强烈的震撼，让一群痛苦、失落、迷惘又无奈的青年找到了一种释放自己能量的渠道。物质和精神上的迷茫状态在这首三分半钟摇滚乐中变成尖锐的呐喊。这种呐喊狂暴有力却也真诚而迷茫，这种呐喊是那个从漫长冬日苏醒后的时代的呐喊，这种呐喊是青年们即使一无所有也要顽强追寻和自我拼搏的呐喊。

时代是一条川流不息的河流，每一个人都在摸索中过河，但对岸到底是怎样的繁花似锦、鸟语花香，人们并不知道。但是，蹚过河去亲自看一看不就知道了吗?

1　等米下锅

1979 年有一个工程得而复失的事件让全体三局人悲愤和无奈。当时湖北省筹建武汉洪山体育馆，这是一个难得的大项目，施工难度也大，三局二公司前期已经进场，将最难的基础部分施工完毕。正准备大干快上主体工程时，却被通知撤场——原因是湖北省建公司要做。虽然三局不服，多次“上访”，但湖北省政府态度坚决，而且他们的理由也很充分：省内的建筑企业难道就不生存了？我们地方政府就是要为地方企业谋生存嘛!

三局正在施工中的数百名员工只得含泪退场。此事对三局员工的刺激极大，米都已经下锅了，竟然还能被捞走？至今还有当初参与前期施工的老员工在路过洪山体育馆时心情莫名复杂。

到 20 世纪 80 年代之后，三局的生存问题更加尖锐，况且这一次连地方政府划拨的义务都没有了，“无米下锅”的危机感让每一个人都心生焦虑。

以三局一公司为例，当时该公司近 6000 名员工，约 90% 挤在荆门小城，当深圳特区成立的消息传来时，他们看到了一丝希望。至今三局把张恩沛率队开拓深圳称为“南下找米”。因为这是有着切肤之感的感慨，这也是三局从“等饭吃”到“找饭吃”的开端。

或许是这种“等”的饥渴感太过刻骨铭心，此后一段时间三局在市场中承接订单有一种近乎偏执的狂热。

“深圳速度”的诞生看似是时代的偶然，其内在却是三局人强烈生存危机感的集中爆发，也是那个时代在沉闷压抑之下的一次集体宣泄，更是这个国家向世界发出的一声怒吼！

三局从此开始了自己“找饭吃”的征途！

从 1984 年起，三局“深圳速度”的品牌效应带来一系列直接的市场订单。一公司在深圳、珠海持续接到一大批任务，顺势成立了中建三局第一代区域分公司；二公司在深圳承接罗湖联检大楼工程，也在深圳成立了自己的分支机构；而三公司在福建省政府、厦门特区政府的邀请下承接到厦门富山国际展览城工程，张恩沛亲自率三公司经理潘君德赴厦门谈判，承诺会在 160 天内建成 6 层高、1.6 万平方米的富山国际展览城。应当说这是一个极不合理也不科学的工期要求，但对于当时的厦门市政府和三公司来说，都是不容失败的背水一战。

至于为什么有这样的工期要求，主要是当时“深圳速度”的诞生严重刺激到了厦门市政府。同为经济特区，厦门的建设速度远远落后于深圳，福建省委书记项南果断邀请创造了“深圳速度”的中建三局赴厦门参加特区建设。三局再一次不负众望，派出 800 名员工夜以继日地抢工，创造了“厦门特区基本建设史上罕见的高速度”，即“富山速度”。福建省政府、厦门市政府组织了大量的宣传，不过“深圳速度”珠玉在前，厦门富山速度就显得不那么夺目。但三局在厦门特区树起了第一座丰碑，三公司就此在厦门成立了分公司，这也是三局在厦门的第一家分支机构，此后，这家企业一直为厦门建设贡献力量。

参与厦门富山展览城施工的员工收入大幅提高，“走出去”带来的好处变成了切切实实的收入装进员工口袋，企业也开始有了余钱。

据张恩沛回忆，之所以先选择开拓经济特区：一是建设量大、市场大；二是经济特区的地方保护主义没有那么严重，大家都是“外来户”，也就不存在谁看不起谁；三是沿海得风气之先，随外资进来的还有外来的先进理念。

三局的“找饭吃”效果显著，很快引起中建总公司的注意。1985 年 9 月，中建总公司第一次改革会议在三局召开，三局作为改革比较成功的代表交流了经验。也正是这一年，三局的利润首次突破千万元大关，全员劳动生产率也突破了人均万元。

2　用脚投票

“用脚投票”最早由美国经济学家蒂伯特提出：人口流动不受限制，居民们可以从不能满足其偏好的地区迁出，而迁入可以满足其偏好的地区居住。

如今，随着时代的发展，“用脚投票”这个词已经广泛运用于其他领域，表达的就是人们对某事件、某现象、某局面不高兴了，不满意了，不答应了，选择“三十六计走为上策”。比如农民种田不挣钱，于是弃田进城，是“用脚投票”；农民工在这家公司打工待遇低下，不干走人，也是“用脚投票”；员工在这家企业看不到前途，选择跳槽，同样是“用脚投票”。

但追根“用脚投票”，古代的游牧民族表现是最显著的，哪里水草丰沛，就赶着牛羊去哪里——这是他们生存的需要。这一特征反映到现代工

辽宁广播电视塔

塔高 305.5 米，时为中国第一高塔

天津广播电视塔

塔高 415.2 米，时为亚洲第一、世界第三高塔

业社会和市场经济中就是：市场在哪儿，就走到哪儿——这是企业生存的需要。

此时的三局也正在“用脚投票”，让资本、人才和技术流向更加优越的市场区域。由“深圳速度”带来的品牌效应显著，其中最具传奇色彩的是承接辽宁广播电视塔和天津广播电视塔项目。

1984 年 3 月，广电部设计院和辽宁广播电视厅两位总工程师从收音机中听到新华社播发的深圳国贸大厦滑模成功的消息，于是喜出望外，辗转找到中建三局，主动要求三局承建高 305.5 米，时为中国第一高塔的辽宁广播电视塔。

施工中，三局首创“电视发射塔钢桅杆整体液压顶升”“同步安装天线与喷漆施工新工艺”“超高空塔楼倒锥面大面积（超 2000 平方米）、重单元式玻璃幕墙（最小单元重 300kg、最大单元重 800kg）悬空安装新工艺”。在超高空玻璃幕墙擦窗机安装中，彻底颠覆原有方案，创造性地采用三角形相似原理与动中取静法，完成了西德专家都签字认可解决不了的难题。而在超高空大悬挑多层塔楼钢结构安装中，确保 1440 颗高强细栓无一校孔修正，钢塔楼实现精准合龙。正是这一系列科技创新成果的支撑，其成套施工技术荣膺国家科学技术进步奖二等奖。

在超高空玻璃幕墙安装中，当时的亲身参与者傅开荣（时任三局机械施工公司经理）回忆说：

该项目在建设初期，建设单位组织相关人员到西德幕墙生产厂家考察时，德方认为，该幕墙如由中国人自己安装，工期要一年。由他们提出方案，在他们的指导下安装，工期要半年。迫使建设方忍痛花 30 万元人民币，请德方提供方案和派专家来华指导安装。此后，国内虽有几个安装过玻璃幕墙的施工单位，虽曾有意接此任务，但都在接触后就都退缩了。最终把玻璃幕墙的安装任务交给机械施工公司来承担。

我只得亲自动手，在完全摒弃了德国专家方案的前提下，在短短四天之内，独创完成了一个国内外首例绝妙方案，并设计绘制完成了方案中创新设计的专用安装机械的加工草图。我们仅用短短的两个月时间，就安全、优质、高效地完成了在德国人指导下要半年才能完成的高难度安装工程。在首圈幕墙准确合龙时和在工程安装胜利完工之日，西德专家两次自掏腰包，在沈阳的一家大酒店宴请机械施工公司全体参战人员。德国专家还请来他的老板，带着摄像机到工地将我们安装工艺的关键之处录下了。所以我常讲，辽塔玻璃幕墙的安装是建设单位花钱请洋人来把我们的技术偷走了。我们本来是准备当徒弟的，不小心反倒成了西德专家的师傅了。

这是傅开荣一生的荣耀时刻，时隔多年他仍然记忆犹新。这说明不可迷信洋专家，中国的“土专家”也是可以打败洋专家的。但是其时他们对知识产权的保护意识还不强，就任由德国人带着录像机偷走了独一无二的技术。

由于三局在辽宁广播电视塔建设中所创造的骄人业绩，时任天津市委书记的李瑞环同志特邀三局负责承建高 415.2 米，时为亚洲第一、世界第三高塔——天津广播电视塔。天津广播电视塔的工程体量和施工难度均比辽宁广播电视塔大得多，三局在前期积累了丰富经验，因此进展还算顺利，建设速度遥遥领先于邻近早开工的同类型建筑。尽管如此，仍然满足不了天津市政府以及已经调到中央工作的李瑞环同志的高要求，因此一度陷入被动。洪可柱果断决策，从强化现场的指挥力度抓起，派出已经任局党委副书记的傅开荣出任天津广播电视塔指挥组组长。面对窘境，他们频出奇招，首先抓住加快土建施工速度的突破口，并成立了天塔工程技术攻关组，对滑模体系进一步改进、完善、优化，加倍提高钢结构吊装效率……随着各项方案得以落实，终以令人惊叹的结果，创造了“天塔奇迹”，也确立了三局在高耸构筑物，特别是电视塔建设方面的领先地位。

从南方的深圳到北方的沈阳，三局人明白了“固守一方只能死路一条，走出去才能海阔天空”的道理。

1985 年，40 岁的王铁成是三公司第二工程处的经理，他被公司派到海南去开拓市场。王铁成在海南一个叫马村的地方待了一个月，目标任务并没有拿下来，却认识了一个同在武汉的朋友——长江动力公司经营处的一位丁姓副处长。丁处长也是来跑业务的，两人“同是天涯沦落人”。在闲聊中，丁处长提供了一个重要信息：长动公司将要承接天津碱厂自备电厂的机组设备任务，而他们正在寻找土建工程公司。王铁成一听大喜，约好回武汉后再行商讨细节。

两人回武汉后分别代表自己的公司接洽，双方一拍即合，于是组成了联合体前往陌生的天津。当时，外地建筑企业很难进入天津建筑市场。他们这次是以合作方的形式进入，天津市给开了绿灯，他们成功中标该项目，三公司因此也在天津成立了北方分公司。此后 30 余年，三局在天津先后承建了梅江会展中心、“中国结构第一高楼”天津 117 大厦等地标工程。

同时，三局的另一支人马开始出征上海。

1986 年春节刚过，三局开始了抢滩大上海的征途，洪可柱、王毓刚等率队出征上海。其时上海太平洋大饭店正在筹建中，等他们找到业主时，对方明确表示“已经有了指定的施工单位”。洪可柱不死心，把小组成员分成几拨，向业主发起“车轮战”，目的是“只想让他们了解一下三局”。

王毓刚告诉业主：“如今都在流行公开投标，指定发包已经不适应现在的形势了。”

太平洋大饭店是由中日合资兴建，日本人对中建三局表示了浓厚兴趣，决定给三局一个机会，改指定发包为公开招标。由此，洪可柱顺利带队参与角逐，并凭借合理的报价、一流的施工组织方案中标——这是他们进军上海的第一单。

毫无疑问，建筑市场的公开招投标方式是中国建筑业的一大进步。这是打破地方保护主义壁垒的一大利器，让建筑企业得以在相对公平、公正、公开的市场环境中进行竞争。虽然在短期之内市场的“无形之手”与政府的“有形之手”还无法达到有效融合，但是这对促进建筑企业的健康、良性竞争作用明显，迫使建筑企业必须在管理、技术以及服务上进行自我提升。

此后，三公司在上海承接金桥大厦项目，也由此开始了三局大规模进军上海市场的序幕。

思想观念的改变需要样板示范作用，这比任何说教都来得实在。国家层面，“经济特区”的设立是如此；企业层面，“走出去”也是如此。从出征深圳到开拓厦门，再到抢滩大上海，三局不再只是“等饭吃”，走出去“找饭吃”的理念转变就这样自然而然地发生了。

3 布局全国

1986 年 6 月，张恩沛被调离了三局，他推荐洪可柱为他的接班人，经中建总公司考察，任命洪可柱为三局代理局长。

洪可柱是当时三局为数不多的知识分子代表。张恩沛在 2015 年接受采访时说：“我是军人出身，在改革开放初期率领大家敢打敢拼是对的，但是随着知识时代的到来，用知识分子来领导大家是大势所趋。”

洪可柱坚持“走出去”战略，而且更为系统化。

如果说树立“找饭吃”的思想是前提，那么怎么找、在什么地方找则是关键。很显然，向经济发达地区、国家投资热点地区靠拢是最佳选择。

洪可柱根据当时的市场情况总结出 16 个字的市场战略布局：沿海一

片、京广一线、西安一点、北上西进。其中“沿海一片”又被形象地总结为“厦（门）深（圳）（珠）海捉鳖、上（海）青（岛）天（津）揽月”。坐标分别为厦门、深圳、珠海三大经济特区，以及上海、青岛、天津经济发达地区。

挟“深圳速度”余威，三局顺利在深圳、珠海、厦门、广州等地打开局面，如广州东山广场、广州亚运城、广州西塔、深圳罗湖口岸联检大楼、深圳天安大厦、深圳发展中心大厦、深圳佳宁娜广场、深圳特区报业大厦、深圳卓越皇岗世纪中心、深圳万科中心、深圳机场 T3 航站楼、珠海金融大厦、珠海银都酒店、珠海光大国际贸易中心等标志性工程。以至于当时三局的大半营业收入都来自南方，这同时也印证了建筑市场与经济繁荣的正比例关系。

“京广一线”则更好理解，即京广铁路沿线的主要城市。

至于西安一点，之前已经由三公司率先打入，承接到渭河电厂等一系列工程。

随着“走出去”成为普遍态势，以前各大公司旗下以号码为序的分公司渐渐消失，取而代之的是以地名为前缀的区域性分支机构——比如一公司深圳分公司、珠海分公司；二公司南方分公司、上海分公司；三公司北方分公司、西安分公司等。

在三局“用脚投票”的区域布局中，“北上西进”是一个重要战略。

到 20 世纪 80 年代末期，改革开放使得南方沿海地区的经济得到空前的繁荣，当全国的建筑企业都涌向南方的时候，洪可柱却敏锐地察觉到“北上西进”或许是一个新的突破口。

“北”，主要是指北京和天津为主的北方市场；“西”，主要是指西安、成都、重庆为主的西部市场。1988 年前后，三局旗下各大公司或分头或同步开始向上述区域进军，采取的方式多是先以一个项目为桥头堡，用优质高效的履约赢得口碑，然后再慢慢渗透，逐渐打开局面。比如三公司在西安渭河电厂施工完，又陆续承接到陕西蒲城电厂、西安西郊电厂、铜川电厂、神木电厂的项目。不久后，中央提出了“西部大开发”战略，已经抢占先机的三局又先后承建曲江国际会议中心、兰州名城城市综合体、青海广电大厦、银川第二交通枢纽工程、新疆大剧院、成都双流国际机场 T2 航站楼等地标性建筑。

进入北京市场则更为复杂和艰难。在 20 世纪 80 年代末期，三局试图进入，但是一直不得其法。北京的建筑市场对外地企业设置很高的门槛，一般来说，外地企业很难融入。三局连续多拨人马“进京赶考”均无功而返，直到 1998 年，三局才承接到进京后的第一大单——中国职工之家配套工程。

说起这个工程的承接还是颇有故事的。1996 年，全国总工会与中宣部召开全心全意依靠职工办企业优秀党政工领导干部事迹报告会，联合表彰 10 名全国企业优秀党政工领导干部，三局局长洪可柱位列其中，并在人民大会堂作了“人和换来企业兴”的经验交流，受到当时兼任全国总工会主席的中央政治局委员尉健行称赞。尉健行在与洪可柱握手时说：“我们就应当多给你们这样的企业一些机会。”还真有机会来了，全国总工会投资建设的中国职工之家配套工程就这样在三局团队的努力下，承接了进京后的第一单。

曾在武汉可口可乐、武汉世贸大厦等项目中崭露头角的王祥明，当时已经任三局总承包公司的副经理，他主动请缨再次开拓北京市场。他率一个 11 人的小分队进京，他们白天找信息，晚上讨论工作，艰难地打下了在京的第一个立足之地，承接到中国职工之家配套工程。施工中，由于项目部对北京市施工规范不甚了解，北京市结构“长城杯”专家在检查工地后抛下一句话：“你们这个水平与北京一流建筑企业相比，最少相差10年。”

王祥明和团队成员听到这样的评价很伤心，但并没有挫伤他们的士气。他们暗下决心、奋起直追，因为如果再有这样的评价，他们打开北京市场的希望将成为泡影。

吃一堑，长一智，当接到北京望京大西洋新城210号楼工程后，项目建设者铆足了干劲，采用大钢模施工工艺，不夺“长城杯”誓不罢休。2000年9月，项目最终在260个受检项目中以第二名的成绩捧杯。专家们感慨：“你们一年赶十年，两步登‘长城’！”此后，“望京经验”在全局推广，社会效应立马显现，数字北京大厦、北京奥体中心体育场改扩建工程等一批“高大新尖”订单接踵而来。到2001年，北京申奥成功，北京的建筑市场迎来高峰，三局旗下四大主力公司相继进驻北京，各自打下一片天地。2005年，三局成立“中建三局北京公司”，此后成长为三局旗下的一个主力区域公司。

至此，三局的“北上西进”战略已初具规模。此后三局坚持“走出去”战略不动摇，以经济热点地区为依托，开始了布局全国的征程。比如整合西北的力量成立中建三局西北公司，整合西南的力量成立中建三局成都公司，还陆续成立了华东公司、南方公司、东北公司等共计6家区域公司，加上一、二、三公司和总承包公司四家主力公司，形成了遍布全国的市场格局。

与此同时，三局还开始了走向世界的征程，努力向国际化企业迈进（详见本章第四节）。

“走出去”战略让中国的建筑业呈现空前的活跃，其影响逐渐蔓延到中国广袤的农村，农村富余劳动力开始背井离乡进城打工。

但是在这种一窝蜂“走出去”的热潮中，也有隐忧，只是当时尚无人发觉。特别是在中建系统内部，以三局为例，在一个区域会存在三局旗下多家公司的不同分公司，比如上海、北京、广州等地，就同时有一、二、三、四公司下属的分公司，且相互之间都是竞争关系。在总公司层面更是如此，同一地区会有多家工程局同时进驻，兄弟工程局之间在市场中常常是短兵相接，产生严重内耗。在改革开放之初，各大工程局鼓励旗下公司“走出去”的同时，却没有形成内部的资源共享和关系协调机制，加之“用脚投票”本就有着“单打独斗”的天然本性——因此，20 年后，中建总公司和三局又开始“区域化”的整合。

第二节 从“抢饭吃”到“挑饭吃”

从 20 世纪 80 年代开始，随着经济的发展，“用脚投票”成为人们的常态，特别是出现大量的农民工进城。追求幸福生活的人们如同候鸟般在城市和乡村之间、在他乡和家乡之间来回迁徙，形成了堪称“全球罕见的人口流动”的“春运”，成为中国改革开放之后一种独特的社会景象。一边是梦想，一边是亲情——一张小小的火车票承载的东西实在太多，加之运力的紧张，春运期间往往“一票难求”。

在建筑市场中“春运”现象更是每年出现，一直持续了 40 年，至今依旧。一纸薄薄的“中标通知书”，比春运的火车票更加让人眼红。

建筑业是中国最早被推向市场的行业之一，也是从业门槛最低的行业之一，因而也是竞争最为激烈的行业之一。往往一个工程项目的招标会引来数十家施工企业，甚至是上百家企业的竞争，说是“群狼抢肉”毫不为过。

行业中每一个人都知道这样的恶性竞争最终会伤害自己，损害行业的健康发展，但问题是你不去“抢”，就可能没有饭吃。三局要如何在这群狼环伺之下脱颖而出，如何摆脱同质化的恶性竞争，都是他们一直在思考的问题。

亚洲金融危机期间，建筑市场陷入低谷，三局旗下各公司均处于“吃不饱”的状态。同时，长年的恶性竞争造成建筑市场利润低下。三局在此时调整了营销战略，不再盲目追求规模经营，而要走“品质营销”的道路。这意味着三局将要从“抢吃饭”向“挑饭吃”转变了。

不过，要想破局、要想转变，必须有一个契机来证明三局的“与众不同”。“三大地标”的出现正是这样的契机。

1 三大战役，地标中国

跨入 21 世纪，中国步入发展的快车道。21 世纪的曙光照在每个人的脸上，人们满怀信心。

2002 年 3 月 16 日，九届全国人大五次会议闭幕。朱镕基照例回答了中外记者提问。他这几句话让全世界印象深刻：“本届政府克服了亚洲金融危机，国家得到空前发展。”“我们为下届政府留下了巨额优质资产。”“中国积极的财政政策恰到好处。”

中国在外贸和内需两大市场的“双引擎”带动下，经济呈现出蓬勃发展的喜人局面，根据世界银行的统计数据，中国的人均国民生产总值已经达到 960 美元，逼近 1000 美元——这标志着“中国社会已经走过温饱，初步实现小康”。

2002 年 11 月 8 日—14 日，中国共产党第十六次全国代表大会在北京召开。党的十六大在全面总结以往成绩的同时，将“全面建设小康社会”

作为主要目标，清扫了改革开放以来一些意识形态的障碍。《人民日报》刊发社论说：

> 对一切妨碍发展的思想观念都要坚决冲破，对一切束缚发展的做法和规定都要坚决改变，对一切影响发展的体制弊端都要坚决革除。要坚持社会主义市场经济体制的改革方向，进一步坚持和完善公有制为主体、多种所有制共同发展的基本经济制度，深化国有资产管理体制改革。要深化国企改革，进一步探索公有制特别是国有制的多种有效实现形式。

三局这一年实现合同额103.26亿元，是历史上首次突破百亿元大关。正是鉴于对市场形势向好的分析，2003年1月，三局调整了“十五”规划目标，主要经济指标将以年均15%的速度递增。

国内外对中国经济一致看好，就连日本最坚定的“中国崩溃论”管理学家大前研一也不得不承认：“在我到中国第50次以后，我现在成了中国经济繁荣论的最积极的鼓吹者。”跟他持同样看法的还有日本森大厦株式会社，他们决定重启上海环球金融中心的建设。

上海环球金融中心是由日本森大厦株式会社联合日本、美国等国家的40多家企业投资兴建的一座摩天大楼，总投资超过10亿美元，原设计为460米，总建筑面积达38.16万平方米。曾于1997年开工，但受亚洲金融危机影响而停工。到2002年，中国经济的全面繁荣让中日双方决心重新启动这座摩天大楼的建设工作。重启后更改了设计，比原来增加了7层，即达到了地上101层、地下3层，高度达到492米，为世界最高的平顶式大楼，系当时的世界第三高楼，亦为名副其实的中国第一高楼。

1	2
3	

1. 上海环球金融中心

高 492 米，时为中国第一高楼、世界结构第一高楼

2. 香港环球贸易广场

高 484 米，时为香港第一高楼

3. 北京央视新址大楼

总建筑面积约 59 万平方米，时为国内单体面积最大的公建项目

与此同时，又传来香港环球贸易广场公开招标的消息，该项目 118 层，位于香港西九龙柯士甸道西 1 号。它是香港港铁九龙站 Union Square 第七期发展项目，由新鸿基地产投资建设。大厦外形由世界著名建筑事务所 Kohn Pedersen Fox Associates（KPF）设计。可用楼层的水平高度达 484 米，建成时为香港最高楼、世界第四高楼。

在首都北京，中央电视台新台址建设项目更为引人注目。该项目位于朝阳路和东三环交界处的北京中央商务区（CBD）内，总建筑面积约 59 万平方米。由世界著名建筑设计师荷兰人雷姆·库哈斯担任主建筑师，荷兰大都会建筑事务所负责设计，仅设计费用就高达 3.5 亿元。从外观上看，大楼主楼的两座塔楼双向内倾斜 6 度，在 163 米以上由“L”形悬臂结构向外横挑数十米“空中对接”连为一体，形成“侧面 S、正面 O”的特异造型，建筑外表面的玻璃幕墙则由极度不规则的几何图案组成。该建筑造型独特、结构新颖、技术含量高，在国内外均属“高、难、精、尖”的特大型项目，是新中国成立以来国家建设单体最大的公共文化设施，也是规模仅次于美国五角大楼的世界第二大办公楼。

所谓盛世建高楼。这三幢建筑不仅在中国处于巅峰地位，也代表了当时世界建筑业的最高水平，是一个国家经济兴旺发达的标志，也是每一个建筑人、每一家建筑企业梦寐以求的巅峰。而且，这三大建筑分布在中国最繁华、最具有代表性的三座城市。建设消息一经发布，全球瞩目。

三局决心一定不要错过这三大工程，如果错过，便是永远的遗憾。三局召开领导班子会议，定下了一个目标：保一争二望三，即确保中标一项，争取拿下两项，希望承建三项。

几乎所有的业内人士都说，这个“望”，只怕是奢望吧？

此时的三局处于一个微妙的转折期，从 1982 年进军深圳开始，正好过去 20 年时间。这期间，三局一直跟诸多小建筑企业一起“抢饭吃”，无所谓工程大小，甚至无所谓效益多少，一切以占领市场为前提。好在 20 年间三局初步实现了市场上的全国性布局，在技术、资金和管理经验的积累上也达到了一定高度。此时每一个三局人或许都在想：是时候有一些变化了！而这当今建筑的三大顶尖之作，无疑就是最佳的突破点。

首先开始招标的是上海环球金融中心项目。作为 21 世纪的中国第一高楼，如同一块强力磁石般吸引着各路豪强。然而，此时与 20 年前深圳的市场环境已经大不相同，中国经过这么多年的改革开放，已经今非昔比，国内建筑施工企业的市场意识和竞争力都得到了长足的发展。同时，随着中国加入 WTO，国外的知名建筑企业也纷纷抢滩中国市场。一时间，国内外的知名建筑企业齐聚上海滩，都摆出了不接此项目誓不罢休的架势。

一场看不见硝烟的商业大战拉开了序幕。最终鹿死谁手，不到最后一刻谁也不知道。

特别是上海建工，更有“我的地盘我做主”的雄心。上海建工是一家非常优秀的企业，正在施工的上海金茂大厦高达 88 层，是当时国内在建的最高建筑，因此他们夺标的概率最大。

其实，中建系统内的竞争也很激烈。中建一局、中建二局以及中建国际等劲旅也都参与了进来。此事引起了中建总公司的高度关注，此时孙文杰已经升任中建总公司总经理，他亲自赶到上海听取了三局的汇报。

孙文杰于 1981 年离开三局，加入总部位于香港的中国海外集团，他在中国海外集团迎来职业生涯的黄金发展期，很快升任中海集团总经理，并将中海集团带到了一个前所未有的高度，不仅让中海集团成为中建总公司旗下最赚钱的企业，还跻身中国房地产企业前十强。在香港的经历，使得他早早地接受了市场经济的洗礼。2001 年 3 月，孙文杰升任中建总公司总经理、党组副书记。

孙文杰站在中建总公司的高度，他的策略是“攘外必先安内”。他主张由中建三局牵头，中建二局和中建国际共同参与，组成联合体代表中建总公司投标上海环球金融中心项目，三家占比分别为 7∶2∶1，后调整为 8∶1∶1。

孙文杰此次提出的“内部联合体”制度，是当时解决内部竞争问题最好的办法。此时，外部竞争仍然激烈，至少还有三大困难：一是项目桩基工程是由日本清水公司施工，他们很可能延续总包商身份；二是业主为日本森大厦株式会社，该业主在业内以管理苛刻著称；三是上海建工集团，地处上海本土，占据天时地利。

为表诚意，2002 年三局请孙文杰出面，与董宝珠（时任三局二公司总经理）、鲍广鉴（时任深圳建升和钢结构工程有限公司董事长、总经理）一道去日本商谈。他们先后 6 次赶赴日本，与森大厦株式会社董事长森稔先生磋商。

中建总公司和上海建工集团进入了最后的 PK，日方也在两家公司之间举棋不定。最后双方不可避免地进入了价格战，为此孙文杰和洪可柱被迫让价一亿元。

日方很懂得“鹬蚌相争，渔翁得利”的道理，或许日方早就有了人选，故意把事情搞得很复杂，两家中国公司竞争，受益方自然是日本人——这就是市场经济。

直到第六次再赴日本，日方终于同意把工程交给中建来做，但是上海建工仍然想参与进来。经三方会商，最终定下了“七三分成”，中建总公司占股 70%、上海建工占股 30%，组成联合体正式中标。

这场旷日持久的竞标大战终于以皆大欢喜而结束，三局刷新了多个第一：一是中标项目时为中国第一高楼；二是在国内，中建承接这样大而复杂的工程总承包（EPC）尚属首次，而且合同是完全的闭口合同，风险较大；三是中建内部各局之间以项目股份制的方式联合统一管理、统一协调，这也是第一次；四是与当地最大的竞争对手通过竞争之后又进行合作，在中建系统也是绝无仅有的。

关于此事，洪可柱后来也认为对于这样的大型项目，其实组成联合体投标是最好的选择。如果当初就组成联合体，或许就不用对日方让价一亿元了。

这场竞争足以说明一个值得记取的法则：工业时代的制胜法则是竞争，信息时代的制胜法则是竞合。可以这样说，几乎强硬解决对抗的结果都可能是两败俱伤，竞合则会相得益彰。用三局建设者的话说：他们花一亿元，买了一个道理——市场经济下，对手也可以做队友。

经过近 5 年的施工，2007 年 9 月 14 日，工程封顶。上海环球金融中心项目先后获得两项世界第一的认证：2008 年度“世界最佳高层建筑”“世界最高观光厅”吉尼斯世界纪录认证，以及上海市建设工程“白玉兰”奖、国家科技进步奖二等奖等众多荣誉。

就在上海环球金融中心项目中标的同时，另一幢同样著名的大楼——中央电视台新址大楼项目也在北京向全球招标了，三局几乎是原班人马赶赴北京。

央视新址大楼号称“中国公共建筑第一单”，这是一项放眼全球都堪称顶级的工程。于是群雄汇聚，风云际会，围绕央视新址大楼开始了“暗战”。同样，不仅有北京、上海、香港的建筑公司以及其他国家建筑公司，仅中建系统内就有一局、二局、三局以及中建国际报名参与投标。

作为中建系统的主要负责人，孙文杰必须通盘考虑大局利益。他和易军（时任中建总公司副总经理，孙文杰退休后接任中建总公司总经理，现为住建部副部长）深入讨论后认为：一局长年在北京，占地利人和；三局则有技术与管理优势，特别是三局钢结构公司经验丰富，这对于央视新址大楼这样的超级钢结构工程来说，其比较优势更为突出；而中建国际在机电安装方面有较强优势，特别是还具有总承包管理的成套经验。因此，经总公司研究决定：由总公司牵头，三局为主，一局、中建国际参与，中建内部再度组成联合体投标。

2003 年 1 月 17 日，中建总公司成立了项目建设领导小组，易军亲任组长，全面负责本项目的投标与建设事宜。

投标小组集合了全系统 176 名骨干人员，持续两年多时间集中办公，对标书反复不断地修改、完善、推翻、重来。如此大规模的精英团队，也只能是中建总公司这样的大企业才能组织。2005 年 1 月 5 日，中建总公司中标中国公建第一单。

许多经济学家认为，市场经济中的竞争最终一定会演变为资源的竞争。资源不仅仅是资金，更多的应当是人才的汇聚。以华为公司为例，他们的一大制胜法宝就是汇聚全球行业精英，用优秀的人培养更优秀的人。可以说，所有的竞争到最后都将是智力的竞争。

这是一次中建总公司集团优势的集中体现，虽然参与竞争的对手很多也很强，但是很少有企业可以组织如此庞大的专家和技术力量，并汇聚在一起两年时间群策群力做计划、编方案；也很少有企业可以做到如此纪律严明、组织有方、调度有序。中建总公司的中标，实际上是中国建筑业的中标。

持续 3 年多的施工中，科技创新成为央视新址大楼节节攀高的牢固基石。特别是解决了“云端之吻”的挑战力学常识的巨大难题（详见报告文学《敢为天下先》)。2008 年 3 月 27 日，央视新址大楼全面封顶。此项目获得国家科技进步奖，荣获国家级工法 2 项、国家专利 10 项。2008 年，在美国《时代》周刊和英国《泰晤士报》组织的评选中，央视新址大楼被评为“世界新十大建筑奇迹”。本项工程的成功也表明了中国建筑企业已经站在了世界建筑技术、管理的前沿。

几乎与上海环球金融中心、央视新址大楼项目同步启动的香港环球贸易广场项目，当然也是所有建筑企业追求的炙热的梦想。

香港是亚洲甚至是世界最有活力的都市之一，其超高层建筑如同雨后春笋般涌现，这些高端建筑的施工此前多由其他国家建筑企业垄断。

这一次，三局的投标团队学“聪明”了许多。他们同时了解到香港协兴建筑有限公司（简称“香港协兴公司”）也在积极准备投标，那么何不变竞争对手为合作伙伴呢？于是，三局明确了“强强联合”的策略。

香港协兴公司于 1961 年 3 月创立，为香港上市公司新世界发展有限公司旗下全资子公司，是香港一家著名建筑公司，熟悉香港的法律法规与人文环境。同时，香港协兴公司还是三局拟上市的 5 家发起（股东）单位之一，与三局有着很好的内在联系，他们对三局的超高层及钢结构施工的技术能力表示十分敬佩。

如果强强联手，那么在优势互补、资源配置、风险共担、新市场开拓方面将会形成强劲的竞争力。双方于是一拍即合，在 2002 年 4 月 19 日签订了一份联合投标协议书，双方约定以同一联合体参与本项目的投标，其中中建三局、香港协兴公司分别占股 60% 和 40%。

好事多磨，经过三年有余的跟踪努力，终于在 2005 年 6 月双方联手中标香港环球贸易广场项目。

这是一次非常成功的规范化、市场化运作。此次联营与上海环球金融中心项目、央视新址大楼项目的联营不同，在上海环球贸易广场项目中与上海建工的联营是在业主强势要求下的“被动联营”，央视新址大楼项目的中建系统内部联营则是中建总公司通盘考虑下的“行政联营”，而这一次是市场形势下的“市场联营”。无论哪一种联营，都充分体现了三局勇于担当、积极争取与灵活多变的营销策略，其核心就是竞合法则。

至此，三局胜利完成了进入 21 世纪的“三大战役”，“保一争二望三”的目标全面实现，创造了几乎不可能实现的奇迹。三局建设者同时在北京、上海和香港这三座中国最富有活力和魅力的城市，建成了最富有标志性的超级工程，也奠定了三局在超高层、钢结构等“高大新尖特”工程建设领域的王者地位。

产品升级的最佳表现形式就是各地的地标性建筑，当初的上海环球金融中心注定只是中国高度中的一个新起点。

2014 年 9 月 17 日，天津 117 大厦主塔楼核心筒第 84 层混凝土浇筑完成，标高达到 416.91 米，超越了同样由三局建设者 1991 年建造的天津广播电视塔（415.2 米），成为新的中国北方第一高度。

2015 年 9 月 7 日，天津 117 大厦挑战吉尼斯世界纪录成功——5 立方米的 C60 混凝土历时 18 分钟从地上泵送到 621 米的高空，创造了世界超高层建筑混凝土泵送新纪录。9 月 8 日，天津 117 大厦结构封顶，结构高度 596.5 米，成为世界结构第二高楼、中国结构第一高楼。比 2008 年同样由三局建设者修建的上海环球金融中心高出整整 100 米。2015 年 4 月 16 日，由三局总承包公司承建，高达 438 米的武汉中心大厦正式封顶，再次刷新了武汉城市高楼纪录，问鼎“华中第一高楼”。而这一纪录即将被三局人再次改写，原设计为 636 米的武汉绿地中心建成后将是中国第一高楼、世界第三高楼。但在突破 475 米大关后，由于航空管制等原因，该楼已经被限高，但仍然是华中第一高楼。

纪录是用来刷新的，高度是用来打破的。这些不断被改写的数字彰显的正是中国建筑人不断突破自己、勇攀高峰的豪情壮志。

中建三局 50 多年创造了无数的中国地标，如同一座座丰碑傲立在华夏大地上。据摩天城网统计，全球在建的摩天大楼（国际公认的标准为高于 152 米的大楼）87% 位于中国，而在全球排名前 20 位的高楼中，中国独揽 10 座。中国目前建成和在建的 7 座超 500 米高楼中，三局承建或参建了其中 6 座。在中国各省区市 300 米以上的超高层地标性建筑中，90% 以上由中国建筑承建，由三局承建、参建的多达 50 座。

400 米、500 米、600 米……一个又一个新高度，不断刷新中国城市的天际线。

2 从“三大”到“三高”

中国经济持续多年的高速发展，让建筑市场空前繁荣，但建筑行业的低门槛也造成市场的白热化竞争。中建三局凭借品质超群打出了一片天地，但从长远来看，长期处于中低端房建领域并非企业发展的长久之计。因此，三局提出了“差异化”营销和“高端化”营销。

随着三大中国地标工程的中标，三局再一次修订市场营销战略，开始实行“三大”战略：大市场、大业主、大项目，并明确规定，2 亿元以下的项目原则上不再承接。按洪可柱的说法，不再跟一般的小企业一样“抢饭吃”，是时候“挑饭吃”了。这是企业发展到一定程度之后的底气和豪气，是突破同质化竞争的必然选择。当然也是出于自身发展的需要，因为随着规模的扩张，有限的管理力量必须用在刀刃上。此时的三局已经在建筑市场中积累了品牌、技术和管理优势，就必须跳出低端建筑市场的恶性竞争圈。

三局在市场营销中大体上经历了三个阶段：第一阶段是中什么标做什么，抓到什么做什么。这也是大多数企业都经历过的阶段，这个阶段是起步和生存阶段，企业能选择的空间并不多；第二阶段是“三大”的市场定位。在江湖上有了一定的地位，市场环境也不错时，就提出了“大市场、大业主、大项目”的思路，开始主动选择市场。这一理念对三局的营销起了很大作用；第三阶段是从“三大”到“三高”。坚持“三大”之后，三局发现“大”的不一定是“好”的，比如有些业主给出的订单很多，按说是大业主，但条件苛刻，超出了可接受的范围。有些“大项目”条件也不好，有可能对施工企业造成大亏损。于是三局提出了由“三大”到“三高”的策略。

2009 年以后，三局开始从大市场、大业主、大项目的“三大”营销战略向“三高”（高端市场、高端业主、高端项目）聚焦。从重“量”向重“质”迈进，即在大市场中主攻高端市场，在大业主中精选高端客户，在大项目中专攻高端项目。争当高端建筑领域的领先者与创新者。

何谓“高端项目”？三局的定义是：社会影响大、科技含量高、战略价值高、经济效益好，引领行业发展和社会进步的建筑工程和投资产品。

只有“三高”才能做出好品质并捍卫三局的“江湖地位”。

建筑的市场营销是具体到每一个项目必须进行实战的战术问题，更是通过很多惨痛教训总结出来的发展战略问题。从“三大”到“三高”战略，表面上看是基于自身发展的基础上的战略选择，实质上是市场环境逼迫下的不得已而为之。

但是，想“挑饭吃”得有底气和能力。上海攀成德企业管理顾问有限公司曾撰文指出，三局有如此底气，主要是具备了以下三个方面的能力。

一是打造高端项目总承包管理能力。从承接“三大地标”开始，三局就特别注重对总承包能力的提升。在探寻总承包管理模式的实践中，积累了丰富的经验。

二是创新研发关键技术和前沿技术。三局高度重视科技创新在企业发展中的关键性作用，在行业关键领域和建筑科技前沿掌握了一批核心技术和专利技术，形成了超高层建筑、复杂体系巨型钢结构、高性能及特种混凝土研发生产等九大特色技术优势。三局与高校院所建立密切的合作关系，走“产、学、研”相结合之路，使科研成果迅速转化为现实生产力，使得三局在“高大新尖”项目承接中具有核心竞争优势。

三是加速培育人才比较优势。在长期的竞争中，三局大力实施人才强企战略，以中建股份“专业化、职业化、国际化”人才策略为指引，按照“高层人才尖端化、中层人才专家化、基层人才职业化”的思路，统筹推进经营管理者、项目建造、建筑设计、地产开发、专业管理、成建制劳务六队伍建设。

这“三种能力”与“三高战略 ”实质上是一枚硬币的正反两面，绝对不可切割，有了能力才能“追高”，“追高”之后才能更好地培育能力，从而形成良性循环。

在主攻高端市场方面，三局逐步落实号码公司与区域公司相互协作、补位的经营布局，通过区域化集中资源投放，压缩管理链条，提高管理效率。到 2014 年，全局前十大省市区域集中度达到 75% 以上。三局一边重点深耕高端区域市场，一边坚决放弃风险大的区域市场及小市场。

在精选高端客户方面，三局逐步推行“战略客户”机制，开始不断加强战略客户的甄别、培育、开发、维护与增值服务，全局营销观念实现从“战略合作”到“战略首选”的转变，战略合作意识明显增强，签订合作协议的战略客户近60家，比如和万科、世茂、中粮、华润、新世界、恒隆、绿地、保利等数十家国内外知名企业都保持了长期稳固合作关系，保持“朋友圈”的稳定持续扩大。2018年，三局20家高端房建业主贡献房建业务合同额占比为50%以上。

在专攻高端项目方面，三局强化底线管理，在注重项目合约质量的同时，严格控制大额垫资、付款比例及预估利润过低的项目，大项目占比92%以上。

3 现场促市场

许多时候，“准确的预见能力”是一个成功企业家的天赋，但更是一种对时局、政治的理性分析能力，是一种对未来、对大势的准确判断能力。比如任正非从电话机的销售看到了未来通信的发展，王石从土地拍卖看到了房地产的兴起，张瑞敏从冰箱的需求看到了白色家电的普及，他们都准确地抓住了机遇，抢占了市场。

这些企业均有一个共同点，即在打开最初的市场之后，一定会建立起优质的品牌形象来巩固市场。而建立优质的品牌，主要靠过硬的产品质量和良好的服务。与之相反的是曾经红极一时的“秦池酒”，其在1995年夺得央视的广告标王后，市场突然火爆得难以置信，“中标”后头两个月秦池酒的销售收入就达2.18亿元，实现利税6800万元，相当于秦池酒厂建厂以来前50余年的总和。至该年6月底，订货已排到了年底。1996年秦池酒厂的销售收入也由1995年的7500万元一跃为9.5亿元，增长近13倍。

然而，秦池酒厂很快就深陷“假酒”风波，有媒体报道秦池酒厂因为生产能力跟不上，竟然收购散酒进行勾兑，于是其品牌形象在一夜之间崩塌。到 1998 年，秦池酒厂亏损成定局，此后他们基本退出了白酒竞争市场。正所谓品牌树立如同针挑土，品牌垮塌如同浪淘沙。

而在建筑行业，品牌和口碑的树立则更难，需要持续多年的努力，做好每一个环节才能慢慢树立口碑。但品牌的垮掉几乎是一瞬间的事，比如质量问题、安全问题、农民工工资问题等都极有可能造成媒体热点事件，从而给企业品牌带来巨大的伤害。

同时，地方保护主义也在给建筑企业制造难题。在改革开放前 20 年间，建筑市场看似完全开放，但是地方保护主义仍然严重，一些政府投资项目要优先让本地建筑企业施工，甚至将一些外商投资项目尽可能用行政手段安排给省、市的企业，而中字头的“中国建筑”反而成为真正的孤军作战，既不占用垄断资源，又不享受政策红利，甚至还有地方政府的阻挠。因此，要想在这种情况下做大做强，只能付出更多的努力和艰辛。

三局有一句流传很久的经验之谈——“现场促市场”，即只有优质履约，才会有好的市场空间。这是对市场有着切肤之痛的感受才得来的真知。

在任何时候，优质履约永远是维护市场、捍卫品牌的第一法宝。三局目前 232 项鲁班（国优）奖、25 项詹天佑奖，64 项全国绿色示范工程、1223 项省部级以上优质工程和样板工程……这是三局品质的见证，也是三局打开市场大门的“金钥匙”。

市场经济的改革就是要以“市场之手”撬动市场、盘活市场，也只有完全开放的、公平的竞争环境才能促进建筑企业施工技术、施工管理和工艺的进步。市场经济的大潮冲击之下，最终能屹立不倒的还是那些有着强烈危机感并毅然下水且能很快适应的弄潮儿，而那些故步自封的企业今安在？

上文提到的战略客户的建立和培育，无论说得多么动听，履约才是根本。靠吹嘘和承诺均不能得来，只能通过对具体工程的履约和服务才能得来。

三局努力将最好的服务提供给最好的业主，努力将优质业主变成忠诚的客户与事业伙伴。

建筑企业是以市场为导向的，订单是生产的前提，所以市场营销是建筑企业的首选必修课。但是前提是必须做好现场，现场即市场，品质即品牌，建筑企业要努力让每个员工、每个环节都变为市场营销，只有今天的满意才有明天的市场。市场营销不只是拿订单，也不只是交付，而且是全方位的客户服务，从项目信息到项目交付，整个项目生命周期都是市场营销的环节。

4 第一次转型

有一些专家认为，中国的发展是建立在脚手架上的发展。言语虽然夸张，却也道出了部分事实。因为改革开放 40 多年来，在中国这片土地上兴建的建筑比之前所有时期兴建的总和还要多。中国的建筑从业人员保守估计在 5000 万人，注册在案的建筑公司多达 48 万家（截至 2015 年数据），因此，建筑市场向来是竞争最白热化的领域。伴随白热化竞争，“关系”一时间似乎成了市场营销的重要因素，往往“关系”在哪儿，市场就在哪儿。这种情况实质上是对建筑业的一种伤害，因为这让许多建筑企业的市场营销人员都化身为“关系活动家”，企业因此在市场竞争中出现重关系、轻能力的现象。

20 世纪 90 年代中期，三局提出了“以现场促市场”，就是针对这一情

武汉火车站 | 总建筑面积 33.2 万平方米，为世界首座桥站合一的大型铁路站房

况的拨乱反正，是对建筑企业自身长远发展的清醒认知，也是对市场规则的捍卫，更是对“关系”的最好维护。

“能力强”第一要表现在履约能力强，即能将核心技术和一流的管理以及强大的资源组装转化为品质履约。例如，进入 21 世纪后，三局一举拿下“三大地标”，奠定了在“高大新尖特”建筑领域的王者地位。还比如在武汉火车站的施工中，只用了西方国家 1/3 的工期就优质高效地完成任务。再比如，以 2002 年上海世茂滨江花园项目的优质履约为起点，三局与世茂集团开始了长达近 20 年的战略合作。随着中国房地产业的火爆，三局与多家房地产企业建立了战略合作同盟，为三局赢得了长期稳定的订单，也节约了市场开发的成本。

“能力强”第二体现在增值服务上，就是要为业主提供价超所值的服务。

随着时代发展，仅仅是将客户要求的“楼”建起来还不够，必须能提供增值服务才能赢得更为广阔的市场空间。比如为业主提供免费的咨询、设计、开工筹备、售后工作等服务，或者针对不同战略客户的管理方式、付款方式、合同条款提供“私人定制”服务，如三局三公司专门为世茂集团量身定制“世茂集团履约指南”。

建筑业一直被划入“第二产业”，第二产业主要指加工制造产业，利用自然界和第一产业提供的基本材料进行加工处理的行业。但是就建筑业的服务对象和客户群体来说，更应当划为第三产业。在第二产业拐点逼近、缓慢下降，而第三产业却持续增长的情况下，建筑建造商更应当向建筑服务商转型，提供更多更贴心的建筑增值服务。

随着市场的逐步规范，建筑企业必须从“关系营销”向“能力营销”转变。经过多年发展，三局在超高层、机场、隧道、桥梁、城市轨道交通等领域积累了新优势，实现了从“找饭吃”到“挑饭吃”的转变，从一般房屋承建商向综合性的高端建造商转型——这通常被称为三局的第一个转型。

第三节　从“挑饭吃”到“造饭吃”

2008年，被一些西方媒体称为“中国元年”，这一年留给人们印象最深的是北京奥运会。然而这一年中国人过得非常坎坷，年初华南地区经历了罕见的冰冻灾害，造成严重的经济和社会冲击。5月12日则发生了夺去约7万人生命的汶川大地震。同在那一年，中国A股从上一年10月份的6124点一直跌到1664点，带来中国股市开市以来最为严重的股灾。

这一年，许多在广东、江浙一带打工的农民工比往年提早一个月返乡了，原因是一场由美国次贷危机引发的金融风暴正席卷全球。作为日益融入全球一体化的中国难以独善其身，这场危机也深刻影响到中国经济。一方面，引起我国经济增长在一定程度上放缓；另一方面，使整个社会的就业压力增加，收入下降后又带来消费市场的疲软。

其实，早在1936年，英国著名经济学家凯恩斯就在《就业、利息和货币通论》一书中提出：经济发展必然会出现一种始向上、继向下，再向上的周期性运动，并具有明显的规则性，即经济周期。每一个经济周期都是在繁荣、恐慌、萧条、复苏四个阶段循环，且经济周期不可避免。

法国经济学家克里门特·朱格拉提出，社会经济运动会经历繁荣、危机与萧条三个阶段，这三个阶段会反复出现形成一个周期，这个周期波动通常为10年。

美国经济学家库兹提出“建筑周期理论”，他认为经济发展会存在长度为15~25年不等的长期波动。从生产到价格的长期运动角度看，现代经济体系是不断变化的，这种变化存在一种持续的、不可逆的变动。这种波动在建筑业中表现得最为明显。

综观中国改革开放40年历史的经济波动，与上述“经济周期理论”高度契合，比如1978年开始改革开放，1988年物价闯关失败，1998年亚洲金融危机对中国影响深远，2008年爆发的全球金融风暴。建筑人对这些波动最为感同身受，最直接的就是订单突然减少、工程款很难到账。

为应对全球金融危机，2008年11月初，国务院召开常务会议，研究部署“进一步扩大内需”“促进经济增长”等10项措施，这意味着在1998年我国应对亚洲金融危机时实施的积极的财政政策将再度启动。此次财政政策从“稳健”转向“积极”，国家再度加大财政支出、扩大投资规模，其政策力度大、效果直接，能有效刺激经济。从当年10项措施中可以看出，这次积极的财政政策不但着眼于拉动经济增长，更强调了夯实基础、保障民生，体现了扩大投资与优化结构并举。据初步匡算，10项措施共需资金4万亿元！经济界俗称“4万亿救市计划”。此计划后来在经济界争议颇多，一方面，以投资拉动了经济上扬；另一方面，也造成地方政府和一些企业债务过高。

不过对建筑业而言，这却是一次巨大的发展机遇！由于宽松的货币政策和“4万亿元计划”，大量资金流入房地产市场，于是2008年跌入低谷的房地产市场在2009年春天突然火爆起来。

2009年，中国建筑成功整体上市，融资规模达到501.6亿元，成为A股历史市场第五大规模的首次公开募股（IPO）。中建在资本市场的突破促使其在战略层面提出了产业结构调整的“532导向”，即房屋建筑与勘察设计、基础设施建设与投资、房地产开发与投资的营业收入，比例应为5∶3∶2。与这一战略目标相比，三局的差距还很大。

此时三局的传统建造业务比例高达90%以上，投资比重很小。尽管三局在高端建造领域是无可撼动的王者，但建造业务在整个产业链条中还处于下游。简单地说，“建造商”主要是接订单干工程，根据图纸建房子。如果总处在产业链的下游，发展就会受到不小的限制。中建的这一导向，为三局转型升级指明了方向——走投资转型的新路子。

如果说以往承接工程进行施工是“找饭吃”“挑饭吃”，那么以投资为主导的造项目将是“造饭吃”，模式将与以往大不相同。

当然，凡事都有一个开始。

1 有破有立

早在20世纪90年代初，三局就开始了房地产业务探索试点。1992年10月31日，三局与江苏省吴县（1995年撤销）新技术开发总公司、江苏省吴县地产总公司、丽奇投资建筑（澳门）有限公司合资成立了“苏州澳太房地产置业有限公司”。他们开发的第一个楼盘“东吴国贸大厦”，38层，高100米，集商用、餐饮、办公、居住于一体，这在当时是相当前卫的设计与定位。这是三局第一次试水房地产业务。

1993年，国务院发布《关于当前经济情况和加强宏观调控的意见》，

武汉新时代商务中心

高 208 米，时为武汉市武昌区第一高楼。原为“烂尾楼”，2004 年，中建三局收购重启，2007 年建成后，中建三局总部入驻

16 条整顿措施招招致命，海南房地产热浪应声而落。海南地产泡沫破灭，对中国地产有着深远影响。三局房地产公司在这个巨大的泡沫中也惨遭“滑铁卢”，黯然清盘退出。到 1998 年，住房制度货币化改革又开始掀起了国内房地产市场新热潮。三局人一直等待的机会也即将到来，只是这一次，三局表现得更为谨慎。

2002 年，武汉市武昌区中南路口有一幢著名的烂尾楼，即原中南煤炭设计大厦，此楼曾经烂尾了 6 年之久。在武汉市政府、三局以及原业主煤炭院的三方协商下，由三局接盘此楼，并重新进行设计，最终于 2007 年建成，更名为“新时代商务中心”。三局总部于2007年3月18日迁入新时代商务中心。以此项目为班底，三局组织了新的房地产开发团队。这标志着三局的投资业务进入了“新时代”。

2005年2月25日，孙文杰率中建有关部门来到三局，推行国有独资企业董事会制度（详见后文），在启动大会上，宣布洪可柱因年龄原因退出领导岗位，由熊德荣接任中建三局董事长、党委书记，王祥明任党委副书记、副董事长、总经理。

从1987年正式任三局局长到2005年退休，洪可柱在企业改革最为跌宕起伏的关键时期，率领三局保持了稳步增长的良好态势。他退休时，三局已经成为中建系统八大工程局中资产最优的工程局。

熊德荣任董事长后，三局保持了健康稳步的发展态势，特别是投资版块开始进入加速期。

2007年11月16日，熊德荣、王祥明、陈华元等先是参加了三局房地产公司中建·康城项目的开工奠基仪式，然后参加了四公司的解散撤销大会。

中建·康城项目是三局地产第一个真正意义上的住宅开发项目，该地块原是三公司的一个老基地。20世纪70年代，三局从贵州千里移师湖北，在武汉郊区一个叫关山大彭村的地方建起一个办公和生活基地，因此被称为“关山大院”。此地当年异常偏僻，甚至连一条进城的公路都没有。三局人自己动手开山辟路、建桥修房，办公楼、加工车间、生活基地等逐步建成。到了20世纪80年代，形成了城乡接合部的特有环境。

正所谓“关山度若飞”，时代飞速发展，从2000年开始，“关山大院”周边先后建起了万科·城市花园、光谷长城坐标城等高档住宅小区。相形之下，三局员工们住的宿舍如同老旧的“鸽子笼”。

2007年4月27日，三局房地产公司成功摘牌“关山大院”地块，占地面积12万平方米，总建筑面积25.45万平方米，楼盘被命名为“中建·康城”。

此楼盘一炮而红，多次开盘均一售而空。

熊德荣、王祥明、陈华元等十分高兴地为中建·康城奠基仪式动土。然后他们又一起驱车赶往四公司总部，一路上并不轻松，人人脸上都写着严肃。

因为他们马上要宣布一项三局人，特别是四公司人难以接受的事——四公司关门歇业！

四公司是从三线建设时期就成立的“机械化施工公司”，其后又转战南北，曾经为三局发展和国家建设立下赫赫战功。从1965年成立起，四公司有着42年的创业史，几代四公司人对企业有着深厚的感情，这是他们的情感寄托，是他们的梦想舞台，也是他们的生存之地。但是在这一天，“中建三局四公司”就成了历史，被打包封存，放进高高的档案柜中。

显然，残酷的市场竞争不讲温情，虽然四公司历史光荣，却因为后来的思想僵化、管理落后，一直发展艰难，与三局旗下其他兄弟公司相比，差距日渐拉大。

王祥明在干部大会上指出：四公司的发展已经同工程局的良好发展态势、同中建总公司的要求不相适应。为落实科学发展观和构建和谐三局，同时也为了给四公司的广大员工搭建更好的发展平台，对四公司实行歇业和人员分流是符合市场经济规律的唯一选择。

四公司的员工、项目和相关业务被分流到三局其他公司，许多四公司老员工到公司大门前抚摸公司的牌匾，老泪纵横。

一开一关，市场竞争无情。

一破一立，发展大势如此！

一喜一忧、一新一旧，企业的更迭交替让人唏嘘。

不过四公司的关门歇业并没有影响到三局整体的高歌猛进。2007年，湖北省百强企业榜单发布，中建三局以超200亿元的营业收入首次进入前三强。东风汽车以1416.87亿元排名第一，老牌国企武汉钢铁集团以556.71亿元排名第二。尽管三局与前两名差距明显，但是位列前三名的荣誉着实让全体员工兴奋不已，这也是三局进驻湖北30年来的第一次。

此前的30年，是不断涌现商业奇迹和诞生财富神话的30年，比如地产业的万科和世茂集团、电子业的华为、家电业的海尔、互联网业的百度和阿里巴巴等等，在央企序列中，中建不占有资源优势，更不具备行业垄断地位，中建三局的发展就如同一个任劳任怨的老工人，每天老老实实工作、勤勤恳恳做事，一砖一瓦堆砌，一砂一石累积，才慢慢成为建筑业的王牌企业。正如同一幢高楼的建成，总是从挖基坑、做基础、建主体再到机电安装、装饰装修，过程中每一根钢筋的绑扎、每一车混凝土的浇筑、每一根水管和电线的安装都不能省。在这个漫长的过程中，或许可以改进工法，但绝对不能马虎草率。

2007年底，王祥明调任中建总公司副总经理，陈华元接任中建三局总经理。

中国建筑为了适应重组改制整体上市的新要求，结合党的十七大精神，给“一最两跨”赋予了新内涵，即“将中国建筑建设成为最具国际竞争力的建筑地产综合企业集团，在2010年跨入世界前三百强，跨入国际建筑地产综合企业集团前三强”。这一目标更具有时代性和挑战性。

而三局的“破”，在于自我革命，在于忧患常在。

三局的“立”，立在脚踏实地，立在顺势而为。

从改革开放之前的“等饭吃”到改革开放之后的“找饭吃”，三局用了长达 20 年的时间才完成全国性的市场布局。以三大地标工程为标志，三局从与众多建筑企业“抢饭吃”发展到“挑饭吃”。从 2009 年 BT 首单开始，三局正式进入“造饭吃”时代。

2　BT 首单

在全球金融危机爆发的形势下，2008 年武汉市的 GDP 虽然保持了 15% 的高增长速度，但是经济下行压力巨大，武汉市政府出台了促进经济增长的相关措施，其中，把加大基础设施建设作为重要的措施之一。

2009 年初，武汉市开始了基础设施建设大提速，但是由于开工建设的项目较多，便推出了以 BT 模式招商建设 14 项重大基础设施项目。

BT 是英文 Build（建设）和 Transfer（移交）的缩写，意即“建设 – 移交”，是政府利用非政府资金来进行非经营性基础设施建设项目的一种融资模式，指一个项目的运作，通过项目公司总承包，融资、建设、验收合格后移交给业主，业主向投资方支付项目总投资加上合理回报的过程。

这一模式与三局以往“我做多少活，业主就付多少钱”的模式迥然不同。BT 模式是“我不但要为你干活，而且我还先出钱”。一个项目周期往往长达数年，需要投入的资金高达数十亿元，这需要企业有很强的融资能力。这在当时是一种新型的建设模式，社会各界普遍对此持观望态度。武汉市政府邀请三局参与其中两个项目的投标，即武咸公路（建成后改名为“白沙洲大道”）改造项目和沙湖大桥项目，其中武咸公路项目投资约 20 亿元、沙湖大桥项目约 7 亿元，两项合计约 27 亿元。

三局内部的争论也开始了。有人认为风险过高，由三局施工的合约额近 30 亿元，风险之大可想而知。但支持方认为，BT 模式是工程建设领域的一个新方向，三局应当尝试挑战新事物。

然而，当时三局年利润总额也不过 5 亿元，而武咸公路项目就需要高达约 20 亿元的投入，万一出现风险，将是三局不能承受之痛。

接还是不接？

这样的艰难抉择在三局历史上有过很多次，其中最著名的是当年承接深圳国贸大厦。那一次三局舍弃在手的金城大厦去承接国贸大厦，成就了“深圳速度”。这一次面临的抉择与挑战一点也不亚于当年。

不接——三局的风险会小一些，企业也能平稳发展。但三局就有可能错过转型升级的最佳时机，就有可能在武汉建筑市场错失先机。

武咸公路（建成后改名为“白沙洲大道”）｜ 武汉市一次性通车里程最长高架桥

接——风险的不确定性有可能会给三局带来危害，却也是三局转型升级的契机。

时任三局董事长熊德荣、总经理陈华元和领导班子成员兴奋着，纠结着，反复地权衡着。

客观地说，如果是一个平庸的领导者很可能会放弃，因为这对他们自身而言更“保险”，但是改革开放的过程在某种程度上就是“冒险”的过程，更是企业家勇于担当、敢于突破的过程。当年张恩沛勇闯深圳如此，洪可柱敢于一口气承接“三大地标”如此，此时熊德荣和陈华元也是如此。

在最后决策时，三局领导班子完全达成了共识，认为应当承接，理由有 4 个：一是风险看似很大，但建设方是政府，多年来三局与武汉市政府有着良好的合作与互信；二是 BT 模式会成为一种新的投资、建设模式，三局要抢得市场先机，这一次就是契机；三是这两项基础设施工程影响巨大，且是民生工程，符合三局高端项目的营销战略；四是三局是驻武汉 30 多年的央企，回报武汉、建设武汉是应尽之责。

正是由于市场对这一模式的不确定性，当时武汉市政府推出的 12 个 BT 项目，最终只有 4 个项目落地实施，其中由三局承接的就有 2 个项目。

多年以后，人们回看此事，都认为“接”是理所当然的，然而任何决策都有时代的局限性，当时的人们未必都能看透时间的迷雾。如果没有迎难而上的勇气、没有敢于破局的决心、没有回报社会的情怀，恐怕也不能登高望远、抢得先机，此后的“两轮驱动”“投资转型”战略只怕也是空中楼阁。

在此期间，三局还与武汉市就武汉国际博览中心项目以 BT 模式合作展开了洽谈。此工程同样需要高达 20 亿元的投资，中建以实际行动让武汉市吃了定心丸。

2009 年 2 月 26 日，时任中国建筑股份有限公司总裁易军与武汉市市长

宜昌伍家岗长江大桥 | 中建首座主跨千米级长江特大桥，宜昌市第九座长江大桥

阮成发在武汉签订《战略合作框架协议》。双方约定，中建将把武汉作为重点投资区域，在政策和资金上予以大力支持和倾斜；武汉市则同意在法律、政策允许的范围内为中建进行项目开发建设提供便利条件，并同意在土地使用、税费减免等方面给予支持。三局代表中建具体负责实施。

2009 年 5 月，三局与武汉市就武咸公路项目签订合同，以 BT 模式承接此项目。这是三局历史上第一个 BT 建设项目，也是武汉市第一个 BT 建设项目。接着沙湖大桥、武汉国际博览中心两个项目也相继签约。

与此同时，三局获得了历史上首次 BT 项目银行专项授信，额度达到 59 亿元，为 BT 项目的顺利实施提供了资金保障，三局投资转型步伐开始加速。

这几个项目的承接，开启了三局转型升级的抢滩登陆之战。紧接着，三局又以 BT 模式相继承建了武汉古田桥（原名“武汉江汉六桥”）、中法友谊大桥（原名“武汉三官汉江公路大桥”）、珞狮南路改造工程等项目。以投资带动建造的“两轮驱动效应”初露锋芒。

三局在 2009 年实现了合同额 561 亿元，营业收入 361 亿元，更重要的是开启了投资转型的序幕，一个新的黄金发展期已经到来。

3 投资湖北化

2018 年 9 月 25 日，刚刚履新的武汉市市长周先旺会见了三局董事长、党委书记陈华元。周先旺感谢三局为武汉市经济社会发展做出的贡献，他说：“中建三局是扎根武汉的建筑央企，是建筑行业的排头兵，在建筑高度、跨度等方面树立了响亮品牌，期待中建三局在建筑工业化、水务等新兴领域创造新业绩、打造新品牌。”双方就进一步加强合作进行深入交流。

其实早从 2011 年起，先后三任武汉市市长阮成发、唐良智、万勇都分别会见过三局前任董事长熊德荣以及现任董事长陈华元。他们不约而同地就武汉市的城市建设征求中建三局的意见，正是基于中建三局转型升级后的强大投资建设和资源组装能力。

在“群狼抢食”的市场环境中，建筑企业向上游发展，改“抢饭吃”为“造饭吃”是一个冲出重围的突破口。“造项目”就是投资转型，以投资带动建造业务齐头并进，这种模式或许会成为未来建筑市场的主流。如果说以往的三局是一个为他人打工种田的下苦力气的长工，那么，投资则是拥有了自己的田地。

2010 年 9 月，刚刚履新中国建筑集团有限公司董事长的易军与王祥明来到湖北，在熊德荣、陈华元等陪同下拜会时任湖北省委书记罗清泉、省长李鸿忠、武汉市市长阮成发。政企双方相谈甚欢，就积极拓展合作领域、探索合作新模式、实现互利共赢等进一步进行了沟通交流。这次会面，更加深化了三局与湖北省的合作。

易军认为，投资是主动的，建工程是被动的。他说："武汉是宝地，是中部地区中心城市，三局把有限的资金全部投到武汉也不为过。"

这也就是三局"投资湖北化"的由来。

何为"湖北化"？即立足湖北，深耕武汉和积极拓展宜昌、襄阳"一主两副"优质市场，并辐射其他地区。三局前期的投资转型基本上都在湖北省境内。

整体来说，三局实施"投资湖北化"发展战略共有 6 条理由。第一，投资版块需要落地，轮子只有在地上转起来，企业的大车才能前进；第二，总公司政策引导，严格控制工程局总部所在区域以外的投资规模，所以三局在湖北的投资能得到更多政策支持；第三，湖北自身发展态势良好，在基础设施等领域的投资空间很大；第四，三局在湖北深度耕耘，积累了良好的品牌信誉；第五，是区域培养过程的必需——这也是三局又一个"立足湖北，面向全国，走向世界"的再出发；第六，三局在湖北发展多年，反哺与回报家乡和人民也是理所应当。企业和地方的关系就如同树木与土壤的关系，树无土壤，则是无根之木；土无树木，则是不毛之地。三局从 1975 年迁驻湖北开始，已经在此深耕多年，湖北为三局的发展提供了丰厚的养分和空间，三局这棵大树结出的果实则首先回馈湖北。同时，三局此时正处在投资转型的初期，紧抓湖北省构建"中部崛起"重要战略支点、武汉市建设国家中心城市的历史机遇，是再恰当不过的选择。

继与武汉市几个 BT 项目合作之后，三局将"造项目"向更深层次、更广领域推进。

2011 年 2 月 27 日，三局与武汉东湖高新区签订合作协议。东湖高新区是中国的第二个自主创新示范区，是武汉市政府重点打造的千亿产业产出区。三局和东湖高新开发区的合作不仅包括未来科技城、左岭新城、中华产业园、中新科技城等产业园区市政道路管网和公用建筑投资建造，还涉及地产开发、兴建中建三局科技园等项目。比如合作的“中建·光谷之星”项目已于 2018 年正式交付使用，成为双方合作、三局投资开发的一个经典案例，项目亦成为光谷核心区的示范项目。

接着，三局又和中建国际联合投资 80 亿元建设武汉光谷中心城地下公共交通走廊及配套工程，采用 BT 模式承接中国最长的城中湖底隧道、光谷火车站、武汉首条城市快速公交（BRT）项目等。

就在全国最长的城中湖底隧道——东湖隧道施工期间（2015 年 12 月 28 日建成通车），三局投资建设的另几大项目也相继开工，分别是：全长 15 公里的武汉长江大道（2019 年 5 月全线完工）、全长 28 公里的东湖绿道一、二期（亦分别完工）等，这标志着三局的投资转型开始进入成熟期。

随着合作的深入，特别是在武汉一系列投资工程的顺利实施，三局既赢得了武汉市政府及湖北省政府的信任，又得到了中建总公司的肯定。2012 年 12 月 18 日，中建总公司与湖北省在武汉签署战略合作框架协议。根据协议，中建总公司将扩大在湖北省的投资，发挥其在“投资、设计、开发、施工”等全产业链优势，支持武汉、宜昌、襄阳及其他重点城市连片综合开发和交通基础设施建设等。这表明中国建筑与湖北省、武汉市的合作再次升级。

在中建总公司与湖北省签订战略合作框架协议后，三局的投资发展之路在纵向上走得更深，在区域上走得更广。三局结合湖北省“一主两副”的发展规划，开始在全省持续发力，主要在基础设施建设、房地产开发、城市综合开发以及新兴业务等领域。

近年来，三局紧跟湖北省和武汉市改革步伐，融入地方发展大局，为助推湖北“建成支点、走在前列”、助力武汉成为“更具竞争力的国家中心城市”做出应有的贡献。总结起来主要有如下三个方面。

一是打造绿色精品工程，提升城市建设品质。积极推广应用节能减排新技术，推行洁净生产、文明施工，减少施工对环境的影响，所承建的湖北省新图书馆、建行灾备中心等 77 项工程被评为全国绿色施工示范工程。三局积极推进装配式建筑、水务环保、创新投资等绿色产业发展，并于 2016 年 11 月成立绿色产业投资有限公司，在武汉投资建设装配式 PC 工厂 2 个，累计生产部品构件 5 万余方，在汉装配式建筑项目超过 280 万方，合同额逾百亿元。

二是投资城市基础设施，服务区域经济发展。深入落实投资“湖北化”策略和政企战略合作协议。以城市片区功能建设为目标，投资增进民生福祉的城市基础设施与公共设施高端项目，形成了以宜昌伍家岗长江大桥、武汉古田桥、中法友谊大桥、四环线汉江特大桥、襄阳卧龙大桥等为代表的跨江特大桥系列产品；以武汉东湖绿道、沙湖大桥、四环线后官湖特大

武汉东湖绿道 ｜ 国内最长 5A 级城市核心区环湖绿道

桥、神山湖大桥等为代表的跨湖通道系列产品；以武汉武咸公路、珞狮南路、雄楚大街、龙阳大道、杨泗港快速通道、宜昌西陵二路等为代表的城市高架桥系列产品；以武汉长江大道、宜昌点军大道、十堰航空路与林荫大道等为代表的市政道路系列产品；以光谷中心城等地下空间为代表的地下空间系列产品。

以城市基础设施与综合开发联动为基础，又以城市投资运营商全新定位，探索产城融合的城市投资运营新模式，积极实施了中建科技产业园、葛店中央商务区、鄂州航空都市区、咸宁大洲湖等一批产城融合示范区项目。

截至2019年，三局在湖北在投项目共114个，计划总投资2587亿元，累计完成投资1247亿元，其中在武汉重点投资项目有61个，计划总投资约1826亿元，已经完成投资约918亿元。

三是积极回报社会，履行央企责任担当。近三年来，中建三局在湖北省年均上缴税收约27亿元，其中上缴武汉市约22亿元。贡献了武汉市建筑业总产值的20%以上，为武汉市建筑业迈入全国前列做出了应有的贡献；带动了一大批设计、勘察、钢构、幕墙、安装、混凝土等专业企业发展，有力促进了湖北省和武汉市建筑产业繁荣。在履行经济责任的同时，三局积极履行社会责任，为30多万名湖北籍劳务工人提供就业岗位，年招收高等院校应届毕业生近3000人；积极参与捐资助学和各地抢险救援，向湖北希望工程捐资1000万元，捐款1000万元支持湖北抗洪赈灾，积极承担精准扶贫、对口支援等重要任务，多次获评湖北省十大慈善企业，并位居荆楚责任荣耀榜和全省五大“突出贡献奖”单位之首。

因此，如果说三局是参天大树，那么湖北就是生存沃土。

4 地产得与失

2011 年，清华大学主办的《清华管理评论》对易军进行了采访，易军提到了中建总公司有五大业务：房建、基础设施、房地产、海外、设计规划。用最简单的话概括：中建是无房建不稳，无基建不强，无投资不富，无海外不亮，无设计不优。这五大业务相辅相成、互为补充，是中建总公司打造最具竞争力投资建设集团的重要支撑。

“五无五不”被写入中建总公司的“十二五”战略规划中。其中以房地产业务为利润支撑，对中建总公司而言可能感触最为深刻。

先来看一组数据。

2011 年，中国建筑总营业收入为 4828 亿元，净利润为 192.4 亿元，房建业务营业收入占比为 76.2%，利润占比为 40%。而房地产业务收入占比为 10%，利润占比却高达 55.1%。房建业务的利润率为 2.8%，房地产业务的利润率仍高达 28.7%，房地产业务的利润率是房建业务的 10 倍以上。

再看 2017 年数据，中国建筑总营业收入为 10541 亿元，房建业务占比为 59.91%，房地产业务占比为 17.18%。在利润占比上，房建占比为 32.9%，房地产业务占比为 49.19%。房建业务利润率为 5.6%，比之前几年有了较大提升，而房地产业务的利润率仍然高达 29.1%。因此，“无地产不富”的事实让中建系统以建造为主的工程局深感震撼。

再对比三局的数据，2010 年三局的营业收入、净利润和利润率三项指标分别是 750 亿元、19.6 亿元、2.6%。应当说利润率在同行业中算过得去，但是与中海地产高达 30% 的利润率相比难以望其项背。

长期以来，建筑行业的低利润率是普遍现象。改革开放以来，中国建筑业得到了长足的发展，特别是从 2000 年开始，产值规模几乎以年 20% 以上的速度高速增长，但是全行业的利润率依然较低。从2005年到2012年，中国的工业产值平均利润率一直在6%~8%之间低位徘徊，而中国建筑业的全行业利润率仅在2.5%~3.5%之间。也就是说，建筑业的平均利润率远低于中国工业的平均水平，属于第二产业中利润率最低的行业之一。

值得深思的是，这种低利润率发生在全国的建筑业增速为GDP增速2~3倍的情况下，而且往往越是大企业，利润率越低。如中国建筑、中国铁建等已经进入世界500强的规模企业，利润率仅在0.5%~2%之间。

导致全行业利润率低的原因无外乎三个：一是产能过剩，造成业主压价和行业内部的恶性竞争；二是生产方式落后，设计、业主、劳务以及材料对施工企业的利润空间分割太多；三是自身管理手段落后，造成一定的效益流失。

正是基于建造业务主业的低利润、高风险和投资业务投资领域的高回报刺激，三局于2012年4月发布了“十二五”规划，对产业结构进行转型调整，将之前“十一五”规划中的“1+6”版块调整为“建造＋投资”的“两轮驱动”战略。①

调整后的建造版块主要为：高端房建、机电安装、钢结构施工、高级装饰、市政路桥、国际工程承包、设计与监理咨询；投资版块为：房地产、基础设施、钢结构制作、商品混凝土、城市综合运营、其他投资。按照规划，到“十二五”末期投资业务创造的净利润占比达到35%以上。

除BT模式以外，三局房地产业务情况如何呢？

如前文所述，在经历了20世纪90年代初一段不成功的探索后，三局依托新时代商务中心项目重启房地产业务，开始大举进军房地产投资领域。

---

① 中建总公司在2008年8月先后将三局培育的钢构、装饰、商品砼等业务单立，分别组建成为总公司旗下独立运营的专业化集团公司，实际上“十一五”规划中的“1+6”版块已经不复完整，这也迫使三局不得不对产业结构进行调整。

中建 · 大公馆 | 2018 年武汉市房地产销量冠军

应当说，三局进军房地产市场的时间较短，然而发展却很迅速。2007 年，三局以改造老基地方式开发了第一个住宅楼盘——中建 · 康城。

中建 · 康城的成功开发，使三局加大了对房地产业务的投入力度，他们放宽思路，不再拘泥于自有基地改造开发，大胆参与公开市场，将三局资源优势与市场规律相结合，走上了以股权收购和“招拍挂”拿地为主的多元化拿地之路。

从 2009 年开始，三局在武汉先后开发了中南 · 国际城、中建 · 汤逊湖壹号、中建 · 南湖壹号、中建 · 文华星城等。特别是 2013 年，三局全面启动老大院的开发工作，项目被命名为“中建 · 福地星城”。

2014 年 10 月，三局房地产公司拿下了武汉市当年开发规模最大、地段最好、价值最高的一宗地块，该楼盘被命名为“中建·御景星城”。

2015 年 1 月，三局房地产公司欲收购原菩提金房地产公司位于武汉光谷、建筑面积达 102 万平方米的巨大地块，当时需要资金约 56 亿元。此事在三局引起了争议，反对方认为，当时的房地产市场并不景气，投入的资金量太大，风险过高。三局房地产团队据理力争，提出四条理由：一是总价虽高，但折算成楼面价则与周边招拍挂价相当；二是开发规模大，有 102 万平方米的可售面积，可有效支撑三局房地产业务的规模发展、长期发展；三是住宅比达 70% 以上，去化压力小；四是地段位于光谷核心区域，未来前景看好。

三局董事会、三局投资委员会经过谨慎研究，最终同意收购。楼盘被命名为“中建·大公馆”。2017 年，其一期 35 万平方米推出销售，一开盘即引发抢购热潮，实现了良好的经济效益和社会效益。

与此同时，三局的另一个投资平台——三局投资公司（后更名为“三局城市投资运营公司”）在襄阳打造了中建·状元府，在宜昌开发了中建·宜昌之星，在荆州开发了中建·荆州之星，均是引领当地品质的楼盘。2017 年开发的武汉中建·光谷之星项目更是引发抢购热潮。形成了高端产业园、中建之星商业街、甲级商务办公、高星级酒店等为代表的商业运营。需要说明的是：“中建之星”系列属于城市地标级商业综合体和产业园区融合发展的高端城市综合开发产品系列，是三局城市投资运营公司投资开发的差异化产品。

2018 年 9 月 16 日，由三局绿色产业投资公司投资的湖北省首个装配式商品房小区——中建·壹品澜湾开盘，780 套房子销售一空。其第二个装配式商品房小区——武汉市最大的装配式小区中建·壹品澜庭，正在火热建设中。

三局房地产业务布局进一步完善，成功开拓成都、重庆、合肥等新市场，在重庆中建·御湖壹号引进重庆排名前五的谢家湾小学，在重庆中建·滨江星城引入鱼洞四小，成功复制了中建·大公馆模式，有效提升了人居品质，去化速度明显快于周边楼盘。

2004—2018年，三局开发房地产项目45个，总开发面积超2000万平方米。房地产版块的利润已经成为三局利润的重要增长极。三局房地产公司成功挺进湖北地产前五强。同时，三局旗下的一公司、二公司、总承包公司以及西部投资公司也相继进入了房地产市场。三局的房地产业务进入了大发展时期，但却暴露出了一些问题。

一是拿地方式和能力有待提升。地产地产，地在先，产在后。土地是房地产开发业务的生产资料，土地价值决定了项目的成败得失，拿地一定要考虑在什么城市拿地，在城市的什么区域拿地，任何时候都要把握“地段、地段，还是地段”这一核心要素。

二是三局地产业务平台不够集中。目前三局有房地产公司、城市投资运营公司、西部投资公司、绿投公司四大平台公司进行房地产开发，另外局属一公司、二公司、总承包公司也在拓展地产业务。各公司各搞自己的一套，品牌不够聚焦、资源不够集中，难以集中建设能力和规模，效应难以凸显。

关于平台过多的问题其实也是一个仁者见仁、智者见智的问题。平台过多的确可能分散投资的力度，但是也增加了投资类型和市场区域的覆盖面。那么有没有可能兼顾力度和覆盖面呢？针对这一问题，三局于2018年7月31日发布《中建三局房地产管理办法（试行）》，对全局的房地产开发业务进行了重新定位，规定要统一全局地产业务以“中建三局地产”品牌统一发展，这是品牌的统一集中管理。同时对几大平台进行了重新定位：

形成房地产公司为三局房地产开发专业平台，以中高端住宅开发为主，深耕湖北，与其他局属单位联动，优化区域布局，代表三局牵头操盘重点项目；城市投资运营公司为三局综合性投资运营平台，以城市综合体项目开发为主，深耕湖北，托管孵化南方投资平台，探索创新型房地产项目投资；绿投公司为三局新业务的创新投资专业平台，探索装配式地产开发项目及绿色建筑产业园的投资运营；西投公司为三局西南区域综合性投资运营平台，深耕四川、重庆，在成都地区探索房地产开发项目；号码公司和区域公司以自有土地和存量项目开发为主，鼓励利用市场资源跟踪优质土地，按区域和业务类型与投资平台合作开发，分享投资收益的格局。

看起来这是一个非常科学合理的分工定位，但效果如何还得留待时间和市场来检验。

三是项目操盘能力参差不齐。房地产开发从前期市场调研拿地、产品定位、规划设计、开工建设到开盘销售、交房入伙，再到税收清算、售后服务，整个产业链长，一定要有系统思维和专业能力。其间可能出现拿地战略偏差、产品定位把握不准、节点管控不到位的情况，导致有些项目融资成本过高，周转率低下。

关于能力建设可以说永远在路上，市场环境、开发模式、国家政策等都是动态变化的，操盘能力也必须跟上时代、契合市场才行。

四是融资瓶颈有待突破。随着政府去杠杆、防风险措施不断实施和加码，调控手段越来越严厉，融资渠道越来越紧，如何打破瓶颈、打通融资渠道，可能需要三局从战略层面来统筹。

五是物业管理有待升级。随着三局开发楼盘的增多，物业管理也处于快速增长期，但现阶段的物业管理仍然停留在传统服务业务上。如何从物业管理上升到社区运营，还需要解放思想、创新方式。物业服务水平的好坏影响着楼盘的美誉度，良好的物业服务水平是楼盘品质的重要保障，而社区运营水平将决定物业公司盈利水平和长远发展。

六是顶层设计有待完善。三局进军房地产业务十多年来，积累了丰富的经验，也产生了良好的效益。但是随着时代发展和市场变化，究竟是以目前的模式去继续做房地产业务，还是变换模式换一种思路，还需要三局进一步优化顶层设计。

目前，中国的房地产业正逐渐回归理性，在“房住不炒”的思想指导下，未来房地产市场增速放缓，市场集中度显著上升，规模效益愈发明显。房地产企业已经从“圈地时代”进入了“能力时代”，市场把控能力、规划设计能力、产品打造能力、营销策划能力、售后服务能力，将是房企依赖的核心竞争力。

5 新窗口 新模式

除了房地产业务，三局的另一个投资模式就是 PPP 模式。

2012 年 12 月底，财政部、国家发改委、银监会和人民银行等四部委下发了《关于制止地方政府违法违规融资行为的通知》。

财政部财科所研究员、中国公私合作研究专业委员会秘书长孙洁说：“当时之所以叫停 BT 这种项目融资模式，是因为其给地方政府带来了很大的债务隐患。”

在政府财政紧张的情形下，BT 拉动了城市的基础建设，但其带来的副作用也是极大的。BT 项目融资模式仅仅是强调建设环节，这助长了一些地方政府不顾现实盲目地乱投资，直接弊端是形成了大量的政府债务。

在中国，BT 模式是对 BOT 模式（建设—经营—移交）的变换，指项目管理公司总承包后垫资进行建设，建设验收完毕再移交给政府部门。由于造成大量地方政府债务、项目全生命周期的效率不高、项目成本高于一般传统模式 10%~ 20% 等原因，从 2009 年开始盛行的 BT 模式被国家叫停。

那么 PPP 又是什么呢？

PPP（Public-Private-Partnership，即公私合营）模式，是指政府与私人组织之间，为了提供某种公共物品和服务，以特许权协议为基础，彼此之间形成一种伙伴式的合作关系，并通过签署合同来明确双方的权利和义务，以确保合作的顺利完成，最终使合作各方达到比预期单独行动更为有利的结果。

财政部于 2015 年发布《财政部关于进一步做好政府和社会资本合作项目示范工作的通知》，要求加快推进政府和社会资本合作（PPP）项目示范工作，尽早形成一批可复制、可推广的实施范例，助推更多项目落地实施。该《通知》明确，优先支持融资平台公司存量项目转型为 PPP 项目，重点推进符合条件的融资平台公司存量项目，通过转让 – 运营 – 移交（TOT）、改建 – 运营 – 移交（ROT）等方式转型为 PPP 项目，从而化解政府性债务风险，降低债务成本，实现“物有所值”。

经济进入新常态后，PPP 模式在全国更是得到大力推广。2014 年，也被称为“PPP 模式元年”。这年，财政部、国家发改委分别出台相关操作指南和指导意见后，PPP 作为正式制度走上历史舞台。

三局及时进行了战略调整，很快适应了这一新模式，并预测基础设施建设新的窗口期即将到来。

就在全行业都在高谈阔论 PPP 带来的发展窗口机遇的时候，陈华元冷静而敏锐地察觉到其中隐藏的风险。窗口开大了，新空气能进来，但蚊虫也会进来，立法就是要规范，只有规范化才能长期健康发展。

2016 年全国“两会”上，三局党委书记、董事长陈华元以全国人大代表的身份提交议案，呼吁加快政府与社会资本合作立法。

陈华元呼吁制定更为贴合 PPP 模式发展现状的法律来进行规范管理，建议制定政府与社会资本合作的法规需解决四大问题：一是政府与社会资本合作中应坚持公开、公平、公正，保护各方合法权益，坚持合作各方共享收益、共担风险的原则；二是明确政府与社会资本合作项目程序，以保障政府和社会资本后续高效有序地协调和开展项目建设；三是构建政府与社会资本合作项目的合同体系，强调诚实信用原则，强化合同对政府、社会资本方及其他合作各方的约束力；四是明确政府与社会资本合作适用法律及争议解决的途径和方式，提高社会资本信心，推动 PPP 项目的落地和发展。

“加快政府与社会资本合作立法，不仅能规范政府与社会资本合作，提高公共产品和服务供给能力与效率，而且还能保障社会公共利益和公共安全，保护合作各方的合法权益。”陈华元在接受记者采访时说。

2017 年，三局投资业务增长强劲，融投资建造方面，新增投资项目 64 个，带动建安工程合同额 1339 亿元，有力支撑企业转型。三局城市投资运营公司落地实施 6 个超 30 亿元 PPP 项目，高端引领作用突出；三局西部投资公司全年重点跟踪项目 108 个、投标项目 17 个、中标 16 个，拓展效率最高。

看起来，这个窗口的风景非常不错。但是，这个所谓的“窗口期”到底能维持多久？人们都有疑问。

果然问题来了。

2017 年 11 月 16 日，财政部发布《关于规范政府和社会资本合作（PPP）综合信息平台项目库管理的通知》（简称 92 号文），要求集中清理已入库项目，对具有“未按规定开展‘两个论证’、不宜继续采用 PPP 模式实施、不符合规范运作要求、构成违法违规举债担保、未按规定进行信息公开”等情形的项目应予以清退。

据统计，自 92 号文发布至 2018 年 4 月 1 日，管理库清库项目合计 609 个，涉及投资额 6114.39 亿元；储备清单清库项目总数 1798 个，涉及总投资额 2.39 万亿元。

随后多省开始清理 PPP 项目，到 2018 年 4 月 23 日，新疆 500 个 PPP 项目中有 225 个被清理出库，219 个 PPP 项目被要求整改。湖北省也开始清理，到 2018 年，约清理出 20%。

从中央到地方都在清理 PPP 项目，这意味着“降杠杆”“减负债”“防风险”这些中国经济工作的当务之急正在落实。

著名经济学家厉以宁曾以“四个忧虑”来概括具有“中国特色”的 PPP 模式。第一，民营企业担忧新官不认 PPP 旧账；第二，没有退出机制；第三，地方政府偿债资金来源以及未来的债务风险问题；第四，政府与民营企业共患难可以，但难以共安乐。

三局在此轮清理整顿中也深受影响，一些谈判项目搁浅，还有一些已经在施工的项目也遭遇了融资困难。于是又有人惊呼：“这个窗口又要关闭了吗？”

当然不会，而是会走向更加规范化、法治化。“窗口会开，但一定会加上纱窗。”

国家鼓励地方采用 PPP 模式，一方面，是充分考虑到地方的实际情况，特别是财力状况，帮助地方解决建设资金不足、基础设施薄弱的问题，不断改善地方基础设施条件，增强地方经济和社会的协调能力；另一方面，也是为了更好地发挥社会资本的作用，让社会资本参与到政府项目、基础设施、公共设施的建设中来，给社会资本，特别是民营资本更多的投资通道。也就是说，只要操作规范，只要社会资本愿意参与，只要在今后的运行过程中有相应的约束和监督机制，政府还应当尽可能多地提高社会资本的参与比例，而不是把社会资本当作引子、当作摆设。

显然，从实际操作来看，有些地方并没有真正把 PPP 当作一种政府与社会资本的合作方式，没有充分认识到推行 PPP 的重要意义和现实作用，而是想将其当作政府掌控投资和建设的工具，继续走政府负债建设的老路，扭曲 PPP 的内涵，把 PPP 变异为暗中负债、明股实债。若不加以制止，政府的债务风险将加速积聚，社会资本的作用也难以得到发挥。

实际上，PPP 项目并没有完全被叫停，而是整改与推进并存，在清理违规项目出库之后，管理库净增加 631 个项目，涉及投资额过万亿元，表明规范推进 PPP 仍然是 PPP 发展的主旋律。

中国现代集团总裁兼现代研究院院长丁伯康认为，未来 PPP 发展“两减一降”（减量、减速和降温）不可避免，规范理性是主基调。

“减量”是指 PPP 项目在总数量和总投资额方面会出现降低。

“减速”是指 PPP 推进速度有所减缓。

“降温”是指 PPP 参与各方在不断总结过往经验和事实成败时，更加冷静和理智。

PPP 模式发展到今天，已经进入了一个理性发展时期，其规范性将迫使企业更要注重综合能力的提升。

三局以雄厚实力先后以 PPP 模式承接工程数十项，涉及城市地铁、城际铁路、城市高架、江上桥梁、高速公路、地下管廊、污水处理等，几乎包含基础设施全领域。

虽然三局进入投资领域的时间不长，但是投资规模迅猛扩大，建造 + 投资“两轮驱动”格局基本形成。2014 年，投资额首次迈上 100 亿元，2015 年投资额跨越 200 亿元，2016 年完成投资额 253 亿元，2017 年则高达 500

多亿元。新增投资项目直接带动了建安工程合同额的增长，“两轮驱动”的威力已经显现。

同时，三局的城市综合开发业务也在持续增加，在多个城市进行房地产一、二级开发，近 5 年，销售额、回款、利润年均增速分别为 116.6%、103.7%、147%。新兴业务也在加速推进。投资建成湖北省首个绿色建筑产业园、国家住宅产业化基地——中建三局武汉绿色建筑产业园 PC 厂，像“搭积木”一样盖房子变成现实；投资建设国内首条最长深层污水传输隧道——武汉大东湖深隧，建成后将连接武昌片区 4 座污水处理厂，为城市排污排涝发挥重要作用……建筑工业化、城镇综合建设、地下空间、环保、水务等新兴业务正在加快步伐。

随着投资业务的发展，三局以基础设施事业部、城市综合建设部等机构为班底正式成立了投资发展公司。2014 年 10 月，三局又以总承包公司路桥分公司为主体，组建成立三局基础设施工程公司（后更名为“三局基础设施建设投资公司”）。后又于 2015 年在成都成立西部投资公司。至此，三局一共打造了城市投资运营公司、基础设施建设投资公司、房地产公司、西部投资公司、绿色产业投资公司、中建铁路投资建设公司（托管）共计 6 个投资平台，投资业务进入阔步前进时期。

从“挑饭吃”到“造饭吃”实质上是三局从传统施工企业向建造与投资并重的现代企业集团转型。这通常被三局称为“第二个转型”。

三局通过大力实施建造 + 投资“两轮驱动 ”战略，立足湖北“一主两副”战略市场，大力发展基础设施投资和城市综合建设“双核心”业务，在市政、能源、交通、生态和地产开发等领域进行了有益尝试，培育了良好的投资品牌和人才团队。“十二五”以来，三局已实施投资类项目逾 60 个，累计完成投资额超 1500 亿元。

第四节　从“土灶饭”到“洋大餐”

企业发展到一定规模，国际化是必由之路。如果说在国内做项目叫吃“土灶饭”，那么走出国门自然就是吃“洋大餐”。

改革开放不仅仅是指打开国门让外资、外企进入中国，还包括让中资、中企勇敢地走向国外。

企业国际化指一个企业的生产经营活动不局限于一个国家，而是面向世界经济舞台的一种客观现象和发展过程。其主要目的是通过国际市场组合生产要素，实现产品销售，以获取更大的生存空间。

随着企业实力的不断壮大以及国内市场的逐渐饱和，把目光投向中国本土以外的全球市场，不仅仅是经营区域的扩张，更重要的是能不断增强企业的竞争实力和环境适应性。很多时候，我们也把一个企业是否国际化看成是否成功的标志。企业的国际化，不仅仅是市场的国际化，还包括生产国际化、销售国际化和管理国际化，最终将是文化的国际化。一些知名的国际化企业输出的已经不是产品，而是一种文化和一种生活方式，比如可口可乐、肯德基、微软、苹果等。

三局的国际化战略主要经历了三个阶段，即“搭船出海”“借船出海”“造船出海”。

综观全球地域与历史沿革，国家经济的发展与该国城镇化的提升密不可分。据联合国的数据统计，随着产业的不断转移发展，世界各国的城镇人口不断增加，城镇化趋势不断加速，为世界建筑业带来了巨大红利。在未来 15 年内，预测东南亚、南亚、非洲是城镇化发展的热点区域，预测将有大量的房建和基建需求。而由中国发起的“一带一路”倡议覆盖了全球人口最密集区域，整体经济水平及体量正处于高速发展期，基础建设及建筑市场需求量巨大。

三局目前仍然处于国际化征途的初始阶段，即刚刚开始市场国际化，离管理国际化和文化国际化还有一段距离。

1　搭船出海

三局的海外征途，要从 1975 年说起，那时三局刚刚移师湖北不久，就抽调了 35 名技术人员参加湖北省建材局承担的尼泊尔巴格达普尔砖瓦厂援建任务，尽管只是劳务输出，却是三局历史上第一次出征海外。

1979 年以后，三局向中建总公司在中东地区的一些阿拉伯国家和驻中国香港的机构派出了各类劳务人员。三局赴也门共和国施工组先后承建了兵营、总理府、总统官邸、中央银行、民政部、交通部、萨那医学院等 25 项工程，高峰期出国施工人员达 606 人。

这两次出征其实就是按上级安排派遣人员出国工作，企业不承担管理、商务、运营等职责，算不上真正的国际化。

1983 年 11 月，三局在第二届职代会上明确提出“立足国内，开拓国外”的经营方针。这是三局历史上第一次正式提出“海外战略”。当时局党委提出了“搭船出海”（输出劳务）、“借船出海”（分包工程）、“造船出海”（在境外组建合资企业）的“三步走”战略。

1987 年，中国机械设备进出口总公司哈尔滨电站设备成套公司要出口一批设备到巴基斯坦，用于该国贾姆肖罗电站的建设，经中建总公司和建设部协调，由三局一公司担任电站二、三、四机组的土建工程分包，合同额为 4100 万美元。这是三局第一个真正意义上的海外工程。经过 3 年施工，电站于 1989 年建成，他们优质高效的施工赢得了时任巴基斯坦总理谢里夫的当面致谢。

三局采用以往在国内的“据点围地”的方式，来了就不想走，于是 1990 年又在巴基斯坦承建了世界上第一座使用煤矸石做燃料的发电厂——拉克拉电厂。此后因为海湾危机，三局暂停了海外业务，一直到 2005 年重返巴基斯坦，于 2006 年 3 月 10 日独立承接了巴基斯坦飞机制造厂（JF-17）项目一期，总造价约 3000 万美元。同年 7 月，又顺利承接到合约额为 2780 万美元的二期工程。

在三局开拓市场的征途中，还有一个容易被人们忽略的地方是澳门，据洪可柱回忆，1987 年三局与湖北省经贸委、建设厅的相关人员一起进入澳门，与曾任澳门中华总商会会长、澳门大华行投资有限公司董事长的马万祺先生的儿子马有恒一起成立了一家叫“建兴龙（澳门）企业有限公司”的合资公司，三局当时是第一大股东，占股 50%，马有恒占股 30%，湖北省建设厅占股 20%。公司主要从事房地产开发、工程承包、工程监理、建筑材料进出口经营等业务。中华总商会大楼就是由该公司投资的。在此过程中三局学习到了很多涉外经营业务知识，并开始裂变，适时与光大集团等企业又联合成立了两家公司，在澳门市场形成了较大的影响。据建兴龙公司首任经理周鸿寿回忆，建兴龙公司成立之后取得了不错的经济效益和社会效益。经济效益方面，成立三年为三局挣到约 7000 万港元，社会效益方面是通过此平台承接到澳门观光塔这一澳门地标性工程。

由于在我国澳门的成功开拓，三局以此为跳板以工程承包的方式承接到台商在泰国投资的一栋高楼，据说当时为曼谷第一高楼。可惜正准备大干一场时，亚洲金融危机爆发，该项目被迫下马。三局也因此中断了在泰国市场的开拓——再次进入泰国市场已经是十多年后的事了。

但是建兴龙公司还是于 1994 年左右被注销了，原因是总公司也在我国澳门有类似的公司，为避免同门竞争，三局遵照总公司意见撤出了澳门市场。但三局在澳门的开拓还是早早地积累了一些房地产开发经验。

2　坦桑尼亚之痛

综观中国企业的国际化之路，几乎都有一段辛酸记忆。海尔集团如此，联想集团如此，华为公司亦如此。梳理三局的海外征程，也并非一帆风顺，其中也经受过挫折和失败。

2005 年，三局在海外市场布局上初步形成了“一点三线”（“一点”即巴基斯坦，“三线”即钢结构专业线、电力专业线、国家经援线）的市场定位，业务涵盖东南亚、南亚、中东、非洲等地区。然而，2005 年远征坦桑尼亚一役却遭遇到挫折。

2005 年 6 月，在三局重启大海外的战略下，当时的四公司参与投标坦桑尼亚西北部地区卡盖拉区（Kagoma–Lusahunga）154 公里道路的升级改造工程（简称 K–L 项目）。经多轮谈判和考察，三局于 2005 年 12 月中标，中标额约4340万美元，于2006年3月13日双方签署合同，总工期39个月。这是一条相当于国内省级公路的项目，施工技术难度并不高，四公司当即组建了项目班子进驻坦桑尼亚。然而，他们进场之后才发现整个项目难度超出了他们的想象。

主要困难有四个：一是当地资源极度匮乏，施工常用的水泥、钢筋、沥青等需要依赖进口或者国际采购，无论哪种方式的成本都将高到无法承受；二是所有施工设备都需从国内采购运到当地，中国的工程管理技术人员与当地工人之间的理念差异和沟通障碍，直接影响了效率与进度；三是工程采用国际通用的菲迪克条款，而国内派出的管理人员多数对此不熟悉；四是雨季漫长，一年中只有半年左右的施工时间，虽然合同工期为39个月，而实际有效作业时间仅20个月。

经过19个月的艰难建设，工程完成了47%的道路挖填方、3%的C2层、全部的箱涵和85%的管涵施工（施工最险、最难的北段）。但是由于清单报价的原因，前期路基土方施工部分的单价非常低，导致产值仅占合同额的35%。2008年1月初，坦桑尼亚国家公路局以工期过半、产值未达50%、施工进度慢为由，要求三局分割70公里的施工任务给其他单位，并承担由此造成的费用。三局经过研究决策，拒绝了坦桑尼亚国家公路局的要求。2008年1月25日，坦桑尼亚国家公路局单方面中止合同。

2008年4月，三局向坦桑尼亚国家公路局提出仲裁，要求索赔3600余万美元，与坦桑尼亚国家公路局进入专家仲裁阶段。2009年6月，专家裁定三局胜诉，但坦桑尼亚国家公路局不服裁定提起国际诉讼，经过两年的拉锯战，2011年6月双方达成和解，以对方赔偿300万美元告终，前后历时近6年。

三局原计划通过此项目在非洲市场大展身手的战略被迫中止，但从另

阿尔及利亚大清真寺 | 高 265 米，非洲规模最大、世界第三大清真寺，拥有世界最高宣礼塔

一方面来说，此项目也给三局人上了残酷而生动的一课。时任三局总经理易文权曾说："失败的原因很多，但主要的是我们的人虽然去了国外，但是思维还在国内。"

尽管遭遇到了"坦桑尼亚之痛"，但是三局仍然坚持海外战略，这也让三局在国际理念、经营战略上更加严谨和多元，在人才储备、资源管控上更加全面和充足。在经营结构上，三局海外业务开始涉及房建、电力、公共建筑、酒店、基础设施等领域，承包方式包括施工总承包、专业分包和 EPC 总承包等。

3 借船出海

巴基斯坦 2007 年 4 月，三局在市场迎来了质的改变。如果说以往三局人在巴基斯坦只是“搭船出海”或者承担一些“政治工程”，从那个月开始，他们正式进入了自由竞争市场。这年 4 月—6 月，他们在巴基斯坦市场连中“三标”，分别是位于伊斯兰堡的人马座五星级酒店、凯悦五星级酒店和位于拉合尔的电信总部大楼工程，总合同额达 3 亿美元。2012 年 12 月，中国建筑巴基斯坦有限责任公司在巴基斯坦伊斯兰堡注册，正式取得独立的经营牌照，成为中建三局第一个真正意义上的海外直营公司。

2011 年底，三局听说中国建筑阿尔及利亚公司（简称“中阿公司”）中标了阿尔及利亚的国际会议中心项目，正就此项目机电安装进行招标，时任三公司董事长唐浩得知信息后，立马意识到这是一个极好的机会。于是，在时任三局总经理助理王良学的率领下，三局一行人飞到阿尔及利亚考察。

他们谁也没有想到，这是一次有着意外收获的行程。

就在和中阿公司就国际会议中心项目机电安装进行谈判的第二天，中阿公司代表中国建筑中标了阿尔及利亚大清真寺项目。这是一个百亿元的大项目，中阿公司的人说：“要不我们干脆就大清真寺项目谈一下合作好了！”

大清真寺项目占地面积 27.8 万平方米，建筑面积 40 万平方米，包含祈祷大厅、宣礼塔和图书馆等 12 座单体建筑，其中宣礼塔 265 米，为世界宣礼塔之最，建成后将成为非洲最高、规模最大的清真寺。工程造价为 15 亿美元，相当于 100 亿元人民币左右，是中阿公司在阿尔及利亚承接的最大公建项目，标准的“交钥匙”项目。

三局一行人只听得眼前一亮，难道真是天上掉馅饼了？

其时，中阿公司因人员、资源不够，再加上缺乏这种超级工程的施工经验，他们也迫切希望找到施工管理水平较高的合作方。三局这一行人的到来，正好也让他们眼前一亮。于是中阿公司领导层立即向考察团队表达了合作的意向，希望双方能以联营的方式完成大清真寺项目。

但是，这个项目的风险也是极大的，主要有：工程采用欧洲标准，此前三局从未接触过；阿尔及利亚资源有限，难以支撑这个大项目的施工，而国际采购的风险也很大；工程周期长，效益难以预料；再加上汇率等因素，潜在风险很大。

考察团一行人带着兴奋、紧张和担忧的复杂心情回到国内，当即向三局总部汇报了情况。

三局决策层对此很慎重。此时，三局因为前期四公司坦桑尼亚公路项目亏损严重，正在打国际官司，对开拓新的海外市场信心不足，因而反对的声音此起彼伏。面对陌生的市场、潜在的风险，三局主要领导不得不慎重考虑。

与此同时，三公司与中阿公司进行了多轮谈判，最终中阿公司承诺：即使将来亏损，保证三局最多亏损 3000 万元人民币，即“亏损保底协议”。这已经是中阿公司给出的最大让步了。三局决策层最终也达成一致，同意与中阿公司的合作，即使真的亏损，就当这 3000 万元交了学费！

2012 年 2 月 18 日，在阿尔及利亚的喜来登酒店，时任三局总经理易文权代表三局和中阿公司签订联营合同。合同规定产值分配比例为：三局 40%，中阿公司 60%。

今天看来，似乎签订这样的合同是理所当然的，然而就当时的情况来看，拒绝同样也有着充分的理由。如果三公司的决心小一些，三局决策层的支持力度再小一点，那么此后远征阿尔及利亚的事业就会搁浅。

如果说扬帆海外的梦想是一艘巨轮，那么从三局领导到普通员工都将是这艘巨轮中不可或缺的船员。

三局从此开启了与中阿公司的长期合作。

随后三公司又在阿尔及利亚陆续承接到康斯坦丁歌剧院、塔拉萨酒店、空军司令总部、SEYBOUS 酒店等一批项目。

4 老外蛮“怪”

进军海外，并非表面上看起来那么风光，更不像宣传报道中那样光鲜，其背后的风险和无奈往往让人猝不及防。

以阿尔及利亚大清真寺项目为例。他们要克服的是语言关、风俗宗教关以及标准和设计关、国际采购关等重重难关。

以资源为例，许多在国内一个电话就可搞定的事情，在阿尔及利亚却成了天大的事。比如水泥，需要提前一年提交用量计划，而且必须全款预订，不许囤积，这个月没有用完的量下个月就作废了。项目部只好专门派人到 300 公里外的水泥厂蹲守，但是能不能及时提到货还得看运气。

有些材料还需要进口，从设计到材料技术资质的通过、下单、到现场，整个周期可能最少要 5 个月左右。不可控的因素确实太多，这就需要他们有着超前的计划性。

由于工程质量标准高，现场需要大量的 C60 混凝土，这在国内根本不是问题，但是在此地成了大难题。

混凝土配合比出来之前，监理要求第三方检测机构对原材料进行检测。但经当地最具权威的实验室做完试验后，水泥含硫超标！砂含氯超标！他们寻遍阿尔及利亚的砂场均没有合格的砂子。

难道砂和水泥还要进口？这样的成本也太高了吧！

混凝土不合格，自然是不能浇筑的。绑好的钢筋都生锈了，人员和设备也只能等着，从国内来的数百号工人情绪开始有了波动。因为他们做多少活拿多少钱，没有活做，意味着没有收入。而且长时间没有活做也容易闲极生变，工人们一旦闹起事来也影响国家形象。

最后，项目部决定找世界权威的法国 Lerm 实验室进行检测，经过 Lerm 实验室对各种原材料检测，发现有一家水泥勉强合格，但砂还是不合格。最后从国内用船运来 2000 多吨的粉煤灰，加上石粉、水泥、外加剂，最后自行配出 C60 的混凝土。

整个过程持续一年多，混凝土配比终于解决了。但是在浇混凝土的时候又出问题了——温度超高。欧标要求入模温度不能超过 25 ℃，最终温度不能超过 70 ℃，而祈祷大厅的混凝土浇筑的最终温度是 71.5 ℃，超了 1.5 ℃。现场监理开出了停工单。

大伙又蒙了！

尽管项目部与业主多次沟通，试图用各种理由说服他们，比如：温度控制在 70 ℃是欧标，但工程是在非洲，非洲温度是不是比欧洲高一些？所以高了 1.5 ℃应属正常！尽管对方认为有道理，但是严谨的德国人仍然坚持温度必须达标。

情急生智，项目部决定用冰块来为混凝土降温！项目部把当地的 3 个冰场全包了，24 小时制冰。他们在项目搅拌站旁边建了一个水池，将冰扔入水池，降低水的温度，给砂石料喷冰水，让骨料的温度降低，搅出来的混凝土温度终于降到了标准值。

这冰块一用就是两年多。三局的员工们无奈地笑称这叫“冰镇混凝土”！

这些都是海外征途中难以想象的困难，如果有哪一个环节出现问题，那么就有可能让“坦桑尼亚之痛”重演。

印象中，似乎德国人很讲诚信，但是在商言商，项目部就亲眼见识到了德国商人的“坐地起价”。

八角柱是大清真寺项目的一个重要构件，由一种特殊的大理石经特殊工艺加工而成。当初在投标时，中阿公司便咨询了生产这种八角柱的德国厂家，德国人报出了一个价，然后中阿公司按照此报价投标，可是当工程中标，再向德国厂家发出征购函件时，对方却涨价了。

项目部很生气，就想另找资源。从欧洲到中国，他们几乎找遍全球，终于找到一家美国公司能生产符合要求的八角柱。经过三轮谈判，最终快敲定的时候，不巧的事发生了——阿尔及利亚东部有个油田突然发生恐怖袭击，美国那家公司立马发来信函告知，他们担心生命安全得不到保障，因而放弃这单生意。

实在没有办法了，项目部只得回头再去找这家德国公司，而这次他们的报价比之前更是高出一倍。不过项目部也只能咬牙接受——没办法，核心技术就是竞争力！

好在整个谈判过程，项目部让业主、设计、监理、顾问公司全程参与了，谈判过程都有会议纪要，有正式的签收，他们将通过后期的索赔挽回损失。

除了这个巨型的八角柱，还有一种小小的钢构连接件也让他们头痛了一把。设计中有一种用于宣礼塔的钢构连接件，标准非常高，项目通过各种办法在德国、法国、西班牙、意大利、中国寻找供货商，但都没有找到符合要求的。经询问设计师，告知德国有一家小厂在生产。这家小厂相当于国内的乡镇企业，名气不大，可他们的要价却不低。

迪拜 700MW 光热发电项目 | 全球最大光热电厂

此时，大批的钢构已经在国内开始加工了，正装船运往大清真寺项目，为了不影响现场进度，他们再次忍痛“被宰”。他们从德国直接将连接件通过飞机运到中建钢构的江阴加工厂，然后再通过海运随其他钢构材料一起运到现场，一个小小的连接件，兜兜转转绕了大半个地球。

经历了层层意想不到的困难，大清真寺项目艰难推进。

从 2012 年开始至今，三局人在地中海畔已坚守了 7 年，经历了种种“叫天天不应，叫地地不灵”的困境，也解决了许多难以想象的难题，大清真寺宣礼塔终于在 2017 年 3 月 11 日 11 时 18 分完成最后一方混凝土的浇筑，成功登顶非洲第一高。

经过多年的海外征战，其实不是说老外真的很“怪”，而是国外与国内有着诸多的不同，文化、理念、规则、行事方式等都与国内有着巨大的差异，我们是“少见”才“多怪”。但是既然是“走出去”，我们就得学习并适应，那么总有一天，我们会“见怪不怪”。

5 造船出海梦想无疆

三局旗下各主力公司多路出击海外，二公司在东南亚承接到印尼 Indorama 电厂、百通电厂、万丹电厂等工程，同时在越南承接永新电厂工程、在马来西亚承接巴林基安 2×300MW 火电项目，2015 年又在柬埔寨承接合同额为 1.95 亿美元的暹粒世纪城“设计 + 施工总承包”项目，这标志着三局海外营销模式由产业链下游的“土建分包模式”升级为“设计 + 施工总承包模式”。

2015 年，三局一公司中标马来西亚新山综合体一期桩基及主体工程（合同额为 4.68 亿美元），是当年三局海外历史上最大自营项目。3 年后的 2018 年，三局一公司又将这一纪录改写，中标马来西亚吉隆坡 Pavilion Damansara Town Center（柏威年白沙罗高地）综合发展项目。该项目包含 9 栋办公楼、3 栋公寓（最高 54 层），建筑面积达 70 万平方米，是马来西亚最大的商业地产项目，也是目前三局承建的最大海外综合体。至此，三局一公司在马来西亚承建工程总建筑面积超 200 万平方米，合同额超 100 亿元。其中还包括建筑面积 115 万平方米的马来西亚富力公主湾项目二期、高 238 米的大都会 MET1、“一带一路”首个交付的文旅项目印象马六甲歌剧院。

2018 年，三公司也成功敲开马来西亚的市场大门，中标马来西亚 IOI CITY MALL PHASEII 地下室项目。项目位于马来西亚雪兰莪州布城，占地面积 7.4 万平方米，建筑面积 22.1 万平方米，为 3 层地下室结构。

基础设施建设投资公司则在 2015 年中标斯里兰卡南部高速延长线第三标段工程，此标段全长 15 公里，是连接斯里兰卡首都科伦坡和南部省的重要交通工程。

2018 年又中标斯里兰卡 ODEL 商场扩建工程，本工程计划投资约 4540 万美元，总建筑面积约 6.7 万平方米，拥有斯里兰卡最深基坑，建成后将成为斯里兰卡顶级的商业中心之一，也将成为科伦坡新的地标性建筑。

这些都是三局独立操盘的项目，标志着三局“造船出海”时代的到来。

此后，三局多路出击带来了多点开花的良好局面，也积累了丰富的海外经验，“大海外”战略初具规模。

在内部管控上，基础管理工作得以加强，配套制度建设力度加大。三局先后制定了《海外经营管理（暂行）办法》《海外业务联席会议制度》等一系列规章制度，对海外的薪酬、福利、激励机制等方面制定“海外优先”政策，对市场调研、项目跟踪、项目评估及投标、项目履约管控等方面进行了规范。同时，建立海外信息平台，加强沟通交流，实现数据共享。

在组织体系上，形成了 2+5+N［国际公司（大项目公司）、中巴公司 + 一公司、二公司、三公司、总承包公司、基础设施公司 + 区域公司］的海外经营格局。

有坚守就会有回报，有耕耘就会有收获。2015 年 12 月 22 日，中国建筑签约“中巴经济走廊”最大交通基础设施项目！这一天，三局在总公司的直接支持下，与巴基斯坦国家公路局在伊斯兰堡签订白沙瓦至卡拉奇高速公路（PKM 项目）EPC 总承包合同，合同额约 28.9 亿美元，约合人民币 184 亿元，本段全长 392 公里，全线按照双向 6 车道、时速 120 公里标准设计，是中国建筑在海外最大的基础设施项目，工期 36 个月。该项目作为“中巴经济走廊”的重要组成部分，也是“一带一路”重要基础性项目，建

巴基斯坦 PKM 项目 | 全长 392 公里，是中国建筑在海外最大基础设施项目，“一带一路”重要基础性项目

成后将极大改善巴基斯坦交通状况，有力促进当地经济社会发展，也将为中巴互联互通发挥积极作用，成为连接中国和中亚国家通往卡拉奇和瓜达尔港的交通干线。

三局与中建集团海外事业部签订联营协议，牵头成立总包部进行集中管控，派出三局副总经理唐浩担任项目总指挥，由中建、中电建、中土、中交四大央企共计 15 家子企业参建，在项目管理上系统联动，扬长避短，发挥合力。

项目的实施共有六大难点：一是战线长，项目组织困难；二是工程体量大，施工资源组织困难；三是巴基斯坦安全形势严峻；四是征迁需求量大；五是技术难度高；六是设计沟通难度大。项目部有针对性地破解，保证了项目顺利实施。

比如针对本项目路线长、体量大的特点，全线划分 7 个标段。项目总体总包部下设 7 个建造分部和 1 个设计分部，明确总包部职责分工，各建造分部均设置独立项目部，总包部在 7 个建造分部分别设置由总部直管的 7 个驻地管理组。

还比如针对资源组装难的问题，则是共商共享。一是推动高层政策支持；二是统筹生产资源管理，总包部牵头进行资源统筹，围绕大型设备及大宗材料进口，为分部提供清关流程梳理、清关代理甄选、免税 SRO（成交率优化）办理、业主审批等服务；三是优化内部资源配置，根据项目总体建设目标、进度计划、工序衔接，制订资源配置计划，分部根据实际生产效率评估，核算资源配置并进行适时调整。

针对战线长、组织难度大的困难，项目同心同频，集成计划管理，做到全组织、多层级、全过程的计划管控。

PKM 项目充分体现了三局建设者“大局意识、专业精神、合作理念和充分授权”的工作理念。经过项目部和全体参建员工的努力，项目进展顺利，全线进度均比原计划超前 15 个月，赢得了巴基斯坦政府的高度赞誉，标志着三局的海外征程驶上了快车道。至此，中建三局“大海外”格局基本成型。

英国当代著名历史学家彼得·弗兰科潘在畅销书《丝绸之路》中这样写道：世界的重心将再一次回到它千年之前的位置。在写这句话的时候，彼得·弗兰科潘也许并不知道，他的观点与中国提出的“‘一带一路’是新型全球化的有力抓手”正好遥相呼应。

中国现代国际关系研究院世界政治所所长翟昆于 2017 年 5 月接受央视专访时说：“‘一带一路’正从以搭建框架为主的 1.0 版阶段，向以优化升级为主的 2.0 版阶段升级。”同时，察哈尔学会研究员范磊撰文指出：“‘一带一路’2.0 版将给世界带来治理模式、制度观念和供给内容三方面的创新。”

“一带一路”2.0 版将给世界发展带来机遇，也将为中国企业释放新一轮红利。2016 年，中国在“一带一路”沿线 53 个国家和地区进行了非金融类直接投资 145.3 亿美元。2017 年、2018 年，我国在沿线国家的非金融类直接投资又持续增长。

对三局来说，意味着海外市场迎来以基建为主转变为综合开发、多元化投资项目为主的机遇。然而，在看见红利的同时，中国企业想要走得更快更好，切莫忘记主动地总结和反思。在进军海外市场的过程中，好处、挑战和风险三者将在相当长一段时间内并存。

国际化的好处：一是将会有更大的市场潜力，在国内建筑市场日渐饱和的情况下，开辟新的市场、新的客户是当然之举；同时，将有更大的利润空间，更大的核心竞争力，可以在更高平台上学习新技术，更新管理方法，提升竞争力。

国际化的挑战：一是国内的管理模式和经验往往无法适应国外的市场环境，而且每一个国家的市场环境都不相同；二是国外市场、管理、技术、商务人才的不足。

国际化的危险：一是存在政治风险，如政治腐败、政权交替以及地缘政治制度、国家贸易冲突等；二是存在文化风险，如宗教观念冲突、地区民粹主义；三是金融风险，有些国家内部经济脆弱，经济结构不合理，存在地方保护主义等；四是经营性风险，对当地市场不了解，对国际商务合同不适应等。

仔细分析三局的海外之路，可用几个词概括：信念坚定、开拓谨慎、组织有序、亮点突出。

但是客观地说，三局的国际化之路仅是起步阶段，目前起码面临着业务结构、区域布局和组织搭建三大挑战。

一是业务结构比较单一：目前三局的海外工程主要以建造为主，还没有投资、运营类项目，还没有 BT、BOT、PPP、F+EPC 等类型的项目；商业拓展能力和融资能力不足，尚无成熟的融资渠道和产品，同时法务和风险防控能力欠缺，海外经验仍然不足。

二是能够提供稳定产出的区域比较少。在区域布局上，三局虽在许多国家打拼多年，但是并未深耕，新项目拓展缓慢，海外可持续发展能力欠缺。

三是现有组织搭建不足。三局国际公司（大项目公司）、各号码公司海外业务还没有构建起紧密的共享体系，国际公司（大项目公司）自身的能力还有待加强，海外人才培育任重而道远。

就目前来看，三局应当做到依托“一带一路”大型基建项目，“乘船出海”，有的放矢，谨慎选择重点市场，深耕重点国家，寻求重点突破，重构海外投资理念，推进业务升级，各公司合理分工，发挥优势，共同进步。

在 2018 年三局第六次党代会上，陈华元在讲话中说：“三局要致力成为成熟的跨国企业，但三局离成熟的跨国企业还有一定差距，三局的海外事业还处于摸索和培育阶段，要坚定信念，要有‘功成不必在我’的胸襟和情怀。”

三局的海外之路就是从专注国内市场向海内外一体化的跨国企业转型。

拓者无疆，“疆”不只是区域的扩张，经过 40 多年的改革开放，在中国整体经济结构转型的大形势下，“疆”更多的是指市场模式的创新。

从“等饭吃”到“找饭吃”，再到“挑饭吃”和“造饭吃”，三局市场发展经历了“四个节点、三个阶段”。

“找饭吃”的过程是区域营销阶段，改革开放之后在生存压力之下的“走出去”。

“挑饭吃”的过程则是能力营销阶段，体现的是三局第一次转型，即从一般房屋承建商向综合性的高端建造商转型。

“造饭吃”的过程则是模式转变阶段，体现的是三局的第二次转型，即从传统施工企业向建造与投资并重的现代企业集团转型。

第三次转型是从“土灶饭”到“洋大餐”，即从专注国内市场向海内外一体化的跨国企业转型。

三次转型贯穿了三局数十年来的发展历程，彰显了三局人永不自满、永远求新的追求。

2017 年，三局中标雄安新区第一标——雄安市民服务中心项目。从深圳特区到雄安新区，勤劳勇敢的中国人用 40 多年时间走出了一条让世人惊叹的崛起之路，而千万中国建筑人正是这条崛起之路上的砂石，虽然微小，却凝聚如铁、坚硬如钢。那些林立的高楼、宽阔的马路虽然不会留下他们的名字，却浸透了他们的汗水，且带着这个时代的温度。

第三章

智者常虑

市场是皮，管理是毛，皮之不存，毛将焉附？反之，没有管理，市场再红火，也必将失去。

改革开放40多年来，三局的工程管理一直在探索创新中前进，从最初的经验管理到项目法实施，从精细化管理到集成化管理，再从法人管项目到总承包管理，这些管理手段的变革既有鲜明的时代特征，也划出了一条三局争先发展的华丽轨迹。

第一节　从经验到规范

企业的发展过程，实质上就是管理升级的过程。而管理升级的根本在于理念的解放，既有内因的自我需求，还有外因的推动。

1986 年，美国《时代》周刊将中国的改革开放称为“中国的第二次革命”，并用半本杂志的版面对中国的改革开放进行全方位的剖析。

其实这一论断是邓小平最早提出的。在 1985 年 3 月 28 日会见日本自由民主党副总裁二阶堂进时，他指出：“现在我们正在做的改革这件事是够大胆的。但是，如果我们不这样做，前进就困难了。改革是中国的第二次革命。这是一件很重要的必须做的事，尽管是有风险的事。”

邓小平还强调：“改革的性质同过去的革命一样，也是为了扫除发展社会生产力的障碍，使中国摆脱贫穷落后的状态。”

邓小平所提出的“改革是中国的第二次革命”，是相对于新民主主义革命及与之相连的社会主义革命而言的，亦即一次新的伟大革命。改革开放作为第二次革命，是量变中有质变。从马克思主义哲学的角度来看，“改革是社会主义制度的自我完善”体现的是量变，“在一定的范围内也发生了某种程度的革命性变革”则意味着量变基础上的部分质变。特别是从计划经济向市场经济的转变、从人治向法治的转变等，是当代中国继续进行的极为深刻的社会变革和制度变迁。它不仅是政策选择，更是制度上的一场革命。

2018年4月10日，习近平主席在博鳌亚洲论坛2018年年会开幕式上发表主旨演讲时说：“今天，中国人民完全可以自豪地说，改革开放这场中国的第二次革命，不仅深刻改变了中国，也深刻影响了世界！”正如党的十九大报告所强调的，我们党团结带领人民进行改革开放新的伟大革命，破除阻碍国家和民族发展的一切思想和体制障碍，开辟了中国特色社会主义道路，使中国大踏步赶上时代。

革命的过程就是不停地求新求变的过程，也是一个不断探索和总结经验教训的过程。国家层面的改革是如此，企业的发展亦是如此。

敢于接收外来的思想或许是改革开放最根本的第一步。国家的进步不可故步自封，企业的发展也必然如此。大体上，中国的企业管理多经历过人治、法治和文治几个阶段，或者说是经验化管理、制度化管理和自主化管理三个阶段。

1 管理觉醒

邓小平说：“一部分地区、一部分人可以先富起来，带动和帮助其他地区、其他的人，逐步达到共同富裕。”这成为他最为著名的改革格言之一。

三局深圳国贸大厦工地曾上演“奖金之争”，由于打破了以往的“大锅饭”制度，实行计件工资、多劳多得，“上不封顶，下不保底”，项目员工们拿到之前他们想都不敢想的高工资。当时三局后方的多数员工一个月只拿几十元，而在深圳国贸大厦工地，很多人每月可拿600元。两者相比，差距巨大！当这些员工穿着时尚的衣服、拎着三洋牌录音机休假回武汉时，他们享受到了前所未有的、无处不在的羡慕眼光。这样的“先富模式”带来的冲击是巨大的。

这一年，已经是改革开放的第五年了，民营经济越来越有活力，国企的改革也处于苏醒阶段。苏醒的刺激比经济的刺激来得更为普遍、更有效果。

如果说深圳国贸大厦工地上的“上不封顶，下不保底”只是企业内部针对员工的分配制度改革，那么1983年6月，国务院发布的《关于国营企业利改税试行办法》则是国家层面提出的分配制度改革。该办法改变运行多年的利润上缴方式，即把利润上缴改为有比例的纳税，俗称“利改税”，这被认为是国企向现代公司治理制度改革的第一个重要举措。“利改税”大大调动了企业的积极性。

1983年11月，浙江海盐县衬衫总厂有一个叫步鑫生的厂长突然成了改革明星。这是一家县属的国企，他在厂里搞奖金制度，也是“计件工资，多劳多得”，也是“上不封顶，下不保底”，尽管这让一些老工人很不服，但是厂子效益很好，生产的衬衫在市场上很紧俏。他的事迹被新华社报道后，得到了胡耀邦的批示，随后他一夜之间成为名人。他的一些管理秘诀迅速流行开来，比如分配原则上：日算月结，实超实奖，实欠实赔，奖优罚劣；生产方针上：人无我有，人有我优，人赶我转；管理思想上：生产上要紧，管理上要严；经营思路上：靠牌子吃饭能传代，靠关系吃饭要垮台；还有什么“谁砸我牌子，我砸谁饭碗”这些朴素易记的改革格言迅速传遍全国，成为许多企业挂在厂内的标语口号。可以说步鑫生这些观念成为当时许多企业管理者的启蒙一课，是中国企业在管理上的一次自我觉醒。

应当说，步鑫生是典型的“我说了算”的“英雄人物”，其在企业发展中占有相当重要的地位。比如柳传志之于联想、张瑞敏之于海尔、任正非之于华为、乔布斯之于苹果。这种“英雄人物”在企业的早期发展中往往起着举足轻重的作用。

张恩沛在开拓深圳时的“三次拍板”，就带着强烈的个人英雄主义色彩，不过这不是他个人想要如此，而是在那个时代之下的必然之举。

此时的三局与以上几家公司有些类似，但又不完全相同。类似的是都需要一个“英雄人物”勇敢地站出来，敢于担责、勇于担险；不同的是，三局一直保有强有力的党组织领导体系，这是从三线建设时期就有的优良传统，各级党组织实际上才是庞大的、组织结构复杂的三局得以运转的根本和基础。即使张恩沛于 1986 年突然被调离三局，三局仍然得以正常运转。而如果联想在早期就失去柳传志，如果苹果一开始就没有了乔布斯，华为创业之初就没了任正非，那么这三家公司的结果都是不可想象的。当然，后来乔布斯故去、柳传志退休，联想、苹果都发展很好，这是因为他们的公司都已经自我升级进阶到一个新的层次，至少是到达了制度管理的层次——此时的“英雄人物”对企业已经不是那么重要了，此时的企业才能算得上真正成熟的企业。

2018 年 12 月 18 日，在庆祝改革开放 40 周年大会上，党中央、国务院授予步鑫生“改革先锋”称号，被称为“城市集体企业改革的先行者”。改革开放 40 多年来，中国大地上演了无数的商业传奇，当然也有无数的失败案例，他们共同演绎中国改革开放 40 多年来的雄浑交响曲，共同创造了一个伟大时代。

步鑫生的衬衫工厂和李传芳所在的深圳国贸大厦工地上发生的分配制度变革可以说不约而同，都是那个时代的企业自发的、求新求变的思考和践行。不同的是，步鑫生被媒体推向“神坛”后，市场虽然红火一时，但是其管理上却出现了重大漏洞，他的工厂在1985年开始亏损，1988年他被免职，转眼又成为反面典型被通报，成为改革开放历史进程中的一个标本。深圳国贸大厦也被媒体铺天盖地地宣传，但更多的是宣扬集体的力量和技术的革新。

在当时的中国企业改革进程中，有一种对“市场经济”的片面理解，以为市场经济就是市场火爆即可，从而产生了一种“重市场轻管理”的现象。比如武汉洗衣机厂在1980年生产出一款洗衣机而声名大振，取名为“荷花”牌。1984年又生产出“双缸洗衣机”，更是火遍全国，成为全国十大洗衣机品牌之一。鼎盛时期，年产30万台，产品供不应求，需凭票排队购买。然而，其市场的红火掩盖了企业体制僵化、管理落后等问题，最终问题积聚成山，到1997年时，市场无情地抛弃了它——荷花洗衣机正式停产。

与“荷花”洗衣机命运相似的还有“红山花”电扇、“一枝花”洗衣粉。这三朵响当当的“花”，在中国经济转制的时期，均在市场火爆红极一时，都因管理不善最终归于沉寂。

这就是国企的“一俊遮百丑”现象。火热的市场对企业而言是一把双刃剑，一方面，几乎没有哪家企业不希望市场火爆；另一方面，火爆的市场也会让决策层和普通员工们忽略内部的管理问题、企业战略问题、技术革新问题。这些问题如同细菌一样，会慢慢侵害企业肌体。

通观世界所有的大企业，其兴在于累积，其亡亦在于累积。前者是管理经验和财富的积土成山，后者却是问题和困难的积重难返。

所以一些企业帝国看似突然倒塌，其实危机早就隐藏。

市场最是无情，当企业不再符合市场需求时，市场不会给企业一丝温情。

市场是皮，管理是毛，皮之不存，毛将焉附？反之，没有管理，市场再红火，也必将失去。因此，一些富有远见的中国企业家已经开始意识到管理的重要性。比如海尔的张瑞敏开始倡导向日本公司学习管理，在海尔创造了 OEC 管理法（Overall Every Control and Clear），即全面地对每人、每天、每件事进行控制和清理，达到“精细化、零缺陷”。

从 1978—1987 年 10 年间，是中国建筑业全行业的管理觉醒期。人们知道要变革，但是如何变却并不清楚，直到 1987 年“鲁布革经验”的全面推行。

2　鲁布革冲击

以学习“鲁布革经验”，推行项目法施工为节点，一场建筑业的革命突然来袭。

1987 年 8 月 6 日，《人民日报》头版头条发表了一篇新闻特稿《鲁布革冲击》。

何谓鲁布革？该报道写道：

> 云贵边界，深山峡谷，372 米落差。
>
> 据说，早年水力勘测人员惊喜地发现此地，问及地名，当地布依族人回答：“鲁布革！”本意为“不知道”，勘测人员误作地名，标入地图。

不管如何解释，“鲁布革”将在中国工程建设界产生强烈的冲击。或者说，“鲁布革”是中国建筑业自我革新的一个源点，其声名远播缘于在此兴建的鲁布革水电站。该水电站是我国一座普通大型水电站，位于云南省罗平县与贵州省兴义市交界的黄泥河下游河段。

1984 年 4 月，水利电力部决定在鲁布革工程中采用世界银行贷款，这是中国第一个利用世界银行贷款的基本建设项目。根据与世界银行的贷款协议，工程三大部分之一的引水隧洞工程必须进行国际招标。鲁布革水电站工地先后引来了 7 个国家的承包商、制造商和世界银行聘请的近百名咨询专家。

在中国、日本、挪威等八国承包商的竞争中，日本大成公司中标，比标底低了 43%，所有人都觉得他们亏定了。日本大成公司派到中国来的仅是一个 30 多人的管理队伍，他们从中国水电十四局招了 424 名工人，按照合同制管理，按效率支付工人工资。开挖两个半月，单月平均进尺 222.5 米，相当于我国当时同类工程施工速度的 2—2.5 倍。1986 年 8 月，大成公司在开挖直径 8.8 米的圆形发电隧洞中，创造出单头进尺 373.7 米的国际先进纪录。同年 10 月 30 日，隧洞全线贯通，工程质量优良，比合同计划提前了 5 个月。

相比之下，中方施工企业承担的首个枢纽工程于 1983 年开工，进展迟缓。世界银行特别咨询团于 1984 年 4 月和 1985 年 5 月两次来中方工地考察，都认为按期完成截流的计划难以实现。

用的是同样的工人，差距为何那么大？我国基本建设战线所存在的“投资大、工期长、见效慢”的弊端在这个工程中暴露无遗。

此时，中国的施工企业才意识到，奇迹的产生源于好的机制，高效益来自科学的管理。他们感叹道，原来施工还可以这样管理？

1985 年 11 月，国务院批准鲁布革工程厂房工地率先进行项目法施工的尝试。参照日本大成公司鲁布革事务所的建制，建立了精干的指挥机构，使用配套的先进施工机械，优化施工组织设计，改革内部分配办法，产生了我国项目法施工的最早雏形。通过试点，提高了劳动生产率和工程质量，加快了施工进度，取得了显著效果。在建设过程中，原水利电力部还实行了国际通行的“工程监理制”和“项目经理负责制”等管理办法，取得了投资省、工期短、质量好的经济效果。到 1986 年底，历时 13 个月，不仅把耽误的 3 个月时间抢了回来，还提前四个半月结束了开挖工程，安装车间混凝土工程也提前半年完成。

1986 年，李鹏视察鲁布革水电站工地时感叹：“看来，同大成的差距，原因不在工人，而在于管理，中国工人是可以出高效率的！”1987 年 6 月，他在国务院召开的全国施工工作会议上提出，全面推广鲁布革经验，要求国家有关部门对鲁布革经验进行全面总结，在建筑行业推广。

“鲁布革”这个名不见经传的名字成为“震源”，在全国掀起了一阵阵冲击波。国务院、建设部号召全国的建筑业都要向鲁布革学习。正在苦苦思索三局如何改革的洪可柱眼前一亮，他当即向上级申请成为全国首批试点单位之一。

1987 年底，建设部组织了一个 13 人的小组前往德国进行为期 3 个月的学习，时任三局局长洪可柱和企业管理办公室主任吕成銮在列。这次的赴德学习，去了一家名叫菲利普·霍尔兹曼（Philipp Holzmann）的公司，让洪可柱一行大开眼界。当时，该公司是德国第一大建筑工程公司，有着 150 年的悠久历史，在德国的工业企业界排名第 21 位，在世界建筑行业中排名第 7 位。该公司当时的员工人数和三局相当，但是年产值超过 300 亿美元，而当时三局的年产值仅为 2 亿元人民币左右，差距之大让人几乎心生绝望。

该公司对遍布全球的工程项目都做到了实时的动态管理，每一个工程的质量、进度、人员、材料、国际采购、技术难点等都会形成每日一报，并在第二天的清早送到总裁和总经理的手中。而且，这家公司特别尊重项目工程师的作用和决定。这样先进的管理手段让洪可柱叹为观止，更让他认识到三局与世界一流建筑企业之间的差距。他带着强烈的危机感返回国内，开始了三局的管理改革试点工作。

三局作为一家从计划经济走过来的“老企业”，许多所谓的“正统观念”已经成为大家的习惯，要改掉这样的习惯殊为不易。

洪可柱这样回忆发起全局学习“鲁布革经验”的情形：

> 当时提出全局上下全面实施“鲁布革经验”，引发了很大争论，许多同志都觉得不可能，甚至有的同志说我洪可柱是萨达姆式的人物，是小资产阶级狂热者，但我没有动摇。我认为推行“鲁布革经验”实际上就是一种引进、消化、吸收式的管理体制的创新，是传统思想的颠覆。当时大家受惯性思维影响，沉浸在行政体制下的传统管理模式里，要想打破它，从感情上、习惯上，甚至从个人利益上都是一个痛苦的过程。我们经过分析，认为改革中允许大家有不同的言论，但是作为工程局的领导应不断统一全局上下思想，且只有用改革的实践与结果来解决问题，事实证明我们做到了。

要想推动改革绝不是一朝一夕之事，需持续数年时间来扭转，同时三局还需要一些样板，才能切实地让人们看到好处和希望。1988 年，三局确立了首批 11 个试点项目，其中一公司的上海国贸大厦、二公司的武汉客运港大楼、三公司的武汉人民电影院三个项目是作为三局上报国家计委和中建总公司的重点项目。

他们要进行的试点，就是项目法施工改革！而对于建筑企业来说，管理的核心是工程项目，因为项目相当于建筑企业的生产车间，工程相当于产品，是建筑企业的利润之源。

三局项目法管理开始实施了。

第二节　项目法管理

对三局来说，学习“鲁布革经验”，开展全面的项目法施工，是一次管理革命。其时，整个行业都在进行这样的试点，这也是从“经验管理”向“规范管理”的一次重大变革，先行一步者往往会在市场上抢得先机。

改革开放对企业而言，更多的是体现在对管理机制的改革。而管理说到底就是对人的管控和流程的梳理，这需要经验、智慧，更需要有打破传统、突破自我的勇气和能力。

1　项目法是什么法?

先来看看三局在此之前的“项目管理”。

三局是在三线建设时期成立的，一向重视组织管理，局总部下属的分支机构有一段时间还叫“营”“连”等，后来改成“公司、工程处、施工队”，在施工过程中，具体到工程则又分为“栋号”。从工程局到公司、工程处、施工队和栋号之间组织复杂、人事复杂、职责不清。

国际知名的麦肯锡顾问咨询公司曾提出一个企业组织7S模型理念，即结构（Structure）、制度（System）、风格（Style）、员工（Staff）、技能（Skill）、战略（Strategy）、共同的价值观（Shared Values）。其中战略、结构和制度是企业成功的硬件要素。

组织结构是企业的组织意义和赖以生存的基础，是企业的目标、协同、人员、职位、相互关系、信息等组织要素的有效排列组合。就是将企业的目标任务分解到职位，再把职位综合到部门，由众多的部门组成一个垂直的权力系统和水平分工协作系统的有机的整体。管理界公认，组织的扁平化、职责清晰化更有利于组织的运转。显然，此时三局的组织架构过于复杂。

当时，三局在具体施工时虽然施工队有施工计划，但这个计划是静态的，即工程开工前提出需要多少人工、多少材料均已经定死了，许多施工队往往会把人工和材料计划尽量最大化，而不太考虑与工程所需是否匹配，从而造成很严重的窝工和浪费。

这样的管理模式显然已经不能适应时代的发展。

“鲁布革经验”的核心是项目法施工，这是以工程项目为对象，以项目经理负责制为基础，以企业内部决策层、管理层与作业层相对分离为特性，以内部经济承包为纽带，实行动态管理和生产要素优化，从施工准备开始直至交工验收结束的全过程施工管理活动。

三局开始试点项目法施工。

三局二公司承建的武汉客运港大楼项目是武汉市“七五”重点建设项目，造价1430万元，建筑面积3.4万平方米，而且工程技术比较复杂。以当年的物价水平，此项目算是一个难得的大项目了。当年26岁的李勇担任项目经理，他代表项目组与公司签订了一份“一包六保”的承包合同。

所谓“一包六保”，即是由项目经理自由组合承包班子，对公司包上缴利润，同时保工程质量、保工作量按计划完成、保工期、保安全生产、保文明施工、保“双文明”建设。

与此同时，二公司工程三处将“六权”下放给项目组，即下放工程指挥权、承包费使用权、材料采购权、资金分配权、违章违纪人员处罚权、定额工日浮动单价权。“六权”下放，极大地激发了项目经理和广大员工的积极性和创造性。

在“一包六保六放权”的同时，承包人以工资作为抵押，每月从项目经理的工资中扣40元，其他项目成员每月扣30元做抵押金。定期按照合同进行考核，完成的进行奖励，不能完成的予以处罚。

当时他们的月工资约50元左右，30元对他们来说是一个大数目。许多人开始打退堂鼓，有几个人甚至提出不干了。比如有几个老资格的工长说：“我们在三局干了十几年，从来都是干活拿钱，这下好了，干活不拿钱不说，还要把我的工资给扣了？”

与此同时，对劳务队伍进行招标。其时中国建筑业的劳务层与管理层正在进行分离，项目组对每一个劳务队伍——即农民工队伍的工作量进行核定，对支付的劳务费进行严格控制。

大家开始认识到项目管理的意义和作用，都深感责任重大，心力自然凝聚成一体。项目开始强调计划性管理，其核心是“项目成本预算制”，对材料、人工的控制抓得极细。每一个班组需要多少材料，工长必须进行核算，提前报出预算，项目组再进行复核，并对节约有方的班组给予一定奖励，节约的每一分钱都是大家的——这种“成本预算制”非常接近后来的项目精细化管理。

中建三局项目法施工现场会

更重大的影响是，围绕着项目，开始吸收社会劳动力，这实际上是延伸到广袤农村的重大变革。

“鲁布革”热潮冲击下的建筑市场也开始细分。三局提出打造智力密集型企业，走依靠管理和技术发展的道路。而建筑业是需要大量劳务工人的，于是部分作业层的工作就开始采用外包的形式。许多农民便以“老乡”为建制开始在项目中包工，一种联系着中国乡村的用工形式逐渐在全国范围大规模出现。当时中国的劳务市场方兴未艾，许多农民从土地中解放出来，拎着大包小包进城谋生，“打工仔”一词和农民工潮一起汹涌而至，他们如同候鸟般在城市和农村之间迁徙，串联起中国经济最大、最密集的网络。

千万农民工进城主要还是得益于 1978 年从小岗村开始实行的家庭联产承包责任制，这让广大农村富余劳动力得到了充分释放，而建筑业因为需要大量的劳动力，加之门槛较低，无疑是吸纳农民工大军最好的阵地。因此，建筑业是联系城市和农村最紧密的行业。有经济学家说：中国的发展是靠千万农民抬出来的！虽然夸张，却也道出了部分事实。

这群进城的农民工之中，后来出现了很多影视作品中的“包工头”，他们俨然成为中国的隐富阶层。

根据与公司的承包合同，武汉客运港大楼项目原本要包上交 8% 的利润，到最后工程完工时他们竟然上交了 20% 左右，同时职工收入也有较大幅度的提高，大家的奖金比以往高了许多。企业和个人都尝到了甜头，这一试点的成功，让人们看到了项目管理变革的方向。

多年后对此进行复盘，会发现项目法施工本身就是把企业推向市场的“钥匙”，有了这把“钥匙”，施工企业就可以找到计划经济向市场经济转变和过渡的转折点。因为推行项目法施工的实质是改变企业在计划经济体制下形成的生产关系，并以此为突破口来破除行政管理层次多、行政建制过死和施工生产要素固化配置的束缚，推动企业全过程、全面地进入市场，以建立起适应市场经济体制的企业内部新机制。也就是说，只有实行了项目法施工，企业的“走出去”战略才有了落地生根的可能。

因此，推行项目法施工，能充分发挥其突破口作用和对劳动、人事、分配制度改革的带动作用。特别是强化了项目经理负责制和项目成本核算制，以此完善项目承包，优化项目的管理层和作业层，动态管理施工机具设备、材料、劳动力等生产要素，以实现项目管理的优化目标和建立健全企业内部新的运行机制。

对三局来说，项目法施工带来的改变主要有五点：

一是三局改变了以往以行政固定建制单位组织生产的做法，改为以工程项目为基点组织生产，施工队和栋号变成了以施工项目为中心的项目经理部；

二是三局建立了以项目经理部或承包班子为主要形式的施工生产经营管理系统，实行项目经理责任制，把以往的施工管理以静态管理为主变为以动态管理为主；

三是企业的组织结构按照项目法施工的要求进行调整，变成了“公司、分公司、项目”的三级管理机构，最大限度地使企业各生产要素在施工现场得到最佳动态组合；

四是三局逐步建立了以工程项目为对象的经济核算体系，直接抓住了管理的核心和“牛鼻子”；

五是在分配制度上，改变了以往的平均主义与讲究资格和资历的做法，按贡献大小为主、强调岗位职责和劳动所得，有力激发了全员的劳动积极性。

变革的活力显现了，人们的思路开阔了，于是三局一场自下而上的更大变革开始了。

2 革谁的命？

许多三局的老一辈职工还记得，1972 年在贵州安顺发生的一件事。

三局当时已经完成了在贵州的三线建设任务，新任务又没有，数万名员工正处于无所事事的状态，大家除了开荒种地，还将企业的一些模板、工具之类用于干私活。时任国家建委副主任的张百发赴三局调研，他在干部大会上毫不留情地批评三局说：“西方有个国家叫加拿大，在中国有一个现象叫‘大家拿’，你们三局就是这种情况。”

张百发的严厉批评让大家脸红了，但从这点亦可以看出三局在历史上确有许多“老毛病”。

三局进入湖北后，情况有所改观，但是一些深层的“老毛病”仍然存在，比如管理松散、人浮于事、机关人员冗余等。对于三局这样一个从三线建设走过来的老牌国企而言，所谓“历史厚重”也是一把双刃剑。一方面，走过艰苦卓绝的创业路途，有着“苦战不休、死战不退、凝聚如铁”的战斗力；另一方面，保留着比较守旧的管理方法，特别是在走向市场的过程中，落后的管理模式已经成为企业发展的最大障碍。

在当时，一颗“改革明星”迅速升起似乎让人们找到了国企改革的方向——石家庄造纸厂的马胜利就是这颗熠熠生辉的明星。国营石家庄造纸厂处于连年亏损的状态，1984 年，厂业务科长马胜利突然在厂门口贴出一张大字报《向新领导班子表决心》，提出如果由他来承包造纸厂，将在年底上缴利润 70 万元，工人工资翻番。他的这个举动轰动了全石家庄，市长决定组织答辩会，在听取了马胜利的演讲后，马胜利当上了厂长。

马厂长在产品结构和销售激励上大下功夫，开发出许多新型的纸品，重奖开发客户的厂业务员。活力被激发后，果然第一月工厂就赢利 21 万元，比当初整年的计划 17 万元还多，第一季度他就实现了利润 140 万元。经媒体宣传，马胜利一夜之间成为全国的改革明星。1987 年，马胜利的辉煌到达顶点，他四处演讲，到处承包。人们似乎看到了国企“一包就灵”的魅力，于是全国都掀起了向马胜利学习的热潮。然而到了 1988 年，疯狂承包的马胜利脱离了商场和市场，他从一个企业经营者变成了“明星”，于是他承包的几座纸厂均告失利。9 月，《人民日报》发表评论《由马胜利失利想到的》，将马胜利与几年前的步鑫生相提并论，可谓是“其兴也勃焉，其亡也忽焉”。

而此时，恰恰是三局学习“鲁布革经验”的开始，三局开始的项目法施工和“一包六保”也是如此吗？三局如何保持优良传统，同时以积极的状态吐故纳新？

于是，三局开始对局、公司管理层进行“革命”了。

以推行“鲁布革经验”为契机进行管理革命，不可能只在基层进行“革命”，而是应当自下而上，进行整体的“革命”。

革谁的命？革的就是自己的“命”，即革掉自己不合时宜的老传统、老做法、老思想——有时，这些也可以称为“老毛病”。

1988 年 2 月，三局召开经理、厂长及处级以上干部会议，主题为“学习鲁布革工程管理经验、深化施工管理体制改革”。四天后，局领导班子又趁热打铁，将当时局属一、二、三公司，机械施工公司，装饰公司，材料设备公司，金属结构厂 7 家单位的经理召集到局总部，与他们分别签订本单位的承包经营合同。这是三局首次全面实行承包经营制，合同主要内容为“一包三保”或“一包四保”，主要指标有年目标利润、固定资产净值增值、上缴税金和各项费用、重点工程质量和主要产品质量，基本原则是“包死基数、确保上缴、超收多留、歉收自补”。“以业绩论英雄，以上交定奖惩”就是在这时开始的，对下属机构的考核虽然有些“简单粗暴”，但这是符合市场经济规律的考核和管理体系。平时说得天花乱坠，没有效益都没用。

时任机械施工公司（四公司）经理的傅开荣说：“合同虽只有薄薄的几张纸，但拿在手中却有重若千钧的感觉。”

1988 年 3 月 15 日，三局再出“狠招”，在局机关进行人事制度改革，把原有的 17 个部门精简为 8 个部门，又新增 3 个事业部，把 125 名机关人员精简为 76 人。所有人员均被打破了“铁工资”、砸破了“铁饭碗”、端掉了“铁椅子”，这在三局历史上被称为“破三铁”。同时，机关部门负责人实行公开竞选，要当众宣读 3 年的工作目标、保证措施，由局领导集体评议后正式聘用，而部门工作人员则由部门负责人来决定聘用。

客观地说，这次“砸三铁”并不彻底，因为留用的大部分干部还是以前的干部。但是，作用也不小，一是让大家有了危机感，如果不认真工作真有可能被替代；二是让许多部门负责人开始认真思考自己的工作，毕竟要当众接受检阅；三是对机关的风气扭转起了巨大作用，三局机关行政监管的味道少了，为基层服务的企业味道多了。

三局在此时还提出了一个“四化”战略，即组织结构集团化、产业结构多元化、国内外经营一体化、经营管理集约化。此“四化”战略的提出似乎在当时并不被大家普遍认可，但是后来的发展证明，这一战略的确具有前瞻性。

3 “双高”传奇

就在三局准备全面铺开项目法施工改革时，一场市场的危机来袭。

1988 年是中国经济的一道坎，由于放开物价管制，取消双轨制，进行“物价闯关”，引发了全面的通货膨胀。1989 年 1 月 1 日，一向严谨的《人民日报》在《元旦献词》中非比寻常地写道：“我们遇到了前所未有的严重问题，最突出的就是经济生活中明显的通货膨胀、物价上涨幅度过大，党政机关和社会上某些消极腐败现象也使人触目惊心。”

于是，全国开始大规模压缩基建，三局未能幸免。三局的报表显示：1988 年，全局赢利 1301 万元，而 1989 年全局赢利仅 570 万元，缩水一多半。

鉴于当时的形势，这一年的 8 月 29 日，三局召开深化改革渡难关会议。会议认为，“全局改革进展缓慢的原因就是主观上认识不足”，要求全局员工坚定信心，共渡难关，继续深化改革。

在 1989 年底，建设部、国家体改委、劳动部等五部委组成联合检查组，对三局推广“鲁布革经验”工作进行考核，一致认为三局“比较全面、系统和有效地进行了有益探索，取得了可喜的成果”。

但是实际情况并不算“可喜”，1989 年，全局在建项目 92 个，只有 32 个项目实行了项目法施工，刚过 1/3。项目法施工的推行仍然阻力重重。

建筑市场是经济的晴雨表，建筑业萧条总是先于国民经济萧条，建筑业的复苏又滞后于国民经济的全面复苏。这是因为当社会投资总额明显减少时，建筑业立马呈现萧条景象；当国民经济复苏时，各行业先是恢复原有的生产能力，暂时不会出现大规模的新增基建投资。

1990 年，三局职工总人数为 2.47 万人，但全局实现利润仅为 291 万元，再次比上年缩水一半，可以说效益微乎其微。就在所有人都感到失望的时候，洪可柱却在中建总公司的年度会议上“不合时宜”地“放了一炮”。他在会上说，采用全新的项目法施工模式，三局将组建 200 个项目班子，3 年内要实现 20 亿元的产值。他这一炮引得一片哗然。须知，当时三局的全年产值不过 3 亿元，1990 年总公司的产值也就 20 亿元左右。而且当时的全国建筑市场正处于低谷，何时复苏谁也不知。因此，洪可柱的这一言论被认为是“放大炮”。

此时，远在千里之外的三局一公司珠海分公司的员工们正在迷茫无助中挣扎。一公司珠海分公司是挟“深圳速度”余威成立的，曾经也风光红火过一阵，在 1988 年通货膨胀引发的危机中从辉煌陷入低谷。截至 1991

年底，分公司已经亏损数百万元，骨干员工大量流失，没有新任务在手，分公司已经处在关门的边缘。

1992 年初，任铁栓（原三局灯泡厂厂长）被三局一公司派往珠海分公司任经理，希望他能扭转乾坤。任铁栓独自一人去赴任，在火车站买了一份报纸带上火车，报纸上正好刊登着邓小平南方谈话的新闻。他读到了邓小平说的“计划多一点还是市场多一点，不是社会主义与资本主义的本质区别”，“改革开放胆子要大一些，敢于试验，不能像小脚女人一样。看准了的，就大胆地试，大胆地闯”。

邓小平南方谈话最重要的是对意识形态的一些争议给予了断然的“终结”。他说“基本路线要管一百年，动摇不得”，“判断各方面工作的是非标准，应该主要看是否有利发展社会主义生产力，是否有利于增强社会主义国家的综合国力，是否有利于提高人民的生活水平”。任铁栓意识到，处于谷底的建筑市场可能马上就会回暖了。

这些话都成为中国改革开放进程中的至理名言，成为解放思想、加快发展的共同声音，也如同春潮滚滚席卷神州大地。邓小平的南方谈话很快成为中央的决策主轴，江泽民在中央党校向省部级学员发表讲话时，首次提出了“社会主义市场经济”的概念。1992 年 10 月，党的十四大召开，明确提出了建立社会主义市场经济体制的目标。从 1978 年到 1992 年的 15 年间，历史在此完成了一个改革开放的探索周期。之后，各项投资明显加大，国民经济总产值增长 12%，工业增长 20%，固定资产投资增长 36%。相关资料显示，1991 年，全国在建工程约 9000 亿元，到 1992 年扩大到 2.2 万亿元，而到了 1993 年前 5 个月，全国固定资产投资又在 1992 年的基础上增长了 69%。这对任铁栓来说、对珠海分公司来说、对三局来说、对建筑业来说，就是春风荡漾！一场建筑业的小阳春到来了。

但是，珠海分公司的亏损并不全是市场萎缩的原因，任铁栓之前担任该分公司党委书记时就看到了许多管理层面的问题，他在一篇回忆录中写道：

> 在学习与观察中，我将该工地与灯泡厂两相对比，发现工地上管理混乱、浪费惊人。明明还可以利用的木枋、模板被当作废料拿到食堂烧掉，多得烧都烧不过来。还剩两三米长的钢筋头和未用过的半成品堆积如山，被当作废品卖掉。混凝土搅拌机三天两头坏，大家都抱怨“机器水货”，严重影响了工程进度与质量。
>
> 我在灯泡厂最早就是干技术、管生产线，对机械修理颇有心得。一番修理过后，又给施工人员定好奖罚分明的使用规矩，申明用好有奖、用坏要罚，这之后机器竟再也没出毛病了。可见，起初问题不全在机器本身，还有使用方式的问题，也不在于使用者，而在于管理方法。

这样的问题不仅存在于珠海分公司，几乎存在于三局旗下的所有分支机构，只是问题严重程度不同而已。

珠海分公司打破了市场僵局，承接了几项工程，任铁栓初步稳定了军心，眼看就要打一个翻身仗了。但是在 1992 年底，他做了一件后来后怕不已的事情。由于合同尚未转化为产值，更谈不上收款，眼看快一年了，离盈利 80 万元的目标还有些远。年关逼近时，他想出了一个险招，将凯迪自行车厂项目业主已支付的 400 万元工程预付款交给一个材料商当了一回“倒爷”，挣了 80 万元，正好上报盈利。

尽管他是一心为公，又有着特殊的时代特色，但是这种做法无论是在当时还是在今天都是严重违犯财经纪律的行为，是绝对不被允许的。从这件事也可以看出当时企业管理漏洞颇大，如此大笔资金竟然能被如此不合规地轻松调动。此后三局采用“资金集中制”“财务总会总部委派制”，也正是针对资金管理漏洞的修补。

当时，珠海分公司人员规模只有400人，且项目分布在珠海、广州、深圳等地。战线长，员工少，是分公司面临的两大难题，更难的是分公司赢利不足，员工干劲不大，必须提高员工积极性，于是“项目全额承包责任制”应运而生。

分公司组建多个专业的项目管理团队，构建项目合同体系和成本核算体系，采取了“包死基数、确保上缴、超收分成、歉收自负、自主分配”的方式。关键词是“全额承包”，是对以往项目“一包六保”的升级。

简单地说，就是分公司承接到一个新项目，经过核算后，定下一个基本盈利数。比如某项目预计盈利300万元，项目团队承包后必须保证这个上缴数。在具体的实施过程中，有可能盈利500万元，甚至更多，那么超收的200万元或更多由分公司与项目组进行分成，项目组得大头，可以自由分配这部分超收款。这一方案的出台，使项目一线员工收入大大增加，因此干劲十足。

分公司经过测算后，与各项目经理签订合同。比如，深圳面粉厂项目需要上交28%，珠海光大国贸项目要交21%。

也就是说，分公司对项目成本和合同额进行对比核算，可以得出项目比较精准的盈利数，而项目管理团队为了争取更多利润，就会在管理中更加严格认真，不停地想办法降本增效，因为节约出来的就是自己的。

到年底盘存，珠海分公司盈利惊人——上报利润1080万元。试想一下，1992年才依靠“投机倒把”盈利80万元的小分公司，怎么可能仅一年时间就多报出盈利 1000 万元？须知，1990 年，全局近 2.5 万名员工才盈利 291 万元，仅仅两年，一家区域性的小小分公司竟然能盈利过千万？

消息一出，全局震动。珠海分公司因此获评“高产值、高效益”分公司，并推动了全局发起创“双高”的活动。同时，他们的成功引起了中建总公司的注意，党组书记张青林专程前往调研，并用“标价分离、分层管理、精耕细作、集约求效”四句话总结了他们的做法与经验，并命名为“珠海经验”。

从 1987 年开始试点，到 1993 年“珠海经验”的横空出世，三局用了 6 年时间全面推广项目法施工管理。也就是在这一年年底，全局产值超过 20 亿元大关，洪可柱兑现了他在总公司年度大会上的承诺。到 1994 年，三局基本实现了项目法施工的全覆盖。

就在珠海进行管理革新的同时，三局的另一支队伍在北方的天津武田制药厂迎来了完全不同的挑战，又将三局的管理向前推进了一大步。

4　精细化管理

不知何时，街上突然开始流行起了喇叭裤、迪斯科舞和迈克尔·杰克逊的歌曲等，年轻人追风不疲，而许多老年人则嗤之以鼻。表面上是老年人和年轻人的观念冲突，实质上这就是大开国门后西方文明与东方文明的碰撞。在市场大潮冲击之下，世界各国相互交融碰撞的不仅仅是经济，还有文化、思想以及企业间管理方式的碰撞、冲突、妥协和融合，而这个过程注定火花四溅。

1994 年 5 月，日本武田药业和天津力生制药厂合资在天津兴建武田制药厂，由三局三公司天津分公司承建，建筑面积约一万平方米，在当时来说算是中型工程。

哪知一开工，中方就是各种不适应。于是一场中国干将与日本工匠的碰撞开始上演。

日本人组建了一个十几人的项目管理团队入驻，他们对天津分公司的施工、管理、技术等方面几乎是全方位的指责。

项目开工首先要修工地围墙，正干得带劲呢，突然日方代表叫停！日本人问："编制计划书了吗？有图纸吗？我们确认了吗？"

几个问题一出，中方施工人员呆住了，建工地围墙要什么图纸？还需要确认？

没有？对不起，不能施工，先停下再说吧。日方要求必须有图纸，再做出实样，经业主、总包方各方签字确认，再进行报价，然后才能施工。

后来，刚进行土方开挖，日本人又来叫停了，问："为什么开挖？要怎么挖？打算挖多少天？"

再后来，项目临建搭设，以前一向是简单地根据人数、场地情况就搭建了，可日本人又来问了："为什么这样搭？有没有设计书？有没有管理制度和质量计划书？"

"没有？那对不起，你们只能停工，做好这些并经由我们确认后才能施工。"

天津分公司这帮员工多数是从三线建设时期过来的，经验丰富、做事拼命、敢于吃苦。大多数人心想，你们管那么多干什么？我们把工程保质保量干好不就完了？

但是，日本人不这样想，他们仍然坚持凡事得事先确认、要有计划的做法。这让项目组员工很不适应，很受束缚，矛盾冲突在所难免。

工程就在中日双方的磕磕碰碰中艰难推进。这天，工人们正在进行钢筋绑扎作业，一切都是按照事先的作业指导书来做的，但突然来检查的日本人又大呼小叫起来，翻译说："停工，停工，要检查。"

只见一个日本人拿出游标卡尺对着钢筋量了起来，然后指着钢筋的垫块说，这个尺寸有问题！工人们说，据以往的经验，钢筋的垫块都是差不多垫上就行，高一点低一点其实无关质量。但是日本人非得按标准来，一毫米的误差也不行。日方要求整改，这让项目组员工们认为是日本人在故意为难他们，双方起了争执。最终以中方同意整改才算平息了风波。

日方要求首先从组织建设、制度建设做起，比如项目经理责任制、项目技术负责人责任制、质量责任制、安全责任制等都必须明确制定出来，并且报给他们审批同意。今天，这样的责任制早已经普遍化，但在当时却是第一次在项目中提出。

时任天津分公司副经理兼项目经理袁世伟承认，他们从来没碰到过管理这么严苛、细致的合作方。

日方还要求一切活动都必须有策划，策划书还需得到三方确认才能进行下一步。在工程施工中，日方也是率先提出了样板引路的做法。每一道工序，日方均要求先画出样图，那时还没有电脑绘图，只得人工绘制，这又增加了许多工作量。图纸经日方确认之后，还要求先做出样板，经日方、总包方确认之后才能正式施工。

对于材料的选择和采购，日方也要求严格，日方的严谨、积极、对策划的重视也让中方大开眼界，工程在没有开工之前，日方已经把设备和材料考察完了，材料的优缺点都罗列出来了。比如在项目防水材料的使用上，袁世伟向日方推荐了几款新型材料，比如一款高分子的防水材料，日方便问："你们在哪儿施工过？用了多少年？如果 10 年以上会不会漏水？"

对于施工生产的安全检查，日方的要求也非常严格。日方有专门的巡视检查人员，几乎无处不在、无时不在，还有日巡视、周检查、每月安全大会。当时的工程报告、大事记、工程量一览表等已经细致到每一天。这样的做法，即使在今天来看也是相当先进的。

在做室内装修时，所有墙面以及地面的瓷砖或大理石铺设，是没有半块砖的，拼缝精美。贴外墙面的瓷砖时，日方要求先画出样图，要精确到每一块瓷砖。需要多少块瓷砖？缝隙多宽？都必须精确到毫米，这样的施工要求，同时期的只在上海金桥大厦有过。这是最早的“BIM 技术”！瓷砖贴上去还不算完，日方要求每一片都要敲一敲，看有没有贴实。

如此一来，几乎武田项目每一道工序都编制了《施工作业指导书》，共 70 多本。作业目标、具体内容、最后达到的效果和标准，在这一套指导书中全部一目了然，这实际上也在倒逼施工企业去做好策划和执行工作。

将日方的要求与三局正在推行的项目法施工进行对比，恰好一一对应。其核心恰恰都是：超前策划，动态管理，实时监控。

经过一年多的磨合，天津分公司逐渐适应了日方的管理，开始渐渐从被动变为主动，最后到认可。

由于武田制药厂项目的管理之精细，引来中建总公司、三局和三公司的重视，多次组织人员来学习，三公司还组织骨干施工人员到实地观摩。可以说此项目开启了三公司精细化管理的先河，后来三局人所熟知的“策划先行、样板引路、过程控制、事后追溯”均发端于此。其对三局的影响是巨大的，这让三公司的施工人员认识到过去的苦干不再适应时代的发展。同时也提醒了三局人，开门办企，必然要面对不同的客户、不同的要求，主动适应既是企业的管理之需，也是企业的发展之道。

项目其实就是一个车间，建筑则是产品，尽管三局修建的每一幢建筑都是独特的不可复制的产品，但是对待产品的管理方式、管理理念却是可以重复的——这也为后来的“标准化管理”打下了坚实基础。

仔细分析武田管理模式，其实这在日本企业中是比较常见的管理模式，日本企业有一个“7S 管理模式”，就是“整理”（Seiri）、“整顿”（Seiton）、“清扫”（Seiso）、“清洁”（Seikeetsu）、“素养”（Shitsuke）、“安全”（Safety）、“节约”（Saving）。这样的管理方式传入中国后被广泛运用在中国的企业中。这保证了企业整洁的生产和办公环境、良好的工作秩序和严明的工作纪律，同时也是提高工作效率，生产高质量、精密化产品，减少浪费、节约物料成本和时间成本的基本要求。后来中国的建筑业提出的“标化现场”其实就是对“7S 管理模式”的学习和完善。

由“7S 管理模式”带来的还有“7 个零原则”，即：亏损为零、残次品为零（返工为零）、浪费为零（包括人工、时间和材料）、故障为零、切换产品为零、事故为零、投诉为零。比较遗憾的是，此“7 个零原则”三局至今还没有完全做到，但是这给三局的管理提升上了深刻的一课，开启了三局精细化管理的新纪元。

如果说“珠海经验”是一次自我主动的求新求变，那么发生在天津武田制药厂项目中的管理碰撞则是一次被动的妥协、学习和提高。

“珠海经验”和“武田模式”在时间上几乎同时产生，在地域上一南一北。前者是经过多年改革后一场由量变到质变的自我突破，是在长期积淀中突然炸响的企业内部体制变革的春雷；而后者是改革开放之后突然打开窗户之后映入眼帘的管理奇峰，是企业对接外部市场后不得不进行的工程管理手段的革新。无论是前者还是后者，对三局乃至中国建筑行业的触动都是巨大的。

2018 年，当年的主要当事人李全立、袁世伟均已经退休，笔者面对面采访了他们，老人均对这段往事记忆犹新。李全立说：“时代发展了，三局的规模也从几十亿元到几千亿元，涨了数百倍，我认为，这种精细管理的态度才是规模扩张的根本和基础。”而袁世伟将35年前武田制药厂的原始资料珍藏如宝，他说：“如今科技发达了，到了‘互联网+’时代，但是精细的管理在任何时候都不能丢。工匠精神要得到尊重，那么身为工匠的我们首先要尊重自己的产品！”

两位三局老兵言语殷殷，或许这才是三局得以发展的最大财富。

但是进入20世纪90年代中期，项目法施工在一些单位出现“跑偏”现象，亏损也随之出现。

5 法人管项目

如果说企业发展永无止境，那么企业管理就不会一成不变。假设企业是一台高速运转的电脑，那么管理体系就是其操作系统，随着时代发展，软件就必须进行更新，以提高效率、修补漏洞等。

学习“鲁布革经验”，推行项目法施工，确确实实是对以往项目管理革命性的突破，但是经过几年的发展，各地在执行中开始逐渐出现了偏差。

项目法施工是项目经理负责制，这种方式改变了传统的生产方式，促进了企业用工制度、组织机构、经营机制的改革，特别是生产力得到了巨大的释放。但是在后来的执行中，其开始演变为内部承包责任制，由于过分关注成本和财务职能，使得经济责任权重大大超过组织建设、技术创新、企业文化建设甚至人力资源管理等职能，项目法施工的推广也被带上了浓重的个人特色，这样导致一个项目经理的管理能力和责任心决定项目管理水平。有些公司甚至以包代管，或者一包了之，从而漏洞也越来越大。

工程项目承接之后，公司或者分公司将工程项目一包了之。比如说

“六权下放”，将工程指挥权、承包费使用权、材料采购权、资金分配权、违章违纪人员处罚权、定额工日浮动单价权等都下放给了项目经理，项目就成为一个“独立王国”，项目经理的权力过大，大大增加了浪费和贪腐发生的可能性。工程施工中的成本主要是材料、人工和机械设备等，将所有的定价权下放给项目经理而又没有形成很好的监控体系，项目盈利与否很大程度上取决于项目经理的道德自觉、能力和担当。

于是，在20世纪90年代中期，项目管理有些失控，甚至还发生过项目经理“捞一把就走”的现象。因此，有些企业看起来很是红火，却开始出现大面积的亏损，甚至走向没落。法人管项目算是对以上情况的一种纠偏！

法人管项目就是确立以企业主管领导为成本管理第一责任人，公司机关为运转和监控层，项目管理人员为成本管理的主体和执行层，企业员工共同参与的管理机制。项目经理负责制只是项目管理过程中的一个重要环节，企业法人才是工程项目最终的法律和经济责任主体。

法人管项目的核心是企业的各个职能环节都按照规范去管理项目，项目经理只是代表企业去履行项目管理的职责，所有的这种管理的职责都是由企业层面实施，逐渐将项目的材料采购权、资金支付权、安全监管权等收回到公司层面，项目经理只对工程质量、进度和文明施工等负责。

1994年底，三局响应国家对施工企业体制进行改革的号召，开始法人管项目模式试点。最初，三局在局总部组建起一个几个人的创收小组，后来效果不错，承接到可口可乐公司当时在武汉的一个联合厂房项目，取得很大的成功。于是在1995年4月8日，以这个小组为基础成立了中建三局总承包公司。恐怕连创办人樊凤兰自己都没有想到的是，20年后，这家公司会成为年营业收入200亿元以上的大型支柱公司。

武汉可口可乐联合厂房

总建筑面积 4.3 万平方米，时为亚洲规模最大的饮料生产工厂

武汉可口可乐联合厂房项目经理是王祥明，他只是代表企业去管理项目，是执行人而不是决策者，他要严格体现企业管理项目的旨意，严格执行企业管理项目的规范制度。总承包公司对项目的人、材、资金进行“三集中”管控，实现项目是成本中心、企业是利润中心的管理目标。

之后，总承包公司很快承接到武汉世界贸易大厦项目，王祥明仍然任项目经理。这个项目在总承包公司历史上具有里程碑意义。

武汉世界贸易大厦在施工到地上 8 层时，业主出现资金困难，需要三局垫资到封顶。总承包公司经过审慎考虑，并报三局决策层审议后，三局决定帮业主渡过难关。三局再次调动资源，咬牙垫资到封顶。最后，业主成功融资，按约支付了所有工程款和相应利息。

总承包公司还创建了一个混凝土搅拌站，成为后来“中建商砼”的发祥之作。

如果说不是法人管项目，就不可能组织如此庞大的资源，也就不可能完成垫资，更不太可能组建一个混凝土搅拌站。这些都是法人管项目带来的资源集中的好处。

总承包公司后来成为三局发展最为迅猛的公司之一，20多年间，迅速成长为合同额过300亿元、营业收入过200亿元的大型支柱公司，并成功孵化出了三局北京公司、成都公司两家规模超百亿元的区域公司，以及三局房地产公司、基础设施工程公司两个专业公司，以其商品混凝土业务为班底成功孕育了“中建商砼”。

相对传统的项目管理模式而言，法人管项目的优势之一是能通过对项目资源的集中控制，来实现项目是成本中心、企业是利润中心的管理目标，主要表现在：企业能通过对项目实施有效的过程管理控制，实现工程项目成本管理的透明化，争取企业利润的最大化，实现企业权利和义务的统一；企业法人通过集中的项目资金财务控制，提高企业资金利用效率，增强企业的银行诚信度；能有效保障工程项目的实施进度和工程质量，为业主提供质量优良、使用放心的建筑产品。

需要说明的是，法人管项目的管理模式并不是回到计划经济时代的集权管理模式，二者有根本的不同。法人管项目与项目经理责任制并不矛盾，而是更加协调统一。因为法人管项目既限制了项目经理的权力，也明确了项目经理的责任，又在制度上保证项目经理权力的行使。这种模式的最大优点就是能充分发挥企业与项目两个层面的积极性，能充分保证国家、企业、个人的利益，有利于企业的健康持续发展。

6 两个消灭

中国改革开放的过程，就是不断出现问题然后不断解决问题的过程。而企业管理的进程更是如此，企业管理会在出现问题、解决问题中逐步完善，但永远不可能完美——因为总有新的情况出现。

而在所有的情况中，企业亏损可能是最大的问题。

1995 年 9 月，《人民日报》刊登了一篇经济分析文章，细数国企的三大困境：一是亏损居高不下，国企的亏损每年以 14.2% 的速度增长，在全部亏损企业中，国企占 70%；二是企业资金使用效益低下，库存产品每年以 30% 的速度增长，许多产品直接从车间运往仓库；三是国有工业综合经济效益指数比“七五”时期下降了 5.4%。

1996 年，根据国家统计局数据，国企的净销售利润率低到历史最低点，亏损是 1985 年的 28.6 倍。连年亏损、效率低下、资金紧张几乎是国企的通病。紧接着，1997 年，亚洲金融危机爆发，国际金融炒家索罗斯首先对泰国发难，泰铢严重贬值。不久，这场风暴横扫马来西亚、新加坡、日本和韩国等，打破了亚洲经济快速发展的景象。亚洲一些经济大国开始萧条，有的国家政局也陷入混乱。

在此背景下，国内经济也深受影响。建筑业，特别是高端建筑业陷入严冬。

多重因素夹击之下，三局也开始出现了较大面积的亏损。

造成亏损的原因很多，主要有三个：一是建筑市场萎缩，让许多公司处于“吃不饱”状态；二是市场上“僧多粥少”，盲目开拓行为增多，导致许多合同条件苛刻；三是管理不善，公司与分公司的管理仍然比较落后，项目法施工管理有“跑偏”现象，“以包代管”和“只包不管”造成了效益的大量流失。

依靠什么评定一家企业优秀？“顺水行船”固然不错，更重要的是能“逆水行舟”，即企业遇到困难时能及时认知，有自我修正的决心与智慧。

三局及时提出了“一裁短、两消灭、三集中”。

其中，“一裁短”和“三集中”都是手段和方法，目的就是“两消灭”。

“一裁短”指裁短管理链条，减少中间环节，比如通过法人管项目，由公司直接指挥重点项目的生产；“两消灭”指消灭分公司亏损、消灭项目亏损；“三集中”则是集中资金管理、集中大宗材料采购、集中劳务分包。

以上每一条都切中项目管理的要害。无论多么复杂的项目，说到底都是资金、材料和人工的有效科学配备。如果说以往的“一包六保”是“权力下放”，造成项目经理权力过大，那么“三集中”就是“三权回收”，由公司统一进行调配，可以把有限的资源用在刀刃上，真正形成集约化管理。

三局开始全面清理、整顿亏损分公司与项目，要求分析原因，加强管控，限期消灭亏损，对于持续亏损的分公司要坚决撤销。

1998 年，三局再一次对企业管控进行升级，提出了“四个二计划”，即两发展、两到位、两消灭、两提高——营销工作与营销成效要有突破性发展，资金运营与管理工作要有重大发展；项目法施工要向更大范围、更深层次推进，分公司项目法施工管理和项目内部管理要 80% 以上到位和完全到位；消灭分公司亏损、消灭项目亏损；务使全局产值效益率提高 1%~2%。

三局为此推行了一系列措施：一是任务结构调整，加大对交通、能源、基础设施领域的营销；二是加大项目成本核算；三是优化资产结构，纵深推进改革，开始“对内资产重组，对外资本运营”；四是强化质量、安全和财务管理，在全局开始第三方质量认证；五是大力推进科技兴企；六是完善“双高”“双高一优”竞赛，开始全员劳动竞赛活动；七是继续加强各级领导班子建设；八是以提高全员素质为根本，加强精神文明建设。

三局与“亏损”进行了长期而艰难的斗争，但是要消灭全面的亏损谈何容易？一直持续到2001年，这一年三局在北京召开“两消灭”专题会，将一公司第一分公司、三公司南京分公司就地取消“番号”，分公司领导成员就地免职，人员分流到其他分公司。一公司第一分公司是一支老牌劲旅，然而新形势下他们的管理相对落后，出现了持续的亏损，在决定撤销其“番号”时，全局及公司领导均心中不忍，但现实是残酷的，没有壮士断腕的果敢不足以显示自我变革的决心。

此后，全局进一步从严管理，在收缩项目经理权力的同时加大项目的承包兑现力度，以提高员工的积极性。

同时在营销源头上防止亏损。全局营销工作会议上，报告中有这样一套口诀：“有名有利的坚决接，无名有利的应该接，有名无利的审慎接，无名无利的不许接。”这就是当年著名的“四个接”。全局不再盲目追求规模经营，这正是后来三局“品质营销”理念的雏形。

经持续数年的努力，全局到2001年基本做到了“两消灭”。

第三节　总承包管理

管理从来都是一门经验学科，世上本没有一种管理模式可以放之四海而皆准，也没有一种管理模式可以一成不变。

管理的进步就是一个不断遇到问题、分析问题并解决问题的过程。改革开放的 40 多年是中国企业最为激流勇进的时期，也是各种思想、各类学说最为纷繁多变的时期。中国的建筑企业大多有着沉淀固化的传统经验，同时又引入大量的“舶来经验”，通过多方思想的融会贯通，形成了具有中国特色的企业管理。

随着中国经济的发展，工程数量越来越多，项目体量也越来越大，一项大工程往往需要数十家不同专业的公司进行分工协作，而能够统筹全局、协调各方的总承包商必不可少，与之匹配的总承包管理能力显得更加重要。

1 正大经验

1999 年 3 月 24 日，三局三公司承接了上海正大广场工程。该工程为一幢面积为 24 万平方米的巨大单体建筑，位于浦东陆家嘴黄金地段，坐落在黄浦江畔，毗邻东方明珠。东西长 290 米，南北宽 121 米，层高 9 层，合同额是 7.7 亿元，为当时国内最大的单体建筑，被称为“商业航母”。

当时工程有几大难点。

一是工程合同条件苛刻，需要公司进行工程造价 50% 的垫资，接近 4 亿元的垫资，风险极大。

上海正大广场 | 在国内建筑业首次应用虚拟仿真技术，并创造了工程总承包管理“正大经验”

二是合同按国际通用的工程承包合同条款，即菲迪克条款，这是三局第一次和菲迪克条款打交道。

菲迪克，即国际咨询工程师联合会（法文缩写 FIDIC），于 1913 年由欧洲五国独立的咨询工程师协会在比利时根特成立，是国际上最具权威的咨询工程师组织，制定了许多建设项目管理规范与合同文本，已被联合国有关组织和世界银行、亚洲开发银行等国际金融组织以及许多国家普遍承认和广泛采用。有人称 FIDIC 是国际承包工程的“圣经”，可以说，FIDIC 是集工业发达国家土木建筑业上百年的经验，把工程技术、法律、经济和管理等有机结合起来的一种合同条款，但在中国并没有大范围实行，其苛刻的合同条款对中国的企业而言是一种巨大挑战。

三是工程巨大，工期特别紧张。

时任三公司副经理常春贵担任项目执行经理，他在赴任前，就有朋友告诉他：那工程可不好搞，做不好就是一大坑，你跳下去就上不来了。

但常春贵认为：凡事都是人干出来的，不干一下怎么知道干不好？

他先是组建了项目的总包部，设置了合约部、工程部、机电部、技术部、物资部、安全部等职能部门，下设土建、机电安装、装饰、钢结构、设备等多个分包机构，在项目组织架构上形成矩阵式管理。

关于什么是总承包管理，官方说法很多，但说到底，总承包其实应具备两大能力：首先是整合资源的能力，就是聚集多方力量为我所用的能力；第二是管理协调能力，就是在各方利益平衡中进行综合管理和协调的能力。

总包部对项目情况进行了盘点，并仔细研读了合同，常春贵发现形势果然严峻。首先，项目资金严重短缺，材料、设备、人工等都需要支付大额费用；其二，这个所谓的菲迪克条款并非原版的菲迪克条款，而是香港版的合同条款，这比规范的原版条款在运作上反而更难把控；其三，公司内部特别是项目总包部内部人员的思想高度不统一，畏难、悲观情绪在员工中弥漫，许多员工认为一定搞不好。

常春贵先是统一总包部的思想，严厉批评了“不能干”“干不好”的思想，他在员工大会上说：“困难是肯定的，我们去干，困难在那里，我们不去干，困难就没有了吗？大家如果不能统一思想，我们就失去了胜利的基本可能。”他强力清退了总包部认为“不能干”的顽固分子，从最开始的60多人，到最后只剩下30多人，清退了几乎一半。但是总包部成员精神一振，大家的思想得到了统一。

在没有资金的情况下如何整合资源？总包部确立的是“风险共担、利润共享”的原则，与参建企业一起结成“盟军”，形成风险共同体。同时总包部又严明纪律，总包一盘棋，各分包单位必须积极配合，听取调度。

此外，充分利用合同条款，争取设计变更部分和合同外新增部分工作内容的备料款，这是吃透了菲迪克条款的好处。菲迪克条款看似苛刻，但是只要吃透了，就可以变不利为有利。变更部分与新增部分均属于合同外的内容，按规定只要业主方工程师确认就可以先行请业主支付备料款。

正大广场由于工期太紧，土建、机电安装、钢结构、装饰等各分包均要穿插作业，组织协调难度极大。高峰时，工地上的工人达到6000余人，是名副其实的“多兵种、大兵团”作战。总包部就如同战役的前线指挥部，需要根据总体策划组织施工，编制详细的施工计划，调整劳动力，协调材料、设备机具等。也就是说6000余人的团队要有序运转，全靠总包部的“一盘棋”。

厘清了对内对外关系，风险得到很好的传递、化解。当巨大的压力被分成无数块之后，就变成了巨大的动力。“风险共担、利润共享”对外表现的是商业上的合作关系，对内则是员工齐心协力、直面困难的勇气与决心。

最终该项目取得了巨大的成功，三局在此项目上除了取得不俗的经济效益之外，还积累了丰富的总承包管理经验。

建成后的上海正大广场成为上海地区消费新沸点。据统计，其开业后，日均人流量在 18 万人次，节假日更是高达 25 万人次，商业繁荣程度让人瞠目结舌。

2004 年 7 月中旬，正大集团董事长谢国民在“第三届世界华人论坛”上表示，在未来 10 年到 15 年，中国的经济增长速度还会加快，增长幅度将相当于新中国成立 50 多年来的总和。中国未来将是全球经济最具活力的地区，将成为拉动世界经济增长的龙头。这里市场广阔，劳动力成本低，许多行业还处于起步阶段，蕴藏着无限商机。“我们始终看好中国的发展前景，未来也将继续坚持投资中国的政策。”

不得不说，谢国民对中国经济的预见十分准确，对正大集团而言，这是他们“中国战略”的重要胜利。

2 工程总承包

进入 21 世纪后，中国的工程越来越大，一个工程投资往往达到数十亿元、甚至过百亿元，与此同时工程专业的分工却越来越细，传统的项目管理方式不再适应形势的发展，“正大经验”作为探索“工程总承包”模式的初期尝试，三局也意识到推进工程总承包的重要意义。

从国际建筑市场方面分析，在 ENR2017 年全球最大 250 家国际承包商榜单中，上榜的前十家中国企业平均国际营业额为 64.7 亿美元，平均国际化水平为 30.5%。而榜单前十国外承包商平均国际营业额高达 149.4 亿美元，平均国际化水平为 74.4%。造成这种悬殊差距的一个重要原因在于中国企业普遍无法熟练运用工程总承包模式。随着工程建设市场全球化进程加快，工程总承包模式日益成为建筑市场走向专业化、国际化的必然趋势。

从国内建筑市场方面分析，三局承建的上海环球金融中心、北京央视新址大楼、香港环球贸易广场等项目相继开工，因为都是体量巨大的“超级工程”，所以全都是采用总承包管理模式。这种模式的最大优势是能在短时间内集中优秀的专业人才为同一目标而努力，所以目标明确、运转高效。比如上海环球金融中心项目，是以中建系统内部多家工程局以及上海建工等组成的联合体负责项目实施，那么总承包管理模式就很好地解决了各参建方权责划分问题，在这种项目组织模式下，大家都只对工程负责，而不是对各自所在单位负责，这也有利于工程优质高效推进。经过几个大型项目的检验，三局逐渐摸索出具有自身特色的管理经验，并在后续的武广客运专线武汉站和北京京东方 72 万平方米厂房项目管理中得到进一步实践，取得了良好的效益。

以三大超级工程为标志，三局的市场营销进入了“挑饭吃”时代，即以面对大市场、对接大业主、承接大项目为主。与此同时，三局的项目管理进入了一个新的时期，即从项目施工管理进入了工程总承包管理。

工程总承包是依据合同约定对建设项目的设计、采购、施工和试运行实行全过程或若干阶段的承包。它是以“总集成、总协调、总控制”为手段，以向建设单位交付最终产品为目的，对整个工程项目的实施全过程进行整体策划、全面协调、综合管控。

相比国内习惯的传统模式，工程总承包具有六大明显优势：整合资源，形成一体化产业链；控制投资，保证决策科学性；提高效率，缩短建设周期；提升品质，打造宜居建筑；降低风险，明确责任主体；推动转型，促进产业升级。同时，工程总承包模式能够与 PPP 模式协同互补，通过充分发挥设计在建设过程中的主导作用，有效克服设计、采购、施工、试运行各环节彼此脱节的矛盾，更好解决项目投资“三超”（概算超估算、预算超概算、决算超预算）、建设过程风险、项目运营维护等难题。

随着时代发展、进一步对接国际市场后又延伸出多种工程总承包模式，比如设计采购施工总承包模式，是指工程总承包企业按照合同约定，承担工程项目的设计、采购、施工、试运行服务等工作，并对承包工程的质量、安全、工期、造价全面负责，是我国目前推行工程总承包模式最主要的一种。另外还有设计 + 施工总承包模式，采购 + 施工总承包模式，以及融资 + 设计采购施工 + 运营的 F+EPC+O 模式等。

当然，我国虽然在工程总承包推进上取得了较大发展，但从执行成效来看，政策的联动性、可操作性仍待加强。主要存在以下几个方面的问题。

一是市场机制不健全。由于企业资质壁垒、条块分割，工程总承包项目市场准入的相关标准和手续不完善等原因，使工程总承包存在严重的市场准入障碍。加之报批手续烦琐、业主认可程度偏低等原因，增加了工程总承包模式实施难度。

二是法律法规和政策不完善。虽然《建筑法》提到“提倡对建筑工程实行工程总承包”，但针对如何开展总承包没有配套法规文件，可操作性不强。同时，虽然国家与行业一直大力推动工程总承包发展，但依然存在财税、审计等业务联动不足的问题，对建设单位、建筑企业实施工程总承包模式缺乏有效指导。

三是合同体系不规范。目前，工程总承包招标及合同中项目定义范围不明确，合同额、结算方式等内容模糊，缺乏一套措施具体、可操作性强、能切实保护项目各方利益的工程总承包合同体系。

四是企业自身能力不足。就当前而言，我国缺少一批具有较强国际竞争力、资本雄厚、人才聚集、科技领先、管理过硬的工程总承包企业。大多数开展工程总承包业务的企业是由纯粹的设计单位或施工单位发展而来的，普遍还未建立起与工程总承包模式相适应的组织保障与制度体系，更缺乏可以实施集成化管理的项目团队。

2019 年 3 月，以全国人大代表身份参加全国“两会”的中建三局董事长陈华元向大会提交议案，提出关于修订现行《建筑法》的建议。他说：“现行《建筑法》已经施行 21 年，随着建筑市场环境发生重大变化，其中的一些条款已不能适应新形势需要，亟待修订。”

陈华元指出，建筑业是我国的重要支柱产业，对经济社会发展意义重大。现行《建筑法》主要存在三个方面的问题：一是适用范围过窄，系统性不强。仅适用于工业与民用建筑活动，限制甚至排斥了在其他类型建筑领域中发挥作用。二是对建筑业发展趋势的前瞻性不够。保留了很多计划经济的痕迹，无法适应国内国际市场接轨的新形势。三是对建设单位约束性规定少，且没有强制力，致使发包人损害承包人利益的行为屡见不鲜。针对上述三个问题，他提出如下意见。

一是调整《建筑法》名称、适用范围和适用主体。将《建筑法》改为《建设法》，提高系统性、普适性和严谨性；扩大调整范围，将现行《建筑法》中的“建筑工程”改为“建设工程”，按照国际公认概念，明确其法律含义和调整范围，不再局限于各类房屋建筑的建造和安装；适用范围调整后，适用主体将随之调整。

二是顺应国际化进程，消除计划经济的管理痕迹。重新梳理行政法监管范围和民商事主体市场行为范围，按照“市场在资源配置中起决定性作用”的原则，删除计划经济的管理痕迹，最迫切的就是要消除总承包管理在法律上的障碍。

三是根据权利义务对等的原则，加强对建设单位的约束以及违法行为的处罚。在承包人提供履约担保的同时，为防止建设单位抽逃资金或拖欠工程款，实行发包人工程款支付担保制度；强调承包人工程质量的同时，加强对发包人指定分包、供材行为的法律监管和处罚力度，确保双方权责对等；增加发包人上述违法行为处罚条款等。

3 “441 计划”

随着时代的发展、企业的壮大，三局再一次对项目管理进行升级。自2012 年开始，以提升三局工程总承包管理能力为目标，全面推进“441 计划”。这是三局多年经验累积形成的“独家秘籍”，也是对工程总承包模式的自我规范。

何谓“441 计划”？即完善“4 个管理体系”——资源保障体系、制度保证体系、绩效考核体系、客户评价体系；打造“四个团队”——总承包管理团队、深化设计团队、采购管理团队、专业分包团队；构建“一个管理模式”——既符合法规要求，又满足市场需求，在中建系统内具有领先水平的“全能型”和“全候型”项目管理模式。

三局推行“441 计划”经历了 4 个阶段。

2012—2013 年，为调研立“向”阶段。首先开展广泛深入的总承包管理需求调研和内部座谈，于 2013 年 10 月正式发布《关于加速提升总承包管理能力实施 441 计划的决定》，即“441 计划”，决定加速提升全局总承包管理能力。

2013—2015 年，为探索实践阶段。制定并发布 7 项总承包管理工作指南，囊括计划管理、深化设计、分包协调、公共资源、组织结构与岗位

天津 117 大厦 | 高 597 米，世界结构第二高楼、中国结构第一高楼

管理、工程投标与合约谈判等方面。打造计划管理、深化设计、分包协调、公共资源、商务合约 5 项核心能力，组织 51 期系列专题培训班，共计 7608 人次参加培训，并在华中第一高楼武汉绿地中心、北方第一高楼天津 117 大厦、北京第一高楼“中国尊”以及苏州中心、北京智能电网、温州南湖综合体等 10 个项目试点先行。

2015 —2016 年，是成果固化阶段。借力咨询外脑，吸纳 PMBOK（项目管理知识体系）等国内外项目管理最佳实践和理论知识体系，集众智汇众力，《项目集成管理体系》应运而生。该体系按矩阵式搭建，包含启动与策划、设计管理等 12 个部分，体现了全需求集成，更加注重技术标准与总包服务；体现了全组织集成，更加注重组织管理运行效率；体现了全过程集成，更加注重设计龙头作用；体现了全资源集成，更加注重招采前置与价值创造；体现了全专业集成，更加注重参建方地位平等原则。

2016 年至今，为推广优化阶段。签订专项责任书、召开总承包管理论坛、开展成果交流……各项目在报批报建、设计管理、合约规划、接口管理等方面进步明显。工程总承包能力的提升，促进了项目更好履约，赢得了更大市场。

总的来讲，历经 5 年探索之路，三局在工程总承包管理方面积聚形成了一定的发展优势：拥有系统全面的顶层设计，发布了“441 计划”和“十三五”总承包管理能力提升专项规划；致力于全产业链的工程建设业务和集成管理服务，具有钢结构、安装、装饰、绿色产业装配式、智能化等系列专业公司；建立了健全的组织保障体系，各级单位均成立总承包管理机构，初步形成工程总承包管理专家库，储备工程总承包管理团队 200 个以上；培养了一批长期合作且具有 EPC 能力的分供商资源，拥有材料设备集采平台和各类品牌、档次的部品信息库；建立了多种工程类型交付标准、合约规划等数据库，规模优势明显，可以为各种类型的工程总承包项目提供对标平台；制定了适用于工程总承包模式的《项目集成管理体系》，成立了设计总院，能够提供多产业全过程工程咨询服务。

正是基于上述核心优势，三局的工程总承包管理能力得到市场认可，仅 2018 年就中标 85 个 EPC 工程，合同额占比全年承接额超 20%；目前三局在施 EPC 工程突破 150 个，累计承接额超 1300 亿单位，项目覆盖全国 25 个省市区。同时，承接项目范围不断突破，从仅负责部分专业深化设计，到负责从概念设计往后一揽子工作，三局 EPC 项目管理的认可度不断提高。在实现业主工期更短、品质更高、投资更优、运营更畅的同时，三局不断输出大量工程总承包管理案例、经验、成果、标准，并多次参加各级政府组织的工程总承包政策研讨，牵头湖北省工程总承包管理制度课题攻关，持续为行业提档升级贡献力量。

但是“441 计划”在三局的执行就如同学习“鲁布革经验”时一样，亦是困难重重。主要原因一是管理惯性使然，也是路径依赖使然；二是基层管理者变革的动力不强，因为生存的压力没有 20 年前那么强烈；三是内外部环境不如推行“鲁布革经验”时那样迫切，当年推行“鲁布革经验”是由政府强力主导，企业跟进，而如今主要是由行业自我变革。

2015 年初，时任三局总经理、党委副书记的易文权在三局内刊上撰文写道：总承包管理是涉及建筑行业生产关系的重大变革，探索三局特色的总承包管理模式是顺应行业发展趋势、支撑高端房建定位、满足高端客户需求、实现由价格战向管理战和服务战升级的必然要求。

易文权告诫全体员工：推进总承包管理，绝非一日之功，需要全局上下持之以恒地为之努力。

长远来看，三局打造全面的、全体系的总承包管理模式还有许多工作要做，具体而言即“345”计划。

构建三类“库”。即人才库、资源库、知识库。人才库，即建立“总部统筹、上下联动、双向考核”的人才库运行机制，到 2020 年，打造 200 套能准确掌握相关方需求、具有集成管理能力、适应 EPC 模式的工程总承包管理团队。资源库，即建立涵盖 EPC 潜在客户、设计与咨询服务、优秀分供商以及社会关系等资源库。知识库，即以信息平台为渠道的知识数据储备库，依托项目成功实践，对管理经验、基础数据进行审定入库，实现历史数据、经验知识、各种案例在企业—项目部间的良性循环，形成一个滚雪球式自我成长的知识生命体。

完善四大体系。一是组织保障体系。企业层面，进一步强化局—公司—分公司三个层级的总承包管理机构职能，充分发挥支撑引领作用。项

中国尊

高 528 米，北京第一高楼

目层面，不断丰富 A、B、C 三种组织结构的内涵与外延，发挥职能部门与专业工程师协同作战能力。二是制度保证体系。以项目集成管理系统（简称 PIMS）为基础，借助各试点项目的实践经验与问题反馈，逐步升级 PIMS，最终形成一套覆盖项目管理全过程、项目内外各组织、企业上下各职能的项目集成管理体系，打通企业与项目之间、项目各参建方之间、项目团队之间的管理路径。三是绩效考核体系。即建立企业与项目部两个层级、适应工程总承包模式的绩效考核体系。四是客户评价体系。即建立业主方、设计咨询单位、分包方与总承包方之间的双向评价体系，共同验证项目目标达成效果，共同找出当前不符合指标项，通过一批项目评价形成大数据，不断完善和改进提升。

锤炼五种能力。五种能力即项目策划能力、设计管理能力、合约采购能力、沟通协调能力、风险管控能力。

构建三类“库”和完善四大体系是手段和方法，锤炼五种能力才是目的。无疑，企业只有不断提升工程总承包管理能力，才能打造出企业核心竞争力。

改革开放40年来，中国的工程领域管理一直在探索创新中艰难前进，这些管理手段的变革既有鲜明的时代特征，也划出了一条三局争先发展的华丽轨迹。

从最初的“鲁布革经验”到项目法施工，从法人管项目到精细化管理，再到今天的工程总承包管理，三局管理模式的自我升级与企业发展规模息息相关。

不管哪种模式，都是随着时代进步而进行的人为创新。环境在变、市场在变、科技在变，管理模式当然也必须变，故步自封和不切实际的瞎折腾都是危险的。

永远在路上的企业需要学习的、适应的、思考的新事物也将越来越多。可以想见，未来的挑战只会越来越多。

4 互联网 + 建筑

中国的古代神话故事中，有“千里眼”和“顺风耳”两个人物，而在今天的互联网时代早已经将神话中的故事变成现实。那么有没有一种可能，人在万里之外，将工程进度一览无余？在出差途中，即可通过手机终端完成合同评审、技术会商、公文签批或者其他业务审批？安全生产监管人员足不出户轻点鼠标，即可对千里之外正在施工的项目进行安全监管？一批材料从品牌、性能到价格扫一扫二维码就可以实时查询，甚至从计划到购买再到使用于工程的哪个部位均可以全程跟踪？而这些只是“互联网 + 建筑”的初级阶段。

从改革开放初期的滑模技术到今天的智能化“空中造楼机”，从排队打电话到今天的微信群互动，从手工绘图到今天的 BIM 管理，三局进入“互联网 + 建筑”时代。

新时代的中国产业经济实质上已经全面进入了一个新的历史阶段，不论是制造业还是建筑业，由于资源限制、低碳经济压力和人口红利的结束，中国建筑业正处于向“能力竞争力”时代过渡的时期，而这个“能力”更多体现在信息化、标准化。

标准化与信息化的建设与融合，再一次推动企业管理升级，而这项工作三局早在“十二五”期间就开始了。2009 年，三局在跨入千亿平台规模的新形势下，标准化与信息化是企业管理提升的重要内容，是企业由“外延式增长”向“内涵式发展”的关键，也是推动企业转型升级的必由之路。

早在 2009 年，一公司就开始新一轮信息化管理的探索。为改变企业管理跨度大、链条长、信息不对称、分支机构管理行为存在差异等现状，决定推行符合企业实际的信息管理系统。2011 年 12 月，一公司承办了住建部建筑企业信息化发展现场经验交流会，并担任“主角”。信息化在提升企业管理的同时，还成了一张闪亮的名片。

2012年，三局加快了标准化与信息化工作进程。10月，三局成立标准化手册编制工作组，开展管理体系文件、业务流程的重新梳理和再造。年底，完成全局现行文件清理及整合，优化对应流程266个、表单558个，形成《标准化手册（征求意见稿）》。

2013年4月，按照“强化岗位职能、淡化部门边界，强化体系联动、提倡思路创新，强化标准统一、允许特殊个性”的原则，各业务系统结合企业实际对企业层面和项目层面的文件制度体系再次进行修订完善，形成《企业管理标准》和《项目管理标准》，为确保两个标准得到有效落实，共同编制了《企业与项目管理评价标准》。

2014年1月20日，“三个标准”正式发布实施，成为全局各项管理活动的纲领性文件，标志着三局的标准化升级与信息化联动工作取得重大阶段性成果，企业管理标准化与信息化进入新的发展阶段。

2015年2月，三局重新构建完善“三个标准”，将评价标准拆分纳入《企业管理标准》和《项目管理标准》，增补基础设施、房地产、安装业务管理标准相关内容，启动《岗位管理标准》编制工作，与《企业管理标准》《项目管理标准》共同构成新的“三个标准”。

在“三个标准”的编制过程中，三局同步启动了项目管理信息系统的建设工作。该系统遵循“系统平台统一、数据结构统一、功能模块统一、关键业务流程统一”的原则，按照局《企业管理标准》和《项目管理标准》的要求，打造以项目业务管理为内容、成本管理为核心、项目管理流程为基础的集成化信息系统。

2015年6月，三局召开“互联网+”主题大会，开始把“互联网+”概念引入营销中，大数据构建价值矩阵，根据不同类别客户制定了有区别的开发策略，还通过强化增值服务、提升营销品质、延长服务链条等方式，有力提升了企业营销额。

2015 年 7 月，三局编制完成了《信息系统框架设计方案》，通过企业组织内部评审；8 月，完成“企业信息云服务平台”顶层设计，选定合作软件厂商，完成技术平台选型；内部专业咨询团队和研发团队基本就位，建立技术标准，完善平台建设和推广管理制度，逐步实现各系统间的数据集成。

到 2018 年，三局的“两化融合”已经基本实现了上下贯通、左右衔接、覆盖全面、流程清晰、简约高效的标准化体系，一体化的企业运营开放平台基本形成。在雄安新区的建设中，三局的智慧建造初显威力。但客观而言，三局的信息化之路还任重道远。

其一，三局的大数据库建设才刚刚起步。所谓“得数据者得天下”，建筑行业其实是一个最大的大数据行业，但是对于数据的录入、分析、计算、共享均没有形成体系。仅以一个工程项目为例，要实现精细化管理，会有海量的数据产生，包括工程设计参数、人工成本、质量标准、安全管控和投入、材料规格和价格、分包商和供应链条、支付和收入等。一些小型简单项目以传统的管理方式，是无法实现全过程精细化管理要求的，大型复杂的工程则差距更大。

其二，项目部对分包执行全过程精细掌控能力不足，等于是对数据的掌握能力不够，也就等于失掉了大量的管理权限，也失去了大块利润的处置权。

其三，三局的 BIM 技术运用虽然在广度上铺开，各项目基本都在实施，但在运用深度上远远不够。BIM 技术可将整个工程全生命周期的所有信息和数据创建成一个多维度结构化数据库，这样计算处理、共享和应用这些数据几乎可以实现实时化，项目全过程精细化管理的数据支撑得到保证。也就是说，需要多少材料、人工、质量、进度、成本、核算等核心数据均可以实时透明地反映出来，而且还可以与同类的项目进行类比。

其四，三局运用互联网进行项目管理还处于初级阶段，比如对项目全周期管理进行实时监控尚未达到全覆盖。

在进入新常态的中国经济环境下，在建筑业面临转型升级、面对即将到来的工业 4.0 浪潮和 5G 时代的重要关头，建筑企业更应当抓住这个机会，潜心抓好信息化建设，将项目精细化管理能力和企业集约化运营能力进行大大提升，这或许才是三局的长久之计。

而这一场互联网革命，将是等同于“鲁布革冲击”的又一次管理革命。三局以及整个行业做好准备了吗？

第四章

因势而变

势，潮流之所向也！势分为大势和小势。

大势者，时代潮流也。改革开放40多年是中国变化速度最快的40多年，从思想、政治、观念、科技和经济建设等各方面来说都是浩瀚如海、气势如虹！所谓顺势者昌，就是紧跟发展方向和趋势则生机勃发！

小势者，企业内部环境也。是员工心之所向，企业的管理模式和决策模式、经营行为准则等。所谓因势利导，是顺着事情发展的趋势，向有利于实现目标的方向加以引导。

第一节 战略之变

诺基亚手机从 1996 年开始连续 15 年占据全球第一的手机市场份额，其品牌几乎成为移动电话的同义词。诺基亚看起来几乎是不可撼动的商业巨无霸，然而乔布斯的苹果公司在 2007 年推出 iPhone 智能手机后，诺基亚的好日子似乎要结束了。诺基亚前 CEO 约玛·奥利拉在自己的回忆录《排除万难》中充满懊恼地写道："我们知道这个问题（主要指 iPhone 智能手机问题），但深层而言，我们无法接受正在发生的事。在眼光应当更加长远的时候，我们只是评估下一个季度的销量预期。"故事的结局大家都知道，诺基亚的手机业务后来被卖给了微软公司，几乎在市场上销声匿迹，而苹果公司则成为全球最挣钱的手机制造商。

诺基亚失败的主要原因表面上是对企业战略的误判，是对危机的准备不足，但更深层次的原因应当是没有踩对时代的节拍。他们对智能化时代的到来猝不及防。当醒悟过来时，他们曾经的市场高地已经被苹果手机、三星手机插满了胜利的小红旗。

管理大师彼得·德鲁克说：战略规划不是一种消除风险的企图，所承担的风险是应该承担的风险。

战略规划也不是预测未来，没有人可以预测未来。所谓有远见的战略规划其实是当前具有未来性的决策。

中国的改革开放正是在走一条前人没有走过的路，本无先例可循。因而，很多改革从一开始就是对现有体制、模式、思想和观念的挑战。改革开放40年的征程中，有多少企业和企业家沦为历史的烟尘，但仍然有许多企业成为时代的弄潮儿。时代进程就是一个巨大而无形的筛子，淘汰谁、留下谁皆非偶然，一切自有法则。

如果非要给这些成功的企业找到一个共通点的话，那只能是——因势而变！

1 危机常在

莎士比亚在其著名的戏剧《哈姆雷特》中这样写道：生存还是死亡，这是一个问题！

对于所有企业来说，这句话将是永恒的问题，无论你的企业多么如日中天、多么基业长青。

1987年，三局年产值仅2亿元左右，刚刚开始学习“鲁布革经验”，洪可柱曾随建设部学习组一起赴德国菲利普·霍尔兹曼公司学习了3个月。那时洪可柱感慨，三局落后了30年。作为一家著名的德国老牌国际工程公司，该公司的业务范围覆盖建筑工程的各个领域，在国际建筑工程界享有极高声誉。

然而，1999年11月21日，在21世纪即将到来的前夜，具有150年历史的德国菲利普·霍尔兹曼公司向法兰克福地方法院提出了破产申请。消息传来，立刻震动了整个德国社会和国际建筑工程界。

百年名企就这样轰然倒塌！这说明市场中根本就不存在什么常胜企业，许多商业巨无霸往往倒塌在一夜之间。据《中国经济网》数据统计，中国民营企业平均寿命仅为 3.7 年，中小企业平均寿命只有 2.5 年；而在美国与日本，中小企业的平均寿命分别为 8.2 年、12.5 年；中国大公司的平均寿命是 7~9 年，欧美大企业平均寿命则长达 40 年，日本大企业平均寿命有 58 年。在百年老店方面，中国的企业数量明显落后于发达国家。

造成企业倒闭的因素有许多，比如管理问题、技术问题、融资问题、外部环境问题等等。德国菲利普·霍尔兹曼公司的倒闭，主要是因为经营战略的决策失败以及整个德国经济环境的影响。

由于该公司在东西德统一后错误地估计了德国东部的房地产形势，而导致巨额亏损。后因债务危机公司已无法正常支付 28000 名员工的工资，并被迫放弃约 1200 个建筑项目。

作为一个业务遍布全球的百年名企，可以说他们身经百战、久享盛名，但一次战略失误却带来了可怕的后果。

企业成功的因素有许多，但是失败的理由有一条就足够了。或许长怀危机感才是让危机来得更迟一些的最好办法。

2001 年元旦刚过，已经在业内声名显赫的华为集团创始人任正非在其内刊《华为报》上突然发表了一篇《华为的冬天》，引起全国关注。任正非这样说：

公司所有员工是否考虑过，如果有一天，公司销售额下滑、利润下滑甚至会破产，我们怎么办？我们公司的太平时间太长了，在和平时期升的官太多了，这也许就是我们的灾难。泰坦尼克号也是在一片欢呼声中出的海。而且我相信，这一天一定会到来。面对这样的未来，我们怎样来处理，我们是不是思考过？我们好多员工盲目自豪，盲目乐观，如果想过的人太少，也许就快来临了。居安思危，不是危言耸听。

其实，他的公司2000年的销售额达220亿元，利润以29亿元位居全国电子百强首位。正是高歌猛进的好时节，任正非却突然发表这样的文章，让人深思。

据说在海尔集团张瑞敏的办公室就挂着一幅书法，上书“战战兢兢，如履薄冰”。他日日端视，如同面壁。

危机就如同发展的影子，两者从来都是相生相伴的，只见发展不见危机的企业是危险的；反之，眼中只有危机的企业也会畏葸不前、举步维艰。

细数三局的危机，各个时期均不尽相同。改革开放初期是“无米下锅”的生存之难，市场扩张之后又面临管理落后的变革之难，区域拓展之后又有力量摊薄后的管控之难，转型升级之后又有理念改变之难等等。另外，还有安全隐患、质量风险、商务风险等更是一直如影随形、常伴左右。

上海攀成德企业管理顾问公司董事长、业内资深专家李福和断言：“2018年，建筑业全行业进入改革深水区。”主要表现在EPC总承包模式破土而出，PPP模式一路狂奔又紧急刹车，建筑工业化正在兴起，国际化走向五湖四海。因此他说：“行业发展进入深水区是一种必然，深水区的建筑业也将发生深刻的变化。”

这样的变化必然迫使建筑企业走向转型升级之路，然后，转型必然导致风险，而且越是大企业，面临的风险也将越大。在当前形势下，风险主要表现在四个方面。

一是在行业迅速发展的阶段过去后，依靠规模增长掩盖问题的企业，经营将难以为继，正所谓“退潮之后，才会发现谁在裸泳”。

二是投资风险更大，PPP 模式给建筑业带来了前所未有的机遇，然而参与 PPP 的过程其实就是一个放大“杠杆”的过程。近几年，中建集团、中建三局都充分地利用了此机遇，也带来了较好的发展。然而这个“杠杆”一边通向天堂，另一边很可能通向地狱。

三是运营中的风险，主要包括市场不稳定（比如 PPP 模式的放开又收紧）、新业务前途不明朗（建筑产业化、其他新型业务的发展前景不确定）、国际化风险（前文已有叙述）、经营模式转换带来的风险等。

四是管理风险。新的发展模式、新的市场环境给企业的管理提出新的挑战，管理变革已经迫在眉睫。

当然，世上本没有“不难”的企业，所有的“难”都是前进路上的踏脚石和里程碑，要么跨过，要么倒下，绝无第三种选择。

正如尼采所说：“但凡不能杀死你的，最终都会使你强大！”因此，每一次危机都是企业强大的机会。

2 顺势则昌

管理学和经济学一直都在为探索企业成功的规律而忙碌，各类专家学说可谓汗牛充栋。然而，各类专家学者的研究都只是基于普遍的、一般的规律，而永远无法找到放之四海而皆准的企业发展标准化手册。

任何事业都是需要总结和借鉴的，既要埋头苦干，也需要抬头看路——“看路”就是认清形势、总结得失，这可以让企业少走一些弯路。

综观改革开放以来中国的成功企业，虽然成功的原因千差万别，经营的模式大不一样，但都因势而变！

何为势？据说海尔集团内部流传这样一个故事：海尔集团首席执行官张瑞敏在 2002 年 7 月举行的一次互动培训课程中，面对 70 多位中高层经理，首先提出了一个很像脑筋急转弯的问题："你们说，如何让石头在水上漂起来？"

"把石头掏空！"

张瑞敏摇头。

"把石头放在木板上！"

张瑞敏说："没有木板！"

"做一块假石头！"大家哄堂大笑。

张瑞敏说："石头是真的。"

此时，海尔集团副总裁喻子达顿悟："是速度！"

张瑞敏斩钉截铁地说："正确！"他接着说："《孙子兵法》上有这样一句话，'激水之疾，至于漂石者，势也'。"

势分为大势和小势。大势者，时代潮流也。试想改革开放的 40 多年不正是中国数千年文明史中变化速度最快的 40 多年？从思想、政治、观念、科技和经济建设等各方面来说都是浩瀚如海、气势如虹！所谓顺势者昌，就是紧跟发展方向和趋势则生机勃发！

改革开放之后，中国的经济活力得到前所未有的激发，经济增长速度在世界经济史上绝无仅有。仅以建筑为例，平均每年的增速为 20%~30%。这 40 多年间，中国地表以上的建筑新增加量，可能超过了中国过去 5000 年的总和。在这样的大好形势之下，三局的发展势在必行。

小势者，企业内部环境也。是员工心之所向，企业的管理模式和决策模式、经营行为准则等。所谓因势利导，是顺着事情发展的趋势，向有利于实现目标的方向加以引导。三局从三线建设到改革开放，一直秉承“建设祖国”的崇高使命，始终与国家发展同频共振，以“敢为天下先，永远争第一”的企业精神代代接续奋斗，这就是三局的小势。

大到一国，是大势。大势决定一个时代、造就一批英杰；小到一企，是小势。小势改变一个群体、成就一番事业。小势服从于大势，小势因大势而变。

在三局成立 50 周年座谈会上，孙文杰、李传芳、洪可柱、熊德荣等三局老兵都在强调一句话：三局的发展，得益于这个伟大的时代。这当然是切身之谈，也可以理解为三局的发展战略符合时代的发展规律、踩对了时代的节拍，当然也得益于一代代三局人的奋力拼搏、顺势而变。

3 多元之变

在三局诸多的“变革”中，三局人比较自豪地就是自己的“裂变”——即多元化之路。

三局的多元化之路，除了市场区域上的占据全国、走向海外，主要是企业业务的多元化发展之路。几乎所有的大型企业在发展到一定规模之后都会形成多元化经营，三局当然也不例外。

1985 年 12 月，深圳国贸大厦主体结构快完工之时，张恩沛看到了装饰行业的商机，于是成立了中建三局深圳装饰公司，后成为全国首批获得最高资质的装饰公司。他们很快就承接到一单订单：深圳京鹏大厦室内装饰工程。不久后又承担了深圳国贸大厦的室内装饰工程。再后来，装饰公司成为一家独立的专业化公司，此后又自我分裂出一家中建三局东方装饰公司，这两家公司成为中国建筑中的“装饰双雄”。2010 年 9 月，在中建总公司的专业化战略主导下，以此两家公司为主要班底的中建装饰集团成立。

在业内首屈一指的中建钢构，最初也只是从一个项目发展起来的。1995 年，三局承接到深圳地王大厦钢结构安装工程，等该工程完工后，这帮人马直接组建了中建三局深圳建升和钢结构建筑安装工程有限公司，2005 年后，该公司依托上海环球金融中心、北京央视新址大楼、香港环球贸易广场、武汉火车站等顶尖项目迎来了爆发式增长，一跃成为业内第一的钢结构集团。2008 年 9 月，中建总公司以该公司为基础，组建中建钢构有限公司，如今已经发展成为集研发、设计、制造、安装、检测业务于一体的大型专业化集团公司。

几乎就在深圳建升和钢结构公司成立的同时，三局以武汉世贸广场项目为依托组建了一家商品混凝土搅拌站，除了自用之外，富余生产量可对外销售。这一条创收新途径，让该公司一口气开了五个分站。到 2003 年，出于环保要求，国家商务部、建设部等四部委联合发布《关于限期禁止在城市城区现场搅拌混凝土的通知》，于是，商品混凝土的春天到来。2004 年，三局乘势而上，整合全局的混凝土业务，只用了四年时间就打造成为全国商品混凝土的十强企业——中建商砼。2008 年 8 月 18 日，中建总公司以此公司为班底，再次进行整合，成为年销售额达 10 亿元以上的全国最大的商砼专业化公司。2013 年，借壳西部建设上市，成为中国商品砼最大的上市企业，重组后的资产达 23.8 亿元，公司连续 3 年位列中国建材企业 20 强、中国混凝土行业前两强，市值突破 27 亿元。2017 年营业收入达到 149 亿元。

以上这三家后来在业内都是“独角兽”级别的专业化公司，最初都是以三局为母体培育并裂变出来的。此后，三局依托基础设施建设，于 2014

年成立了基础设施工程公司；依托投资业务，先后成立了房地产公司、投资发展公司、西部投资公司；为发展绿色建造业务，成立了绿色产业投资公司；基于工程机械行业产业链，成立了设备和料具租赁公司。这些公司皆生机勃勃，成为三局新的效益增长点。至此，三局已经从一个单一“建房子”的企业裂变成一个多元化的企业集团。

多元化使得三局的发展态势更为稳健，如果说三局是一株参天大树，那么这些多元化的公司就如同发达的根系深深地扎在泥土中，为大树源源不断地输送养分。

西方经济学中有一个“范围经济”的概念，指由厂商的范围而非规模带来的经济，即当同时生产两种产品的费用低于分别生产每种产品所需成本的总和时，这种状况下的经济就被称为“范围经济”。只要把两种或更多的产品合并在一起生产比分开生产的成本要低，就会存在范围经济。通常“范围经济”理论被用作企业多元化的理论基础。

企业多元化发展实质是企业开拓新的业务领域、培植新的竞争优势，但是有时候，多元化是伪装成馅饼的陷阱。比如国内比较著名的巨人集团、三九集团，都曾跌入多元化的陷阱中。

巨人集团曾以做电脑、电子产品起家，短短几年迅速崛起。在1993年电脑行业步入低谷时，全国兴起房地产和生物保健品热，为寻找新的产业支柱，巨人集团开始迈向多元化经营之路，进军保健品、药品和房地产业。其多元化是从电子行业跳入保健品和房地产行业，属于非相关多元化。巨人集团的创始人史玉柱一夜之间负债2.5亿元。

对比海尔集团，海尔在整个20世纪90年代中的多元化战略都是围绕自己在家电行业的核心竞争力来发展的，从单一的电冰箱到几乎所有的黑色家电、白色家电，这期间是海尔多元化最成功的“黄金年代”。而进入

1 | 2

3

1. 中建商砼成立大会

2008 年 8 月 18 日，中建商砼成立

2. 中建装饰集团揭牌成立

2010 年 9 月 27 日，中建装饰集团揭牌成立

3. 中建钢构成立大会

2008 年 9 月 26 日，中建钢构成立

21 世纪后，海尔进入了医药、物流、餐饮、物流等行业，这明显与他们的主业不再相关，海尔的多元化之路走得坎坷而艰难。

无数或成功或失败的案例告诉我们：多元化的成功率与主业相关程度成正比，相关程度越高，多元化就越成功，反之成功率就低。如果新老业务之间有着某种内在联系资源的共享性，那么就会产生相互促进的作用，这就是“协同效应”。“协同效应”的主要表现有市场的协同、管理的协同、技术的协同和生产的协同。

综观改革开放 40 多年来，三局裂变出的十多家非主业类公司，基本上都是与主业强相关多元化的公司，都是与建造业务相关的上下游产业或者外延行业，是在发展过程中一种顺势而为的自我裂变。比如钢结构、装饰装修、商品砼、房地产、基础设施类投资等均是如此。

经济进入新常态，各行各业都在叫着“转型升级”，然而，许多企业都理解成了“转行升级”。“转型”是指事物的结构形态、运转模型和人们观念的根本性转变过程。不同转型主体的状态及其与客观环境的适应程度，决定了转型内容和方向的多样性。转型是主动求新求变的过程，是一个创新的过程。一个企业的成功转型，应当是按照外部环境的变化，对企业的体制机制、运行模式和发展战略大范围地进行动态调整和创新，将旧的发展模式转变为符合当前时代要求的新模式。如果把“转型”理解成“转行”，那么就有可能落入“多元化陷阱”，转入其他陌生的行业不是不可以，但如果经营理念、运营模式、企业体制还停留在以前，那么“转行升级”就有可能是瞎折腾。比如 2014 年，房地产业的知名企业恒大集团转入饮用水行业，推出的“恒大冰泉”一年亏损 23 亿元。

三局的“十三五”规划中也提到了未来的发展方向，该规划在业务版块中明确了建造和投资两大方向，这就是三局的“两轮驱动”战略。

其中建造版块分为房建和基础设施，以及设计、安装、装饰、钢结构等。建造业务是立业之本，是企业影响力的重要体现，也是支撑企业转型升级的基础。建造业务继续坚持“三高”策略，同时大力推进绿色施工与总承包管理，通过科技、管理与服务创新构筑竞争优势，保持规模稳定增长，持续提升发展品质。

投资版块主要分为房地产、基础设施投资和城镇综合开发、股权投资和并购等。投资业务是企业转型升级的载体和驱动力，也是企业向产业链前端高价值区域拓展进而提升经济效益的重要途径。

三局“十三五”规划中还明确了新业务的发展方向为建筑工业化、地下空间、水务环保、建筑新材料、建筑机器人、建筑信息化、金融服务等。

应当说三局的转型升级目标是明确而务实的，且均与主业强相关。但是大部分只能算是“升级”而非“转型”，而且尚未有系统化的业务布局。比如水务环保和地下空间业务，实质上还是属于建造业务的纵向延伸；而装配式建筑业务，三局计划建成 13 个 PC 构件厂，这是向建造业务上游延伸的新业务领域，但是仍然面临行业竞争压力，已经建成的 PC 厂产能没有得到释放，布局上也只是呈点状，且未来发展前景并不明确。

三局将来的多元化之路应当如何走？以历史的经验教训来看，还是应当以强相关业务为主，大胆求证，小心进入。在建筑产业一体化、数字化、绿色化、工业化、集成化、智慧化的大趋势下，三局或许可以从新型建材的研发和生产、建筑智能机器人、建筑产业化以及相关产业的运营上寻找出路。

4 聚合之力

三局的第一个聚合是合并同类项，将同类东西做大。比如先在各大公司培育钢结构业务、商品混凝土业务、装饰业务，然后合并成专业化公司。

比如前文讲到的中建三局建升和钢结构公司就经历了多次整合。2005年，三局按照总公司“整合资源，做大做强钢结构业务”的要求，将三局二公司、四公司的钢结构资源整合到建升和公司，组成全新的“中建三局钢结构公司”。

整合之后的钢结构实力得到加强，恰好又迎来国内钢结构建设的高峰期，中建三局钢结构公司突飞猛进，先后在江苏、湖北等地建立起自己大型的专业钢结构制作工厂。

2008 年 9 月，中建总公司决定以三局钢结构业务为基础，组建中建钢构有限公司，中建总公司与中建三局各占股 50%，三局旗下的三局股份钢结构公司、中建钢结构有限公司（即三局在靖江设立的大型加工厂，后改名为中建钢构江苏有限公司）、中建三局钢结构工程有限公司（即三局金属结构厂）、一公司金属结构公司、一公司钢结构分公司均并入中建钢构。整合之后，中建钢构的实力加强。中建钢构在超高层钢结构、大跨度钢结构、复杂空间钢结构、高耸塔桅钢结构等领域，具有独特领先的技术优势。在今日中国建筑市场，中建钢构已是最著名的中国钢结构施工企业。

而中建商砼的发展与中建钢构类似。中建商砼，业内赫赫有名的商品混凝土公司，也是中建三局专业化道路上又一个典范。

在 20 世纪 90 年代，各大主力公司陆续建成了自己的混凝土搅拌站，但规模都较小，主要以支持自己的工地建设为主。2004 年 8 月，三局以总承包公司的五大混凝土供应站为主体，将所属一、二、三公司的各混凝土搅拌站整合在一起，统一归口管理，组建了中建三局商品混凝土公司，这是三局对混凝土业务的第一次大整合。

整合之后他们开始发力，产量由整合之初的 100 多万立方米，增长至 2008 年的近 300 万立方米，产值从 3 亿元增长至近 10 亿元，中建三局混凝土公司仅用 4 年时间就进入了中国商品混凝土行业十强。

2008 年 8 月 18 日，混凝土业务进行了第二次整合，注册资金 3 亿元，拥有预拌商品混凝土专业企业最高资质，具备 400 万立方米的年生产能力，年销售额已达 10 亿元。中建商砼正式成为中国建筑第一个挂牌成立的专业公司。

2013 年，中建商砼迎来了第三次整合重组机会，与中国建筑系统内所有混凝土业务进行整合，并通过整体注资上市企业西部建设，打造了全新的中建西部建设股份有限公司。2013 年 4 月，整合重组工作顺利完成，中国建筑打造了第一家独立上市的专业化公司和中国商品混凝土行业最大的上市企业。

同样，三局的装饰业务也有着与以上两家公司一样的精彩发展之路。经过数十年发展，几经整合，如今也是业内顶尖的装饰企业集团。

三局的第二个聚合是对区域力量进行整合。在改革开放初期，由于鼓励旗下各企业“走出去”，就出现了一、二、三公司及总承包公司各自派人同时进驻同一市场的情况。比如西安市场、北京市场、南方市场等，就在同一区域有多家公司进驻，这在早期会形成多点开花、多头出击的积极意义，但是随着竞争的加剧，问题也渐渐显现，主要有三个。

一是同门竞争加剧。在同一地区甚至同一项目竞标时，经常出现三局旗下的多家公司参与竞争；二是企业资源分散，难以形成合力和规模效应；三是分支机构过多，增加了管理成本。

基于以上种种问题，三局的决策层开始着手推进“区域化”。但要打破利益的藩篱、要理顺思想的脉络、要找准市场的时机，并非一朝一夕之事，三局的区域整合之路就如同一部精彩的电视连续剧。

三局按区域化要求，对各大公司在同一区域的业务进行聚集整合，先后成立了华东公司（2002 年 6 月成立）、南方公司（2004 年 4 月成立）、北京公司（2005 年 5 月成立）、成都公司（2009 年 7 月成立）、西北公司（2009 年 7 月成立）、东北公司（2012 年 2 月成立，2018 年重组进入中建铁路投资建设有限公司），这些区域性公司年产值均已过百亿元。

探索三局的区域化之路，各区域公司在战术上基本都是以点到面再连成片的发展脉络，即先以一个工程进入，用高品质履约赢得业主信任、以标准化现场和优质管理赢得地方主管部门认可，然后再努力打开当地市场，做大之后再以一城发展到一片区域。

在战略上，则是先抢占地方市场，成功布点，鼓励各主力公司做大，然后在适当时机整合区域力量。而且三局的几届领导班子均坚持区域战略的传承与创新，均坚持把区域做大做强的战略不动摇，他们都有着“功成不必在我，成事一定有我”的胸襟气魄。

三局区域化的成功还得益于一、二、三公司和总承包公司四大主力公司的支持与奉献，他们面对集团战略和整体利益时，均能做到“忍痛割爱”、牺牲“小我”，把最优质的资源和最精干的力量贡献出去，成为区域公司的“孵化器”。

区域化的成功实施，让资源的集合效应得以充分彰显，企业的管理链条得以缩短，综合实力得以不断增强，区域化成为企业的核心竞争力之一。与此同时，区域化之后，实行员工属地化管理，很多员工在当地置业安家，归属感不断增强，企业发展更加稳健。

如今六大区域就如同三局的 6 个战略根据地，已经成为三局持续健康发展的重要支撑，又如同三局的“一枝六花”，怒放在祖国的天南地北，无论花开先后，朵朵芬芳四溢。

三局的第三个聚合是对各类资源进行聚合，资源匹配更加优化，形成聚集效应。三局将旗下的建筑研究院、设计院和地下空间设计院的精英进行聚合，成立三局设计总院；将各大公司的技术精英聚集在一起，成立工程技术研究院；将全局的资金进行集中管理，进而形成强大的资金积累。

同时对人才进行聚集，三局信奉“事业都是人干出来的”理念，即使是在全国下岗潮期间，也坚持不主动让一个人下岗。三局对于人才“选、用、育、留”都有着严格的措施，选人用人坚持“凭德才、重经历、看业绩、听公论”原则。近年来，招收重点高校及传统建筑名校毕业生年均2000人以上，人才聚集效应明显，三局早早就实现了从劳动密集型企业向智力密集型企业的转型。“一大帮充满活力、有梦想、有才华的年轻人聚在一起总会干出一番事业来。”三局董事长、党委书记陈华元说。

无论是裂变还是聚变，都是因势而变、因市而变、因时而变。

张瑞敏说：“没有成功的企业，只有时代的企业。所谓的成功企业都是踏对了时代的节拍。”因此，在这个瞬息万变的时代，踏对时代的节拍是成功的必要条件之一。

5　战略接力

许多经济学家提出了诸如“细节决定成败”“战略决定成败”“执行决定成败”“价值观决定成败”等观念。细数之下，其实上述观点均有失偏颇，因为无论是细节、战略、执行力还是价值观等因素或许可以决定一个企业的“败”，但却无法单独决定一个企业的“成”。

《新鲁班》主编杨宝明提出企业成功四大要素分别是“价值观、战略、执行力、资源”。他认为这4个要素必须相互共同作用才能成就企业。他把企业比喻成一辆行驶中的汽车，那么价值观相当于驾驶员的交通规则意识，决定我们能走多远；战略相当于对方向盘的掌控，告诉我们方向在哪儿；执行力相当于发动机的马力，决定我们能走多快；而资源则是告诉我们油箱中还有多少油。

如果三局是一辆行驶中的汽车，一路蹚过山间小路、泥泞小道，也上过柏油马路，跑过高架桥，那么我们不妨将三局这一路行程的轨迹进行简单复盘。

三线建设时期，三局在首任党委书记、局长刘贤的带领下，千里挺进贵州；在三线建设末期，又是刘贤和岳洪林力主企业千里移师湖北。应当说这一时期的三局是典型的“国家队”，要说当时的企业战略，即坚持了“国家队”“建筑野战军”的建制和特质。

改革开放初期，在“等饭吃”向“找饭吃”的转变中，岳洪林、张恩沛率先在深圳、厦门等特区打开一片天地，并成功在天津、西北地区等市场打下“楔子”。这一时期的企业战略就是“走出去”，唤起全体三局人的市场意识。

到20世纪80年代末，以洪可柱为首的局领导班子率全局学习“鲁布革经验”，进行自我管理革命，开始了精细化管理的征程，并使企业战略更为全面和立体。在营销上，仍坚定“走出去”战略，制定了“沿海一片、京广一线、西安一点、北上西进”的市场策略。

到20世纪90年代中期，又提出了“打造智力密集型和劳务密集型相结合的企业集团”和“打造成中国建筑业改革发展的先驱者和探索者”的发展战略，还提出了组织结构集团化、产业结构多元化、国内外经营一体化、经营管理集约化的“四化”战略目标。

进入21世纪，首提“强化主业和区域化经营、专业化发展、实施资产重组建立母子公司集团体制”。2002年，三局又提出企业整体上市战略，虽然最终因总公司整体上市而终止，但对三局的资产优化和管理规范带来了极其深刻的影响。

2005年，熊德荣接任三局董事长，王祥明任总经理。三局提出了新的战略构想，核心为“五个三局”的建设：建效益三局，以健康发展谋求和谐；建创新三局，以改革进取促进和谐；建文明三局，以优秀文化引领和谐；建法治三局，以制度规范保障和谐；建人本三局，以员工发展主导和谐。同时，在发展战略上提出“1+6”版块的差异化发展之路。“1+6”即：建筑安装加钢结构制作安装、室内外装饰、商品混凝土生产、海外业务、房地产开发、基础设施。“1+6”版块是对以往发展规模的总结，更是对今后一段时间发展方向的明确。也正是“1+6”版块的提出，进一步做大做强了三大专业公司和房地产、基础设施版块。这为后来的“两轮驱动”打下了坚实基础。

2011年1月，以熊德荣为董事长、陈华元为总经理的领导班子科学研判形势，在“十二五”规划中再一次进行战略调整：坚持“两轮驱动”、打造“四最”企业。“两轮驱动”即建造和投资并进，将三局由一般性的房屋建筑商向高端化综合建筑商转变，由传统施工企业向建造与投资并重的综合性企业集团转变；“四最”即综合实力最强、发展质量最好、企业品牌最优、员工幸福指数最高。

2012年，接力棒传到陈华元、易文权的手中，局领导班子又与时俱进地提出以“七个并重”为统领的战略思想，“一最四强”的战略目标，以“建造+投资”两轮驱动为主线的战略路径。“七个并重”即：政治引领与作风建设并重、永续传承与锐意创新并重、企业转型与产业升级并重、国情意识与国际视野并重、规模提升与品质保障并重、争先精神与谦虚品格并重、企业进步与员工发展并重。“一最四强”即：成为中国建筑业最具价值创造力的现代企业集团，保持中建系统前两强、保持湖北百强企业前三强、达到 ENR 国际工程总承包一百强标准、达到世界企业五百强企业标准。

2015 年，三局成立 50 周年之际发布了“十三五”规划，提出了建设“五个企业”，即推动提质增效，着力打造卓越的建造企业；追求转型跨越，着力打造优秀的投资企业；坚定国际化理想，着力打造成熟的跨国企业；坚持创新发展，着力打造杰出的现代企业；强化党建引领，着力打造一流的文化企业。

2018 年 10 月 29 日至 10 月 30 日，三局召开第六次党代会，会上陈华元指出：未来三局要成为“最具价值创造力的世界一流投资建设集团”。这是他们新的战略目标。

最具价值创造力指为客户、股东、员工、合作伙伴、社会等利益相关者创造最优价值能力，体现为资本收益、资产增值位居国际同类企业前列，成长性、营利性、协同性和可持续发展最好。

世界一流投资建设集团指在经营绩效、跨国指数、公司治理、创新能力、人才团队和品牌价值方面具有全面领先的竞争优势，能为客户提供规划设计、投资开发、高端建造、运营管理全产业链服务，成为全球性的现代化投资建设集团。

没有对市场有丝毫抱怨，没有对未来好高骛远，每次都能审时度势，每一次都直面困难，每一次均拼尽全力。今天的成绩是昨天打下的基础，今天的努力正成为明天的基础。企业的发展本就是一场有始无终的接力赛，一代又一代三局人接力奋进，企业战略是一根必须紧握在手中的接力棒，这是方向所指，这是目标所在。

复盘三局的战略之变，每一时期均不相同，这是因为“势”变化了，如果企业真的如同永不停歇的前进的汽车，那么“势”就是一条永无尽头的路！

第二节　体制之变

在国企所有的变革中，可能体制改革是最难推动的。

因为“体制”就是组织本身，就是企业的管理者自己，就是“对改革者进行改革”。体制改革必然触及对利益的再分配、对组织的再组织。中国历史上的改革者一旦向纵深推进时就会困难重重，商鞅变法在向深水区推进时触及权贵利益，故被秦惠王下令处死。

明代万历年间的首辅大臣张居正就是著名的改革派，他指出当时朝政存在五大积弊：宗室骄恣、庶官瘝旷、吏治因循、边备未修、财用大匮。条条直指当权者，包括他的老师大学士徐阶。张居正针对上述存在的问题，进行全面改革，但是改革必然会触及官僚、缙绅和既得利益者的利益，因此很自然地遭遇到强烈对抗。万历十年（1582 年），张居正积劳成疾，迅即病死，反对派立即群起攻讦。张居正成了改革的牺牲品，家产被抄没，亲人多死于非命。他的改革就像一道光在明朝走向沉暮的历程中一闪即逝，却并不能遏止明朝衰落的步履。

随着时代的发展，中国的改革逐步进入深水区。所谓深水区有着多层含义，既指改革向更为艰难而未知的深处推进，也意味着利益冲突的复杂性和多元化。

改革进入深水区，既是挑战也是机遇，国企体制改革的难点、堵点和痛点，实际上也是改革的切入点。

1 谁来负责？

在国企的变革中，领导体制变革是核心和关键。三局作为大型央企，在领导体制变革中自然不可避免地被打上时代的烙印。

其实早在 1956 年 9 月，《中国共产党中央委员会向第八次全国代表大会的政治报告》指出：“在企业中，应当建立以党为核心的集体领导和个人负责相结合的领导制度。凡是重大的问题都应当经过集体讨论和共同决定，凡是日常的工作都应当由专人分工负责。”这是党的正式文件第一次明确规定国营工业企业实行党的集体领导和个人负责相结合的制度。

1961 年通过的《国营工业企业工作条例（草案）》又进一步指出：“在国营工业企业中，实行党委领导下的行政管理上的厂长负责制，这是我国企业管理的根本制度。”这些规定，对于坚持党在企业的领导核心地位和发挥企业领导者的积极性起了指导性的作用。

在改革开放之前，三局在西南山区参与三线建设时，基本上施行的是以党代政的企业管理体制，此时党委书记兼任局长。这种体制在三线建设的艰苦卓绝环境下还是比较合适的，起到了“红旗不倒”“凝聚如铁”的作用。但是“文化大革命”10 年间，革命委员会取代党的组织领导企业，影响了企业党组织作用的发挥。

1983年，时任中建三局临时党委书记岳洪林在中建三局第一次党代会上讲话

三局迁到湖北不久，“文革”结束，企业党组织恢复了对企业的领导，此间三局首任局长刘贤被调离三局，岳洪林以临时党委书记的身份成为三局最高领导。

1983年4月1日颁布实施的《国营工业企业暂行条例》第四条对国企领导制度做出明确规定，实行党委领导下的厂长（经理）负责制。企业实行党委领导下的职工代表大会制。企业在生产经营活动中实行党委集体领导、职工民主管理、厂长行政指挥的根本原则。

1983年，张恩沛任三局局长，成为三局的一把手。此时三局正处于按市场规则开拓深圳市场的关键时期，也是中国从计划经济向市场经济转换的关键时期。

但是，在日常管理中，企业党委对生产行政工作的统一领导和厂长对生产行政的全面负责之间，事实上难以做到权力与责任的有机统一：党委领导而不负责，厂长负责而不领导。企业容易回到无人负责、无权负责的状态。

1983—1984 年实行利税改革后，国企不再向国家上缴利润，而是向国家上缴税款，在税务关系上承认了国企与民营企业、外资企业一样，都是市场的主体。这为进一步实现政企分开、扩大企业经营自主权奠定了法理基础。在这个基础上，企业的法人主体地位得以确立，现代企业制度逐步建立起来。

为了适应经济体制改革的需要，1984 年 10 月，党的十二届三中全会通过的《中共中央关于经济体制改革的决定》提出要在全国工业系统内广泛实施厂长（经理）负责制。

1986 年，《中华人民共和国民法通则》颁布，正式以法律的形式确认全民所有制企业的法人资格。政策和法律的出台，给厂长（经理）扩大生产经营自主权提供了很大的空间。

厂长（经理）负责制是国企体制改革最重要的一个环节，要解决的是企业的政治身份向市场身份的转变问题。比如过去一些厂长或经理总是把自己等同于政府的处长或者科长，也总是以“政府官员”的角度考虑问题，而不是以“企业管理者”的身份去管理企业。

厂长（经理）负责制，就是要求他们要对自己所管理的企业负责。明确市场化身份定位之后，就要从运作机制上把企业的计划性职能逐步向市场化转变，使企业从政治意识安排向经济意识安排过渡，是一破一立的过程。

三局于 1987 年 1 月推出了《经理（厂长）工作条例》，这是三局第一次对下属分支机构的负责人进行明确的职责、权利和义务的划分。

经理（厂长）负责制的全面推行，对三局克服企业党组织包揽一切、党政职责不明、生产行政多头领导或无人负责现象收效明显。但同时也出现了一些新的问题，主要是企业党组织的保证监督作用，还未从理论原则上升为具体的制度规范，缺乏可操作性，造成实际运行中企业的厂长（经理）“说了算”，党组织监督作用受到一定程度的削弱。

1986年，洪可柱任局长后对局总部进行了一系列的改革，其中最主要的一个措施是实行总部部门负责人公开竞选，推行聘用制，彻底打破了以往的“铁椅子”。最核心的是将总部由行政性总部变成“行政性+经营性”总部。洪可柱在回忆录中说：“尽管过程痛苦，但是通过脱胎换骨的改造，局总部就名副其实成为推动、领导全局向前发展的中坚。”局总部不再是一个行政中心，而成为战略制定、市场营销、工程管理和技术革新的中心。其后，下级机关也进行了一系列类似的改革。三局各级领导开始以市场为导向，以管理为重点，得以轻装上战场，于是活力勃发。

但是，当国企以生产经营为中心工作之后，一些企业出现了党的工作被淡化弱化、党组织建设滞后、党组织的保证监督作用难以落实的现象。针对这一情况，1989年7月，中央发文明确规定“所有基层党组织包括企业党组织是基层单位的政治核心”。企业党组织要起着监督和保证作用，然而事实上，这种作用有限。

那么国企到底谁来负责？有一些管理专家、经济学家用国外的一些成功企业作为案例，甚至提出一种观点：许多国外的优秀企业并没有党组织，但是都运营很好，所以要想建立现代企业制度，企业就应当取消党组织。

针对这种思潮，中央于1997年发布了《中共中央关于进一步加强和改进国有企业党的建设工作的通知》，提出：增强搞好国有企业党建工作的责任心和紧迫感；坚持党对国有企业的政治领导，充分发挥国有企业党组织的政治核心作用；改进国企党组织的工作方法和活动方式，增强凝聚力和战斗力；各级地方党委和有关部门党组要加强对国有企业党建工作的领导和指导等。这些要求为加强国有企业党的建设工作提供了原则性指导。次年 7 月，中组部下发《中共中央组织部关于在深化国有企业改革中党组织设置和领导关系等有关问题的通知》，要求企业党组织的设置和调整要与企业改组、改制同步进行。1999 年 9 月 22 日，党的十五届四中全会专门作了《中共中央关于国有企业改革和发展若干重大问题的决定》，提出要坚持“全心全意依靠工人阶级，发挥企业党组织的政治核心作用”的方针，积极探索建立国有资产的监管制度。9 月 29 日，中央又发出《中共中央关于加强和改进思想政治工作的若干意见》，强调指出：国有企业和国有控股企业的党组织要切实发挥政治核心作用，加强对思想政治工作的领导，充分依靠工会、共青团以及职工代表大会进行思想政治教育。

可以说，中国的国企领导体制变革一直都是在摸索中前行，在变革中完善。

随着现代企业制度和社会主义市场经济体制的初步建立，党对国企党建体制机制的要求也越来越明确。2003 年 10 月，党的十六届三中全会通过的《中共中央关于完善社会主义市场经济体制若干问题的决定》提出：按照现代企业制度要求，规范公司股东会、董事会、监事会和经营管理者的权责，完善企业领导人员的聘任制度。股东会决定董事会和监事会成员，董事会选择经营管理者，经营管理者行使用人权，并形成权力机构、决策机构、监督机构和经营管理者之间的制衡机制。

然而，在国企有一个长期存在的事实是：由于党建工作不直接创造经济效益，有些国企的党务工作者不受重视，往往被迫安于现状，难有大的作为，甚至“说起来重要，做起来次要，忙起来不要”。部分国企基层党组织形同虚设，长期不开展党组织活动。在有些国企中，除了交党费，普通党员感觉不到党组织的存在；除了自上而下的“规定动作”，群众也不知道党在干什么。国企党建存在的这些问题，严重削弱了党对国企的领导作用。

这些问题引起了中央的高度重视，并提出一系列有针对性的指示意见。

党的十六届四中全会审议通过的《中共中央关于加强党的执政能力建设的决定》就国企党建问题指出：“国有企业党组织要适应建立现代企业制度的要求，完善工作机制，充分发挥政治核心作用。”2004年中组部、国务院国资委联合下发《关于加强和改进中央企业党建工作的意见》，针对国企党建环境和条件的改变，对央企党建工作提出了更高的要求。《意见》是对国企党建工作和现代企业制度相结合的有效探索，对加强和改进中央企业党建工作、推进党的建设新的伟大工程起了重要作用。

也就是说，建立现代的企业制度与全面加强党的领导并不矛盾。2005年，三局作为中建系统的试点单位率先进行了国有独资企业董事会制度改革，企业的最高领导不再是局长或党委书记，而是企业董事会的集体意志体现。企业董事长与党委书记由一人兼任——这其实就是企业党政“一肩挑”。

2013年8月，三局按中央要求全面落实“党政一肩挑”，把加强党的领导与完善公司治理结构统一起来，完善双向进入、交叉任职的领导体制，全面推行党委书记和董事长一人担任，健全党组织议事决策机制，落实党组织研究讨论是董事会和经理层的决策重大问题的前置。

为什么要推行“一肩挑”？是因为在一些国企出现了党的领导和党的建设弱化、淡化、虚化、边缘化的“四个化”问题。究其根源，在于有的企业只抓生产经营，忽视、淡化党建工作。其中，不少国企党委（党组）书记、董事长分开设立，导致党建工作与中心工作“两张皮”现象，党的领导和公司治理难以有机融合，也是导致“四个化”问题产生的重要原因。加强和改进国企党的建设，必须对原有不利于党建工作开展的组织架构进行调整。正是在这一背景下，党委（党组）书记、董事长“一肩挑”成为国企强化党建工作的一项重要内容。

在国企推行党委（党组）书记、董事长“一肩挑”，既是落实全国国企党建工作会议精神的需要，也是解决国企党建“四个化”问题的有效举措。国企党组织发挥领导核心和政治核心作用，在于把方向、管大局、保落实。“一肩挑”不仅仅是“一把手”身份和头衔的变化，更意味着责任和担当，要对企业党建工作负总责，做到既“挂帅”，又“出征”。现实中，该如何确保党委（党组）书记、董事长履职尽责，避免“一任了事”“一转了之”？

三局对此进行了积极的思考和探索，建章立制，倒逼责任落实。以制度建设夯实基础。制定工程局和分支机构决策议事实施细则，进一步保障决策议事民主化、科学化、高效化。同时，全局各分支机构也陆续开始执行“一肩挑”，到 2014 年，旗下各公司、区域公司、专业公司，以及分公司到项目部全部推行新领导体制。

2016 年 10 月 10–11 日，全国国有企业党的建设工作会议召开，根据习近平总书记的讲话，党建工作是国有企业的“根”和“魂”。党的十九大更明确提出“坚持党对一切工作的领导”，并把“党政军民学，东西南北中，党是领导一切的”写入党章。这是对以往国有企业到底谁来负责的一次正本清源的根本性总结。

50 多年的发展实践，我们得出这样一条铁律：只有始终坚持党的领导、加强党的建设，沿着党中央指引的方向前进，落实全面从严治党各项要求，真正把党建政治优势转化为竞争优势、发展优势，企业各项工作才能稳步前行，企业才会蒸蒸日上。

应当说，中国的国企体制改革还在路上，只要企业还在运营，企业的体制改革就永远在路上，因为内外部形势一直在变。因此对企业而言，也就没有所谓“标准体制”，实际上，禁锢我们的不是所谓的体制问题，而是思想上的藩篱。

2 决策之变

与领导体制变革相对应的是企业的决策机制之变，什么样的企业领导体制决定了什么样的决策机制。

所谓决策，简单地说就是企业的战略以及重大经济活动由谁说了算。

与民营企业不同的是，国企的决策可能掺杂了更多的政治因素、体制因素。

三线建设早期，企业行为由企业党组织来决定。“文革”开始之后，由企业“革委会”说了算。在进行厂长（经理）制改革后，由企业厂长（经理）来拍板。

改革开放40多年来，国企的决策机制改革就一直没有停过。从中央到地方、从学界到企业，一直都在进行各种各样的试点。

从1978年党的十一届三中全会开始，我国国企改革先后经历了放权让利、实施承包制、转换企业经营机制等阶段；1992年党的十四大提出，我国经济体制改革的方向是建立社会主义市场经济体制；1993年党的十四届三中全会提出，我国国有企业改革的目标是建立现代企业制度。从此，我国国有企业改革进入了建立现代企业制度的新阶段，此次进行的国有独资公司董事会试点工作是建立与完善现代企业制度的继续。

1994年，国务院决定选择100家国有大中型企业进行试点。之后，在国家经贸委的领导下，按照“产权清晰，权责明确，政企分开，管理科学”的基本要求，开始积极地推进现代企业制度试点工作。到2000年，大多数国有大中型骨干企业初步建立起现代企业制度。因此，可以说当时的国企改革、现代企业制度试点等工作为目前的国企进一步改革提供了坚实的物质和制度基础。

2004年2月，国资委决定选择部分中央企业进行建立和完善国有独资公司董事会试点工作。2004年6月，国务院国资委下发《关于中央企业建立和完善国有独资公司董事会试点工作的通知》，中央企业董事会试点工作正式拉开序幕。

尽管现代企业制度的试点工作取得了很大成绩，但仍然存在着一些问题有待解决。一方面，还有一批国企特别是大型国有独资企业仍然没有按照《公司法》实施改制，这些国有独资企业多是按照《企业法》设立的，更没有建立董事会；另一方面，按照《公司法》设立的国有独资公司，也没有建立起权力机构、决策机构、监督机构和经营管理者之间的制衡机制，主要表现就是董事会成员与经理人员的高度重合，企业的决策权与执行权高度统一，董事会没有发挥出应有的作用。因此，增强国企特别是大型国有独资企业的竞争力，现代企业制度的改革必须进一步继续深入下去，对大型国企进行公司制改造，进而建立并完善公司权力机构、决策机构、监督机构和经营层之间的制衡机制，就成为下一步国企改革的重点工作。

在20世纪90年代也有一批国有独资企业按《公司法》注册，建立了董事会。然而，这些企业大都是董事长、总经理为一个人，董事会和经理层成员高度重合，因此董事会的作用被弱化，董事会实际上被内部人控制，董事会制度实际上是缺失的。

还有一种情况是，体制转轨后的企业，董事长和总经理都由以前的厂长一人兼任，董事会的成员也几乎是原企业的高管人员。因此，董事长依然完全掌握国有独资公司的控制权，董事长在企业中的地位并未发生实质性的变化。这种一人垄断决策的模式有很大的弊端，容易造成董事长大权独揽，一旦决策失误，后果不堪设想。这样的例子在国企中有太多。

三局在此之前的领导与决策机构叫“局领导班子”，一般来说三局的主要决策就是他们开会议定，带有浓重的“行政”意味。随着 2002 年开始的持续 3 年的股市逐梦步伐，三局按照《公司法》要求进行了自我演进，已经初步完成了现代企业制度的改革。但是，体制上与国资委的要求还相去甚远。

那么，什么是国有独资企业呢？是指企业全部资产归国家所有，国家

中建三局建设工程股份有限公司创立大会

依照所有权和经营权分离的原则授予企业经营管理权，国有独资企业依法取得法人资格，实行自主经营、自负盈亏、独立核算，以国家授予其经营管理的财产承担民事责任。中建三局是中国建筑旗下的全资子公司，因此是典型的国有独资企业。

2005 年 2 月 25 日，孙文杰率总公司有关部门领导来到三局召开推行国有独资企业董事会制度会议。此次大会之后，有一个最为显著的改变是“局长”一词悄然消失，取而代之的是“董事长”。当然，这都是表面的变化。更大的实质是：企业的决策、运营、议事、监督都更为科学化。

“国有独资企业董事会制度”改革进程中的一个重要事件，是国企领导体制的改革。孙文杰在三局推进大会的讲话中说：“推进这项制度，一是为了解决企业领导体制中存在党、政‘两张皮’的问题，使出资人、董事会、经理层、监事会各司其职，以建立健全责权统一、运转协调、有效制衡的法人治理结构；二是要将总公司对下属国有独资企业履行出资人职责的重点放在对企业董事会和监事会的管理上，实现出资人的职责到位，以确保企业依法享有经营自主权；三是促进企业加快重组，为股份制法人治理结构奠定基础、创造条件。”

同时，在企业决策过程中，企业党组织发挥着决定性作用。三局有一个“三会制度”，简单地说就是：党委会定方向、职代会定目标、工作会强执行。年初三局召开党委全体（扩大）会议，主要是统一思想、达成共识；接着召开职工代表大会，以法定形式对全局工作作出决议，使党委的决定成为全体员工的意志；最后召开工作会，具体安排落实当年工作。这样的“三会”制度，既体现了党组织“理清思路谋发展”的作用，又实现了“核心”与“中心”的融合。

实施国有独资企业董事会制度对三局影响深远，这使得决策机制更为科学合理。三局前董事长、党委书记熊德荣是三局进行国有独资企业董事会制度改革后第一任董事长，他曾颇有感触地说："以前领导班子开会，一项决议即使是多数人反对，局长也可拍板。但是进行董事会制度改革之后，即使是少数人反对，我也要仔细考虑一下了。"

三局构建了党委常委会、董事会日常决策平台，按照"制度是根本，人和是保证""既讲究程序，又注重效率"的原则，三局党委制定了《"三重一大"决策制度实施办法》《党委常委会议事规则》《董事长常务会议事规则》和《局总部决策制度相关配套规定》等系列决策制度，企业"三重一大"、战略规划等重大问题，都要事先通过党委常委会审议，再提交相关决策平台，从而为党组织发挥政治核心作用、履行保证监督职能、参与重大问题决策奠定了基础。

企业决策机制的合理化、科学化决定了企业发展的合理化与科学化。

第三节 人文之变

人文就是人类文化中的先进部分和核心部分，集中体现在重视人、尊重人、关心人、爱护人。简而言之，人文，即重视人的文化。人文，是一个动态的概念。《辞海》中这样写道：“人文指人类社会的各种文化现象。”文化是人类或者一个民族、一群人共同具有的符号、价值观及其规范。符号是文化的基础，价值观是文化的核心，而规范包括习惯规范、道德规范和法律规范，是文化的主要内容。

企业经营活动是现代人类最基本的社会活动，这种在改造客观世界的同时也在改造主观世界的企业生产经营活动，须臾不能离开人的经营决策的理性思考。因此，企业生产价值链的每一个环节都充盈着人们的哲学智慧和观念创新。所以，企业发展到一定规模之后，不再只是管理和经济问题，而是社会问题和哲学问题。

所有企业都由人组成、为人服务。因此，也可以说企业的所有活动和发展，归根到底都是人事和文化之变。

简单地说，企业中的人文，就是指人事和文化。

1 文化嬗变

在历时十多年的三线建设中，数百万建设者齐心协力、艰苦奋斗，取得了巨大成就，初步建成我国的战略后方基地。在三线建设过程中，形成了独特的“自力更生、艰苦奋斗、大力协同、无私奉献”的三线精神和价值追求，铸就了三局企业文化的“红色基因”。

普通的企业经营机会，优秀的企业经营管理，卓越的企业经营文化，因此，企业文化建设的重要性不言而喻。就建筑行业来说，同质化竞争的情况更为明显，如果没有一种个性化的、符合发展的文化内核、精神支柱，企业就很可能在千军万马过独木桥时被挤掉队。

所以，当今时代，技术可以学习，管理可以复制，唯有企业文化是不可复制的“二维码”。

三局的企业文化嬗变主要经历了 5 个阶段，与企业发展的 5 个阶段高度契合。每一个阶段，都有一些值得铭记的经典故事，仿佛一颗颗珍珠，而争先精神，则是一根隐形的丝线，将这一颗颗珍珠穿起来，构成了闪耀夺目的三局发展史。

第一个阶段，企业初创孕育了争先文化。在新中国波澜壮阔的社会主义建设热潮中，先期成立的三局各成员企业，轰轰烈烈地参加了国家“一五”规划和“二五”规划中诸多重点工程的建设。

1965 年 7 月，三局在四川渡口（今攀枝花市）成立，其后 10 年间，转战云贵川、建设“大三线”，历经艰辛，建成攀枝花钢铁厂、贵州 011 基地等重点工程 153 项，为新中国工业化起步和国防事业发展立下了不朽功勋。1975 年，三局奉命移师湖北，生产方式从单一生产型向生产经营型调整，工程项目从工业到工业与民用并举、从多层向高层转变；1978 年，首次实现盈利且超过100万元；20世纪80年代初，建造湖北首座高层建筑——武汉晴川饭店，成为荆楚大地的一支施工劲旅。

这一时期，作为建筑行业的“国家队”，三局广大员工共同坚守听从指挥、拼搏奉献的坚定信念，发扬自力更生、艰苦创业的光荣传统，传承湖北武汉勇立潮头、先声夺人、推陈出新的首创精神。这些元素，成为争先文化的发展源头。

第二个阶段，出征特区催生了争先文化。1982年，伴随着改革开放的春风，三局率先从湖北出征深圳，毅然放弃预期收益丰厚的港资工程，果敢角逐当时华夏第一高楼——深圳国际贸易中心大厦并一举中标。施工中，在国内首次采用“大面积内外筒同步液压滑模施工技术”，并在连续3次试滑均遭失败的巨大压力下，不言放弃、破难而进，终于在第四次获得成功。随后，三局创造了三天一层楼的“深圳速度”，将中国建筑业从一般高层推向超高层建筑的新水平，“深圳速度”由此成为中国改革开放迅猛发展的代名词。在工程建设中培育出的以“团结、拼搏、争先”为核心内容的“国贸精神”，成为争先文化的重要因子。

以此为发端，三局明确提出“开拓争先，主攻高、大、新、尖工程”和“立足湖北、面向全国、发展特区、开拓海外”的经营方针，全面走向市场竞争大舞台。此后，相继承建当时亚洲第一高塔——辽宁广播电视塔、中国第一座超高层钢结构大厦——深圳发展中心等一大批行业瞩目的工程。1985年，企业营业收入首次突破2亿元，利润突破千万元。

这一时期，“争先”成为企业开拓市场的导向，它与在工程建设中所展现出来的敢想敢干、敢拼敢赢的开拓精神，不怕困难、不畏艰险的创业精神，为国争光、为工人阶级争气的主人翁精神，共同形成了争先文化的雏形。

2013 年，《中建信条·争先文化手册》发布，中建三局董事长、党委书记陈华元向局属单位负责人发放手册

第三个阶段，管理变革丰富了争先文化。1987 年，三局在全国首先学习“鲁布革经验”，率先推行项目法施工，企业迈入全方位变革发展的新时期；1992 年，国家建设部在全行业推广中建三局以“标价分离、过程精品、CI 形象”三位一体为核心内容的“珠海经验”，促进了中国建筑业的进步。

生产关系的变革，推动了企业快速发展。三局先后跻身全国首批工程承包一级资质和房屋建筑工程施工总承包特级资质企业；相继承建了天津广播电视塔、上海正大广场、巴基斯坦贾姆肖罗电厂等标志性工程；在时为亚洲第一高楼的深圳地王商业中心钢结构施工中，创造了两天半一个结构层的“新深圳速度”，将中国建筑业从一般超高层推向可与世界摩天大楼相媲美的领先水平。企业营业收入由 1987 年的 2.4 亿元，快速增长到 2004 年的 112 亿元，首次突破百亿元大关。

这一时期，争先文化继续在推进思想解放、市场开拓、技术创新等方面提供精神动力，自身也得到丰富和发展，形成了“开拓、争先、奉献、求实”的企业精神，并在发展实践中增添了“敢为天下先，永远争第一”的内涵。

第四个阶段，跨越发展凝聚了争先文化。2005 年以来，三局在中建系统率先实施国有独资企业董事会制度，发布全面管理体系文件，推行项目管理实施手册，成为首个行业全覆盖的房建总承包新特级资质企业，开创了持续跨越发展的新阶段。先后承建了上海环球金融中心、中央电视台新址大楼、香港环球贸易广场等一大批高端项目。与此同时，以建造为立业之本，以投资为强企之道，实现了百亿元规模“多级跳”，营业收入在 2006 年突破 200 亿元，2008 年突破 300 亿元，2011 年突破 700 亿元。

这一时期，争先文化通过全员参与、系统提炼，完成了由原生态文化向自觉形态文化的过渡。2008 年，以“敢为天下先，永远争第一”为核心的争先文化，首次形成完整的书面表述，构建起由核心理念、主体理念、支撑理念和执行理念组成的文化体系。在争先文化的引领下，三局各成员企业大力建设特色文化，为争先文化提供了源源不断的营养，为企业改革发展注入了强劲的动力。

第五个阶段，逐梦致远升华了争先文化。2012 年，中国建筑发布《中建信条》，中建集团主要领导寄语三局要“全面争当中国建筑排头兵”。三局人激情奋进、争先有为，从 2013 年到 2018 年，营业收入从 1000 亿元跃升至 2000 亿元，成为湖北省首家营业收入过 2000 亿元的建筑企业，提前实现三局第五次党代会提出的“四强”目标。

进入新时代，三局高举习近平新时代中国特色社会主义思想伟大旗帜，放眼世界，面向未来，确立了打造最具价值创造力的世界一流投资建设集团的战略目标。加速推进“三个转型”，高端建造巩固优势，投资转型成绩斐然，海外业务快速成长，北京“中国尊”、深圳国际会展中心、宜昌伍家岗长江大桥、成都地铁 6 号线三期、巴基斯坦 PKM 项目、阿尔及利亚大清真寺等一大批海内外重点工程成为企业新名片。率先投身雄安新区建设，高标准建成“雄安第一标”——雄安市民服务中心；聚力“二次南下”，积极参与粤港澳大湾区建设，开启对高质量发展的全新探索。

这一时期，争先文化与中建信条实现无缝衔接，共同构建起由“拓展幸福空间”的企业使命、“成为最具国际竞争力的投资建设集团”的企业愿景、“品质保障、价值创造”的核心价值观、“诚信、创新、超越、共赢”的企业精神、“敢为天下先，永远争第一”的企业品格为核心理念，坚持“七个并重”、打造“世界一流”、实施“三个转型”、推进“六个全面”为企业战略以及相关执行理念组成的文化体系。同时，不断丰富争先文化内涵，将争先文化的精髓集中体现为“开放、包容、谦虚、务实”的企业特征，升华为“豪气、锐气、灵气”的员工气质，转化为“担责、担难、担险”的担当作为，为企业高质量发展提供不竭的精神动力。

三局 50 余年的历史，其中三线建设 10 多年，改革开放 40 多年。三局的企业文化经历多次嬗变，渐渐丰满，企业与企业文化的关系就是身体和灵魂的关系，身体健康，灵魂得以丰满；反之，灵魂的丰满促进了身体健康。前者为体，后者为用。灵魂的丰满，是中建三局发展壮大的不竭动力。

2 第一资源

18 世纪英国经济学家亚当·斯密在《国富论》中明确地把工人技能的增长视为社会经济进步和经济福利增长的源泉。他说：“在社会的固定资本中，可提供收入或利润的项目，除了物质资本外，还包括社会上一切人的有用才能。”

19 世纪末，英国经济学家马歇尔在《经济学原理》一书中说：“所有的投资中，最有价值的是对人本身的投资。”

此后，“人力资源是第一资源”成为公论深入人心。

1992 年初，徐州袜厂率先提出“破三铁”。“三铁”指的是中国多年来由于劳动用工制度的计划化和固定化形成的“铁饭碗”，由于工资分配制度的统一化和刚性化形成的“铁工资”，由于企业人事制度的资历化和终身化形成的“铁交椅”。开始是“破”，后来发展到“砸”，提出要以铁手腕、铁面孔、铁心肠去砸。

三局三公司在此期间也在其下属的机运站进行了一次试点，当时机运站有十几辆货车和十多名司机，由于长期任务不足处于待工状态。于是公司采用“分车承包”的方式，即每名司机承包一辆货车，按月上交，跑多少得多少。最开始大家也基本认可，但是几个月下来，司机们发现货运量仍然不足，收入还不如以前，每天还要忧心上交。于是这些司机不干了，集体到局总部上访。最终此次“砸三铁”不了了之，卖掉货车，机运站撤销，司机被分流到其他单位和项目。司机们对接待他们的局领导说：“凭什么只砸我们的铁饭碗，不砸你们的？”

这件事让三局决策层认识到，“砸三铁”恐怕真的不能简单对待之。这些被“砸”的司机反问得好，“砸三铁”的举动在当时是对“铁板”固化的人事及用工制度的一种有力反抗和突破，是具有积极意义的。“砸”本身并没有错，只是“砸”的对象和方式错了。机运站运营不好，并不是因为司机们开不好车，而是市场环境的变化和公司运营决策的失误造成的，不能把运营亏损的板子打在处于最基层的司机身上。

改革要进行，员工要稳定，怎么办？1994年，三局制定了《岗位技能工资标准异动暂行办法》。按企业内部承包经营的主要经济技术指标和各项上缴费、利，全员劳动生产率较上年提高幅度以及人均效益，超额完成《企业内部承包经营责任状》的主要经济指标等情况来确定岗位工资标准的提高或下浮。这个办法是针对全局员工的一次分配大调整，因为项目法施工中的分配改革只针对项目生产人员，仍然有大量的机关人员、其他管理人员不在生产一线。这个办法的意图就是将每一个员工的收入与所在单位的效益挂钩，让每一个人都关心企业的发展，从而人人有指标、个个有压力。此后三局数十年的分配制度均是以此为蓝本进行修改。

在国家层面，国企的发展活力仍然不足。1994年国务院研究中心的一份报告显示，国企的亏损面超过了40%，大量的三角债产生，严重阻碍了企业的健康发展。同时，国企体制僵化、管理落后的问题一直没有很好地解决。1996年6月24日，国务院同意了国家经贸委等九部委《关于在若干城市进行企业"优化资本结构"试点的请示》，其中最受关注的一条是：企业人员冗余，应当清理一批员工。于是全国性的下岗潮也随之开始。

从经济角度讲，劳动市场的供求主要取决于工业生产和产业结构规模。工业发展了，企业用工必然随之增加。但是此时的中国却出现了结构性过剩，到1997年，全国工业库存超过3万亿，95%以上的工业产品过剩。同时，亚洲金融危机突然爆发，外需减少，内需不足，大部分企业都面临开工不足的尴尬境地。全国的企业开始进入寒冬——让大批员工下岗似乎成为企业摆脱困境的最有效和最直接的方法。

此时，除了投资放缓，许多已经开工的工程亦被迫停工，建筑业的火爆再一次沉寂下来，从1992开始的建筑业"小阳春"突然被一股"倒春寒"突袭。

随着全国的下岗潮开始，中建总公司发了一份文件，鼓励各工程局进行“减员增效”，有些工程局减员达 50%。三局的决策层在此时保持了冷静，洪可柱说：“中国的建筑市场会再次火爆的，我们的事业是人做出来的，没有人就没有事业。”也就是说，三局并不鼓励搞下岗分流。

然而，三局旗下的某公司却决心进行一次“减员增效”试点，目标是该公司安装分公司。其时该分公司由于任务不足，多数人处于待岗状态，公司经过细致盘点，拟出一份 200 余人的下岗名单，名单一公布全体哗然，无论是在名单上的，还是不在名单上的职工集体到公司总部“讨说法”，愤怒的员工将公司总部大楼团团围住，对公司领导的解释并不认可。下岗名单中多数是 40 岁以上的中老年职工，他们是随企业发展走南闯北的功臣，他们认为：“当年打天下时，我们没日没夜地干，如今企业有一点困难了，就这样无情地抛弃我们？”

公司领导找来省市劳动局的领导做工作，但是仍然没有说服他们。事态有可能激化，公司领导只得给洪可柱打电话汇报。其时洪可柱正在为内蒙古的一个高速公路项目做调研，这条公路是三局承接的第一条高速公路，位于荒僻大漠，条件极其恶劣，但是三局四公司的员工们正顶风冒雪奋力抢工，却无人向洪可柱叫苦。洪可柱问自己：难道说等这条路修完了，就能让这些乐于奉献、敢于拼搏的员工下岗吗？从三线建设的战天斗地到改革开放初期的筚路蓝缕，无论是实行计价工资、岗位责任制，开拓特区、远征西北，还是对企业进行现代化改造，员工们都是拥护的。当员工们抱着极大的热情支持改革时，改革却突然向他们“开刀”，以他们的牺牲为企业减负。三局能这么做吗？

洪可柱在电话中批评了该公司领导，告诉他们取消本次下岗分流的做法，如果员工要自动离职，也要好说好散，按规定给予补偿。这场下岗风波终于得以平息，三局的员工队伍得以稳定，许多骨干员工得以保留。后来有一些辞职后又要求回归的员工，三局也大开方便之门。这为后来三局的大发展稳定了根基，当后来市场火爆时，三局拥有了大批来之能战、战之能胜、懂得感恩的员工。

关于人才队伍的建设，三局历来重视，而且形成了自己独特的“选、用、育、留”方式。企业的“企”字，“人”在上，“止”在下。如果去掉“人”，则成了“止业”，意味着事业到头了。

早在三线建设时期，三局就有尊崇知识、尊重人才的优良风气。很多大中专毕业生在三局这座熔炉中继续学习、磨炼成才，有的成为行业专家，有的成为管理能手，有的成为中国建筑、地方政府及三局的领导人物。

队伍迁到湖北之后，三局进一步加大了人才的培养力度，在武昌县（今江夏区）纸坊镇开办了武汉建筑工程学校（三局职工中专），并负责技术与管理人员教育培训工作，为三局培养了一大批管理技术骨干。在人才选用上，树立“知识化、年轻化、专业化”导向，青年知识分子越来越受到重视。

比如孙文杰、洪可柱、李传芳等都是三线建设时期进入三局的大学生，他们的成长也正基于三局尊重人才的传统。而且他们均在一线班组和工人们一起工作多年，与他们有着浓厚的感情，深知一线工人的艰辛。所以无论是孙文杰还是洪可柱，他们成为领导之后历次搞人事制度改革，多是针对机关干部的工作作风，无一针对基层工人。

进入 20 世纪 80 年代，三局实施培训提高一批、引进储备一批、分流淘汰一批，“三个一批”战略大力推进人才结构调整。

在国家紧缩固定资产投资的 20 世纪 90 年代初期，企业施工任务很少，但三局依然坚持吸收和引进大中专毕业生，每年达数百人。那时进入的学生，现在很多都走上了企业的中层乃至高层管理岗位。到 1995 年，三局提出打造“智力密集型企业”的战略目标，与此相适应，确立了“扩大总量、优化结构、完善办法、提高素质”的人才战略，每年引进的青年学生稳定在 600 人左右。现在活跃在企业各层面的骨干力量多数是从这批青年学生中成长起来的。

千万工人下岗潮是中国改革开放进程中的一道“伤口”，时间或许已经让其愈合，但是疤痕仍在。一个企业、一个企业家，甚至是一个国家，总是很难摆脱时代的束缚，或许这就是改革开放需要交的一部分学费。

20 世纪 80 年代以来，以罗默尔、卢卡斯为代表的人力资本学者提出了“新增长理论”。这种理论在古典经济学生产函数中加进了人力资本要素，故又称之为“内生经济增长理论”。卢卡斯认为，“专业化的人力资本”才是促进经济增长的真正动力。

在亚洲金融危机过去之后，建筑业迎来又一轮大爆发时，三局雄厚的专业化的人才储备为企业的大发展提供了强有力的支撑。“一年之计，莫如树谷；十年之计，莫如树木；百年大计，莫如树人。”

进入 21 世纪，三局提出“三化”人才战略：高层人才尖端化、中层人才专家化、基层人才职业化。

在这一人才战略下，三局的用人导向、领导班子建设、干部管理开始形成体系联动。“十二五”规划中明确重点培育 7 类核心人才：三级企业领导人员、项目经理、科技研发人才、建筑设计骨干人才、商务法务人才、投资运营人才和高技能人才。大力建设经营管理、项目建造、建筑设计、地产开发、专业管理、劳务等 6 支人才队伍。

没有强大的人才队伍，就不可能有高端建造的领先，不可能有总承包管理、精细化管理的推进，也不会有后来的“转型升级”的成效。

在长期的人才建设实践过程中，三局形成了“以人为本、任人唯贤”的人才观，成为争先文化的重要组成部分。一方面，以用为本是企业选人用人的出发点和落脚点，尊重员工个性特征，坚持用当适任、用当其时、用当其才，使每一个员工都拥有干事创业、建功立业的舞台；尊重员工、发展员工、成就员工，使每一个员工都享有人生出彩、梦想成真的机会。另一方面，坚持“五湖四海、任人唯贤”。强调“贤”的标准是德才兼备、经历丰富、业绩突出、群众认可。

坚持德才兼备，强调以德为先；坚持经历丰富，强调基层实践；坚持业绩突出，强调工作实绩；坚持群众认可，强调员工评价；以民主、公开、竞争、择优的方式，不拘一格选用一切优秀人才。

2013 年 9 月，三局党委印发《关于进一步加强人才队伍建设的决定》，从目标、措施、用人机制、组织实施等各方面进行了全面规划。提出强化三个理念，即强化人才第一资源理念、人力资本理念、以用为本的理念；打造三支高素质人才队伍，即高素质经营管理人才队伍、高素质专业领军人才队伍、高素质技能人才队伍；积极创新四项机制，即创新人才引进机制、人才培养开发使用机制、人才评价机制、人才激励保障机制。企业在人才建设的“选、用、育、留”环节，越来越体系化。

2013 年 12 月，三局开始实施“星青年计划”，对进入企业工作 9 年内的优秀青年进行主动性、系统性、分阶段、持续性培养，包括“青年卫星计划”（工作 1~3 年）、“青年行星计划”（工作 4~6 年）和“青年恒星计划”（工作 7~9 年），三者之间为递进关系。陈华元在与学员交流时说：“星空辽阔浩瀚，星空深邃无穷，希望大家一起探索实践，锤炼成星，让我们三局成为一个群星闪耀、光彩夺目的企业。”

同时，针对企业最迫切需求的五类人才，相继实施“领导力提升工

中建三局“星青年”入职培训会

程”“总承包管理能力提升工程”“投资能力提升工程”“海外管理能力提升工程”“行业专家推选工程”，这就是三局人才培养“五个能力提升工程”。

在对自有人员系统培养的基础上，三局也开始大力引进急需的专门人才和高级人才。争先品格下兼收并蓄的文化特征，让这些外来的人才同样如鱼得水。他们中的不少人，已经走上企业的重要岗位甚至核心岗位。

这就形成了三局人才建设的“三度空间”：一是在广度上做到全覆盖，树立起人尽其才、人人都是才的思想；二是在深度上做到有针对性的培养，比如“五个 100 工程”；三是在梯度上做到层层推进，根据企业发展战略做好后备力量的储备。

为了改变“千军万马挤独木桥”的现象，大家都想走或者只能走“行政升级”路线，三局进一步拓展员工的职业发展空间。从 2013 年开始，在全局启动了专业职级改革工作，按照分级归口管理原则，通过 3 个批次、8 个序列的试点运行，截至 2016 年 5 月，评定局级专家近 500 人，各单位认定高级及以下专业职级人员约 5500 人。随着建造、科技、商务等序列专业职级试点的全面铺开，到 2017 年，三局已经实现专业职级全序列覆盖。

3 有人有事业

人力既然是“资源”，那么“资源”就自然带有市场的天然属性，因此出现问题也是必然。

随着改革开放进程的持续，特别是近年企业转型升级的加快推进，三局的人力资源也面临着新的课题。

第一，三局如何破解“用工荒”？从 20 世纪 80 年代开始的“民工潮”有力地支撑了城市的发展、建筑业的发展以及三局的壮大。但是近年来，“用工荒”突然出现，而且熟练工人、年轻力壮的工人越来越难招。三局一些需要抢工的工地不得不采取提高工资的做法来招揽工人，人工成本的上涨增加了项目的建设成本。

这是因为“刘易斯拐点”出现，即劳动力过剩向短缺的转折。在工业化进程中，随着农村富余劳动力逐步转移，农村富余劳动力逐渐减少、“人口红利”消失。当有效的劳动力无法无限供给时，劳动力的薪酬上升，而劳动力薪酬决定于边际生产力水平，所以一些生产力较低的劳动力密集型企业，受到冲击是必然的，而且这种情况不可逆。

中国的建筑业整体来说就是一个劳动力密集型产业，尽管改革开放 40 多年间，施工技术与生产设备都有了巨大的进步，但是并没有革命性的突破。一幢楼房的建成，靠大量人员手工绑扎钢筋、支护模板、架设脚手架、浇筑混凝土的做法并没有根本性改变。

当三局的规模以每年 20% 左右的速度扩张时，就意味着需要相应增加熟练工人来支撑，此两者之间几乎是不可调和的矛盾。人工困境的实质是中国建筑业固有的生产模式遇到瓶颈。三局破解这一难题主要有三个方面：一是打破传统单一的依靠密集劳动力的建造业务，向投资转型。目前三局已经实现了投资加建造的“两轮驱动”格局。二是向建筑工业化和信息化方向升级，尽量改变原有生产方式，开始布局工厂化生产，走产业化模式，尽量降低人工使用量。同时，升级管理手段，以信息化、网络化提升精细化管理水平。三是加大突破性、革命性科技手段的研发力度，比如三局研发的“空中造楼机”就是对过去超高层建设的一次突破性技术革新。同时，三局还在新型建材、建筑机器人、建筑 3D 打印等建筑前沿技术的研发中加大了投入。

第二，对人力资源管理水平进行升级。经过改革开放 40 多年的发展，三局的人力资源管理水平有了显著提升。从最初的打考勤、发工资、定职级，已经发展到人力计划性管理、员工培训、选拔、薪酬体系建设等，有了比较完备的体系，有力地支撑了三局的发展。但是随着时代发展、企业转型升级的新要求，人力资源管理面临着新的挑战。据《中建三局“2+5”人才发展规则（2019—2025）》，目前三局人力资源面临着内外两方面的挑战。

外部挑战。一是新技术发展带来的挑战。大数据、云计算、人工智能 AI 等新技术正在重新定义人力资源工作，为完善人力资源管理工作、提升人力资源运营效率提供手段，大数据分析已经成为挖掘人才管理深层次的问题，提升组织绩效的重要抓手。二是劳动力市场变化的挑战。95 后、00

后新生代员工进入职场，新生代员工个性鲜明、崇尚自我、追求创新、思维灵活的特点，对人力资源管理、人才理念与文化、管理者风格、资源组织方式等提出了新的要求。

内部挑战。一是成熟人才资源竞争。三局作为业内优秀建造人才培养的“黄埔军校”，一直是同行业“挖人”的首选单位。而转型业务起步晚，与优秀同行业企业相比缺乏成熟人才吸引竞争力。二是“三个转型”带来的挑战。向高端建造转型对人才的综合素质和能力提出了更高的要求；向投资和海外转型对人才的专业化能力和职业化素养提出了更高的要求。三是提升员工满意度。面对员工对组织的情感联系偏弱、工作障碍感较强、个人成就感不足，对培训、职业发展、领导力提升的需求增多，进一步提升员工满意度面临较大挑战。

第三，支撑企业转型升级的人才队伍素质亟待提升。企业转型升级，意味着企业将出现新的业态，那么就需要全新的技术人才、管理人才。为了快速补充转型人才队伍，从 2013 年开始，三局每年人才招聘指标中转型业务人员占比逐年提高，累计引入 10000 余人。截止到三局第六次党代会召开之际，转型业务（非房建业务）占比达到了 35%，转型人才占比已达 31%，可以说三局转型人才队伍的快速补充为转型业务的发展奠定了坚实的基础。快餐式的补充解决了企业转型对人才数量的需求，但如何挖掘人才潜能、释放高潜人才活力还是一个亟待解决的课题。

三局正在着力打造人力资源管理的四个体系，分别是：基于精准培养的人才发展体系、基于提升投入产出效率的激励体系、基于干事创业的绩效管理体系、基于从严和关爱并重的干部管理体系。从目前来看，此四个体系已经初现成效，是人力资源管理升级的正确方向。

第四，“情感留人、事业留人、待遇留人”的理念与方式必须变革。三局从 2010 年开始每年招入约 2000 名新员工，多数为名校毕业生，他们的加盟为三局的发展提供了新的动力，他们中的许多人已经成长为企业骨干力量，但是还有一部分青年骨干因为种种原因离开了企业。

为此，三局制定了针对青年员工的专项人才计划——“星青年计划”，同时不断改善青年员工的工作环境，在改革薪酬体系的同时，把企业打造成为青年员工实现梦想的舞台和事业的伙伴。当然，三局也有淘汰机制，以保证员工队伍的活力和战斗力，每年也会淘汰一些不合格的青年员工。

第五，如何打造人才梯队。随着企业的发展，必须对人才进行精细分类，精准培养。在 2018 年三局“四会”上，局党委提出了“四类干部”培养计划。

一是领军的帅才。这类干部政治素质高、综合能力强、岗位经历多，善经营管理，善统筹协调，善驾驭团队，能够担负国企家使命，能够托付企业未来。

二是转型的闯将。这类干部思想解放、思路开阔、敢于拼搏、勇于担当、善于作为，能在艰困中打开局面，能在逆境中取得突破。

三是行业的精英。这类干部具有很好的职业素养、高超的管理能力、非凡的工作业绩，能在系统版块中发挥引领者作用，能在综合管理中扮演支撑者角色。

四是专业的能人。这类干部具备执着的专业精神，具有深厚的专业造诣，取得突出的专业成就，成为某一领域公认的专家或“能工巧匠”。

三局已经完成了“四类干部”的摸排和调研，进行有针对性的培养，形成接续梯队。

三局正在制订的“2+5”人才发展规划提出以专业化、职业化、市场化、国际化为方向，加快实施面向新时代的人才工程，强化人才引领的战略地位。

针对未来的发展，三局制定了多项人才重大工程和专项人才计划。

（一）“四类干部”专项计划（高端人才）。通过对四类人才梳理与培养，持续推进“十百千万计划”，推进高端人才梯队建设。

（二）“星青年计划”（青年人才）。推进“星青年”品牌建设，加快“卫星”“行星”“恒星”青年培养，推进人才年轻化建设。

（三）“五个能力提升工程”（转型人才）。特别关注专家能力、领导力、海外管理能力、总承包管理能力、投资能力五个能力建设，在五个能力提升工程基础上形成五类专业人才，推进人才专业化建设。

（四）中长期激励计划。构建综合激励机制，实施股权或期权激励，推行职业经理人制度等。

（五）党务人才发展计划。盘点党务人才队伍，制定培养目标、专项计划、支持政策和具体措施，夯实培养平台。

（六）产业工人发展计划。要把劳务工人提升到合作伙伴的高度，持续打造符合现代需求的高素质产业工人队伍。

有人，才有事业；有人，才能称之为组织。在所有的资源中恐怕只有人力资源是最难管理的，也是变数最大的，然而也是最为重要的。

第四节　时代之变

英国《金融时报》首席评论员马丁·沃尔夫曾在一篇评论中写道："也许今天我们每一个人所议论的中国，都是另外一个国家。"原因是从他第一次到中国后的 24 年里，每一次来，都会发现跟他上一次记忆中的中国不太一样。中国的变化太快了，其中最直接的感受就是城市的高楼大厦越来越多，马路越修越宽，也越来越拥堵。

2017 年，中国共产党第十九次全国代表大会在北京人民大会堂隆重开幕。习近平总书记在会上说："不忘初心，牢记使命，高举中国特色社会主义伟大旗帜，决胜全面建成小康社会，夺取新时代中国特色社会主义伟大胜利，为实现中华民族伟大复兴的中国梦不懈奋斗。"党的十九大吹响了中国再出发、再创业的号角。

今天的中国已经成为世界第二大经济体。人们的生活越来越好，人们的梦想和日渐快捷的互联网一样四通八达。

没有人能阻挡时代前进的脚步，也没有人能在 1978 年就预料到中国今天的成就。

从 1838 年到 2018 年，中国人走得如此艰难、如此悲壮，却又如此慷慨激昂和自信豪迈。在 180 年的时空中，无数人的血泪写就了中华民族的苦难辉煌。

如今，中国特色社会主义进入了新时代，这是我国发展新的历史方位。意味着近代以来久经磨难的中华民族迎来了从站起来、富起来到强起来的伟大飞跃，迎来了实现中华民族伟大复兴的光明前景；意味着科学社会主义在 21 世纪的中国焕发出强大生机活力，在世界上高高举起了中国特色社会主义伟大旗帜；意味着中国特色社会主义道路、理论、制度、文化不断发展，拓展了发展中国家走向现代化的途径，给世界上那些既希望加快发展又希望保持自身独立性的国家和民族提供了全新选择，为解决人类问题贡献了中国智慧和中国方案。

回顾三局改革开放 40 多年的行进轨迹，均与时代发展息息相关，均与国家进步同频共振。40 多年间所有战略的制定、路径和方向的选择均是一脉相承，都是在传承中创新、在变中求进。

1 寻找标杆

2013 年 9 月 10 日，由中国建筑业协会主办的中国建筑业竞争力百强企业发布会在贵阳市召开，三局荣获 2012 年度中国建筑业竞争力百强企业第一名，此后连续多年评选都是高居榜首。这似乎在宣示，中建三局就是业内的标杆企业！然而，清醒的三局决策层从来不敢这样自诩。

每一家企业都想成为业内的标杆，但成为标杆必先有核心竞争力。

市场经济的本质就是竞争，因此企业竞争力的提升向来是经济学家和企业管理者研究的热点与重点。那么，什么是“竞争力”？各种流派与学说并存，似乎并无定论。

以中国建筑业协会的评选标准来看，主要是从经营规模、资产规模、盈利能力、上缴税金、员工构成、科技进步、管理水平、精神文明几个方面来综合考量，应当说是相对客观的，但并非全部。

企业竞争力概念首先出现在1990年美国密歇根大学商学院教授普拉哈拉德和伦敦商学院教授哈默尔在哈佛商业评论上发表的论文《企业核心竞争力》上，此后关于企业竞争力的学说与流派可谓五花八门。北京大学教授张维迎认为企业核心竞争力具有“偷不去，买不来，拆不开，带不走，溜不掉”的特点。那么，三局有哪些是偷不去、带不走和溜不掉的呢？恐怕只有他们独一无二的企业文化和员工的精气神了。

笔者以为，企业的核心竞争力当与核心价值观、企业战略、执行力和资源紧密相关。

企业文化的核心是企业价值观，这决定了企业的高度。三局向来秉承“家国天下、建设祖国”的崇高理想，这也是三局作为“建筑国家队”的光荣使命和重大责任，这是企业的“大我”。而所谓的“一流企业”“行业标杆”等头衔只是企业的“小我”。落到实处就是“品质保障、价值创造”，即树立企业层面品质高于一切、员工层面品德为重的坚定信念，通过团队和个人价值的提升，实现企业价值的持续提升。

企业战略则决定了发展方向。三局的战略愿景几经调整，现为“最具价值创造力的世界一流投资建设集团”，应当说志存高远又务实可行。

执行力则是综合管理能力的具体体现。客观地说，三局从总部决策到基层落实，基本能做到一以贯之，总体而言处于行业领先水平。

资源则是技术、市场、人才、资金、品牌认可等方面的统称。三局的资源整合能力可谓强大，但是在人才、资金方面还需要补齐短板。

没有核心竞争力的企业是不能成为行业标杆的。那么，三局的核心竞争力在哪里？这恐怕还需更多的研究。

尽管三局多次荣获“中国建筑企业竞争力百强企业第一名”，从数据上看，三局确实在中建系统内部领先，从全行业来看，也确实处于领先地位，但是客观地说，三局离行业“标杆”尚有距离。

中国目前已经有 7 家建筑企业跻身世界 500 强，分别是中国建筑、中国铁建、中国中铁、中交集团、太平洋建设、中国电建、中国能建。

客观分析，此 7 家企业只能说是“大”，难以称之为“强”。企业是否够强，还应当看市值、人均效能、产业结构、市场占有率、盈利能力、跨国指数等等。比如盈利能力，中国建筑 2013 年的盈利率仅为 5.7%，而且还是在地产版块毛利达到 298 亿元的情况下，如果不算中海地产，则盈利率可能不到 2%。同期三局的营业收入为 1147 亿元，利润为 36 亿元，净利润率为 2.3%。从三局的数据可见，确实在同行业中处于领先，但与国际一流投资建设企业相比仍然难以说“强”。

三局在持续推进转型升级之后，成效开始显现，到 2017 年净利润率上升为 4.1%。这至少说明两个方面的问题：一是三局的转型升级之路是正确的，二是三局的发展还有很大上升空间。

行业需要标杆企业，更需要在项目管理、集团管控、信息化、采购供应、质量安全等方面具有榜样效应的企业出现，中国近 10 万家建筑企业都在模糊的晨光中摸索，各打一套拳，各唱一支曲，但一直找不到让人眼前一亮的标杆。

历史上三局一直在寻找标杆，比如“十一五”期间对标三星物产和上海建工，在企业管理、市场开拓、技术研发和规模发展上学人所长。

到了“十二五”时期，三局分别超越上述两家企业了。

到了“十三五”时期，三局又对标法国万喜集团。万喜集团成立于1893年，是一家真正的百年名企，在全球80个国家开展业务，曾在中国承建过大亚湾核电站、二滩大坝、上海金茂大厦等大型工程。2018年，万喜集团营业收入达3487亿元（其中海外营业收入占比47%），位列《财富》世界500强第206位，净利润率高达6.7%，经营性净现金流超过400亿元，是全球最赚钱的建筑公司，而同期三局的相关指标与万喜集团差距甚大。但是越是难以超越的标杆越能激发奋进的斗志。寻找标杆、超越标杆，保持永不满足、永不懈怠的精神，正是三局“敢为天下先，永远争第一”企业品格的具体体现。

中国的建筑业需要标杆企业，更重要的是需要在技术革新中能有引领行业的企业出现，三局会是这样的标杆吗？或许时间和市场将会给出答案。

2　技术革新

傲立江城，位于长江之滨的绿地中心每一天都以人们肉眼可见的速度在长高。这栋由三局修建的摩天大楼运用了多项三局人引以为豪的新技术，其中以“空中造楼机”最为世人所瞩目。

2018年7月12日，三局研发的全球首款“空中造楼机”惊艳亮相外交部湖北全球推介会。湖北省委副书记、省长王晓东在推介中说，中建三局研发的“空中造楼机”以高效节能的绝对优势领跑全球。中建三局董事长、党委书记陈华元接受了多家媒体采访，详细介绍“空中造楼机”。央视的《大国重器》还专门开辟专题介绍这款“空中造楼机”。

而就在对岸的晴川饭店已经不那么起眼了，如今很少有人知道它曾经是20世纪80年代武汉市的第一高楼，同样由三局人修建，只是那时候的

中建三局“空中造楼机”亮相外交部湖北全球推介会，受到湖北省委副书记、省长王晓东推介

高楼是三局人用人工搅拌混凝土，再用手推车一车车推出来的。

这款“空中造楼机”全称为“超高层建筑智能化施工装备集成平台”，在全球首次将超高层建筑施工的大型塔机直接集成于平台上，实现塔机、模架一体化安装与爬升，并将核心筒立体施工同步作业面从三层半增至四层半。

以用于北京第一高楼“中国尊”的“空中造楼机”为例，自带的 2 台 M900D 塔吊相比常规塔吊安装方式，可减少塔吊自爬升 28 次，节省塔吊爬升影响的工期约 56 天，减少塔吊预埋件 400 吨。“中国尊”集成平台采用封闭式全钢结构，平台面积 1600 平方米，施工荷载 2300 吨，工人置身其中，如履平地，可同时进行 4 层楼、多个工种流水作业，可抵御 10 级大风，完全不用担心高空坠落的危险。该平台已应用于北京“中国尊”，武汉绿地中心项目，沈阳宝能环球金融中心项目，重庆万科超高层二、三期项目。

实际上，这款“大国重器”是从创造“深圳速度”的滑模技术慢慢更新换代而来的。时光仿佛江流一瞬、浪花一闪。楼变得更高了，技术更先进，管理更科学。

三局累计荣获 15 项国家科学技术奖、56 项国家级工法、1500 项国家授权专利，荣膺国家级高新技术企业，被誉为“用高新技术改造传统行业的典型”。在深基坑、超高层、机场航站、桥梁隧道等领域均有自己的核心技术，应当说在业内算是技术革新的领头人。

然而，实际上建筑行业是所有第二产业中技术革新最慢的产业之一，主要原因有四点。

一是国家每年 20% 以上的市场增幅不需要企业进行技术革新也会有很高的市场份额，企业技术创新动力不足。据不完全统计，我国建筑企业用于技术研发的投资仅占营业收入的 0.3%~0.5%。而发达国家一般为 3%，高的达到 10%。在技术贡献率方面，我国建筑业仅为 30% 左右，发达国家已达到 70% 左右。我国建筑市场中的一些新技术多数是从国外引进而来的。

二是建筑业的低利润率造成企业研发新技术的能力不够。中国建筑业的利润率长期处在 0.5%~2.5% 的低位，而技术研发需高投入，且见效慢，因此许多企业没有余钱进行技术研发。

三是企业技术工人严重匮乏。目前我国的建筑从业人员保守估计有 5000 万人，其中农民工占绝大多数比例，高素质、高技能的操作人员比例较低。企业也不太愿意拿出资金和精力进行培训，工人们自我更新技术的意愿也不强。同时，建筑业长期的高强度、低待遇，技术人员外流情况严重。

四是建筑企业对技术引领发展的认识不够。40 多年来，中国发生的巨变全球瞩目，以信息技术为核心的第三次工业革命对许多行业都产生了颠覆性的革新，比如胶卷相机巨擘柯达，在数码摄影的浪潮中黯然破产；“功能手机之王”诺基亚，被智能手机逼得亏损连连；网购和无人超市兴起，让美国百思买等零售巨头的门店接连消失。然而建筑业人工绑扎钢筋、支模板、浇筑混凝土的传统施工方法可谓数十年如一日，传统粗放的生产方式造成的高耗能、高污染、高浪费、质量不可控等诸多问题日益凸显。

在这样的情况下，三局专门成立技术中心，投入大量资金进行技术研究，在行业中已经实属难得，也产出了十分可观的技术成果，但与国外先进建筑企业相比，并无绝对优势。

纸张的出现取代了竹简，今天电子阅读形式也正在冲击纸张。新技术浪潮冲倒了多少看似不可能倒下的“巨人”，又推出了多少新生力量，重构了多少行业的业态和布局，恐怕难以一一细数。2016 年，“颠覆性技术”被写入《国家创新驱动发展战略纲要》和《“十三五”国家科技创新规划》。2017 年，党的十九大报告提出，要突出“颠覆性技术创新”，让颠覆性技术更引人注目。

而建筑业的革命性技术方向在哪儿？从目前看来，最大的可能是建筑产业化和以 BIM 技术为核心的信息技术的结合。

建筑产业化是指运用现代化管理模式，通过标准化的建筑设计以及模数化、工厂化的部品生产，实现建筑构部件的通用化和现场施工的装配化、机械化。建筑产业化是建筑生产方式从粗放型生产向集约型生产的根本转变，是产业现代化的必然途径和发展方向。

BIM 技术，全称 Building Information Modeling，即建筑信息模型，是一种应用于工程设计建造管理的数据化工具，是国际工程界公认的革命性技术，正在加快改变和重塑整个建筑产业链。就目前的时点来说，BIM 技术已经不再是行业的前沿性技术，而是行业的大趋势，是建筑企业必需的战略工具。

BIM 技术通过参数模型整合各种项目的相关信息，在项目策划、运行和维护全生命周期过程中进行共享和传递，使工程技术人员对各种建筑信息做出正确理解和高效应对，为设计团队以及包括建筑运营单位在内的各方建设主体提供协同工作的基础，在提高生产效率、节约成本和缩短工期方面发挥重要作用！

BIM 技术的发展和成熟、普及和深入应用将大大缓解项目管理的两大挑战——人力资源挑战与管理技术瓶颈。《新鲁班》主编杨宝明在其《突破重围》一书中写道：

> 理论和大量调研证明，如果施工企业从项目招标开始到竣工、维修服务结束，全过程充分应用恰当的 BIM 技术，大部分企业的大部分项目有 5% 以上的利润空间可以挖掘。

总之，建筑业已经到不得不变的关键时期，因为拐点已经到来！

3 拐点已至

2014 年 5 月，习近平总书记在河南考察时提出了“中国经济进入了新常态”，他指出，我国发展仍处于重要战略机遇期，我们要增强信心，从当前我国经济发展的阶段性特征出发，适应新常态，保持战略上的平常心态。在战术上要高度重视和防范各种风险，早作谋划，未雨绸缪，及时采取应对措施，尽可能减少其负面影响。

7 月 29 日，习近平总书记在和党外人士的座谈会上又一次提出，正确认识我国经济发展的阶段性特征，进一步增强信心，适应新常态。

2014 年上半年，我国经济同比增长 7.4%。《人民日报》在系列评论中写道：“在经济下行压力加大的背景下，上半年经济总量增长 7.4%，实属不易。经过 30 多年高速发展，中国经济已是一个巨人，总量基数很大，每增长一个百分点所代表的增量不可小看。按今年的经济增速目标计算，全年经济增量就约达 5 万多亿元，约相当于 1994 年全年的经济总量。”

《人民日报》评论指出：“还能不能继续保持那样的高速度？应该说，是做不到、受不了、没必要。”“经济增速换挡回落、从高速增长转为中高速增长。这就要求我们在宏观调控上既坚持底线思维，保持‘忧患心’，又坚持战略思维，彻底摆脱‘速度情结’‘换挡焦虑’，保持‘平常心’。”

新常态下，我们国家对经济增长速度的要求不再那么执着，但对发展质量却十分看重。经济发展从过去的传统粗放转为高效率、低成本、可持续，这就要求我们在宏观调控上将转方式、调结构放在更加突出的位置。

2015 年元旦如期到来，陈华元依照惯例向全体员工发表新年贺词，贺词中写道：“立足新常态，开创新局面。”在刚刚过去的一年，三局营销额超 2000 亿元，产值稳定在 1000 亿元以上，主要经济指标继续领跑中建八大工程局，连续三年跻身湖北省企业前三强。

他提醒全局上下务必积极认识新常态、立足新常态，更加理性地看待企业发展的速度与规模，形成“控规模、调结构、促升级”的战略共识，并抓好“十三五”规划的编制，推进标准化、信息化融合，强化人才队伍建设，加大科技创新力度，加强风险防范管控，促进和谐企业建设。

同时，关于建筑业是朝阳产业还是夕阳产业的争论也开始了：

“建筑业风险越来越大，利润越来越薄，要转行。”

“建筑业还能再火 20 年，大胆去做。”

近几年，这两种截然不同的论调此起彼伏，似乎都有自己的理论依据。

悲观者认为：其一，改革开放以来，随着中国经济的发展，中国建筑业经济一直保持着每年超过 20% 的增长速度，一大批建筑企业成长壮大，即使是粗放管理也能赚钱，却也导致建筑企业管理进步缓慢，信息化程度低，竞争方式也是简单粗暴的；其二，随着中国经济的转型，投资拉动经济的模式注定不可持续，固定资产的增速放缓已成定局，国内 GDP 的增速已经逐步下调到 7% 左右；其三，随着环保压力增大，对高消耗的中国建材业、建筑业都提出了新的挑战；其四，建筑业一直依赖的劳动力优势已经失去，“人口红利”已经不再，“民工荒”早在 10 年前就已经显现；其五，多年的恶性竞争导致建筑业的技术创新投入不够，行业利润越来越薄。这些都是摆在桌面的事实——这也是建筑业夕阳西下的依据。

但乐观者认为：中国建筑业还是朝阳产业，因为中国的建筑市场仍然是巨大的。比如市政工程、基础设施、西部大开发、城镇化建设等都将是大有可为的市场。

经济新常态下，建筑业的“蛋糕”到底还能吃多久？中建三局的未来前景到底如何？保持了数十年经济高速增长的中国建筑业确实到了该洗牌的时候，也就是说建筑业的拐点出现了。

产业拐点是指产业发展的转折点，从经济学角度分析，市场供求关系、产业结构、产业增长要素等重大变化通常会导致产业转型拐点的产生。经济学界通常把年均增长率下降幅度在 3% 左右的行业确定为产生拐点、经济正在下滑的行业。从 2012 年开始，建筑业的增长率每年增幅都在下降，这表明产业拐点正在到来。

以三局母公司中国建筑近 10 年来数据进行说明可能更有说服力。

中国建筑近 10 年建筑业务新签合同额情况：2009 年 4123 亿元，同比增长 41.8%；2010 年 7411 亿元，同比增长 78.4%；2011 年 8514 亿元，同比增长 14.6%；2012 年 9357 亿元，同比增长 7.6%；2013 年 12725 亿元，同比增长 32.6%；2014 年 14117 亿元，同比增长 10.9%；2015 年 15129 亿元，同比增长 6.6%；2016 年 18612 亿元，同比增长 22.5%；2017 年 22216 亿元，同比增长 19.4%；2018 年 23233 亿元，同比增长 4.6%。虽然新签订单继续实现了正向增长，但较前几年的高速增长而言，明显回落。（注：根据中国建筑年报）

从 2009 年的 4123 亿元到 2018 年的 23233 亿元，10 年间，中国建筑合同额增长 5.6 倍。这种增长速度在全球建筑行业绝无仅有。10 年间，中国建筑从中国排名第三大的建筑企业快速成长为最大的建筑集团，也成为全球最大的工程承包商。2018 年的增长率仅为 4.6%，为 10 年来最低增长率。同时，中国建筑的基建业务量也出现了明显下滑，2018 年同比降低 13.8%，这也是近 5 年来基建业务量首次下滑。

种种迹象表明，建筑业的高速发展期正在离我们远去，行业的产能过剩情况越来越突出。

早在 2014 年 7 月 1 日，住建部就发布了《关于推进建筑业发展和改革的若干意见》，意见的改革目标有三个：开放公平的全国建筑市场体系、创新市场质量安全监督管理机制、推进建筑产业现代化，再次强调了党的十八届三中全会“充分发挥市场在资源配置中的决定性作用”的精神。

其中，《意见》明确了未来建筑企业发展的重点方向：建筑产业现代化。主要包括最终产品绿色化、建筑生产工业化、建造过程精益化、全产业链集成化、项目管理国际化、管理高管职业化、产业工人技能化等，但其核心还是建筑工业化。

陈华元在接受媒体采访时说：“建筑工业化、住宅产业化是工业 4.0 背景下必然的发展趋势，是建筑业从粗放走向集约，从‘建造房屋’到‘制造房屋’的必由之路，也是推动绿色建筑发展的现实要求。而中建三局已经进行了先行先试。”2014 年 11 月，由三局为主投资的中建科技武汉有限公司成立。2015 年 1 月，该公司投资建设的湖北省首个绿色建筑产业园一期工程在武汉阳逻经济开发区正式开工，7 月建成投产，9 月被评为国家住宅产业化基地。

工业 4.0 概念的提出是德国政府主导的一个高科技战略计划。中国也有一个类似的“中国制造 2025 战略”，旨在提升制造业的智能化水平，建立具有适应性、资源效率及人因工程学的智慧工厂，将生产中的供应、制造、销售等信息数据化、智慧化，最后达到快速、有效、个人化的产品供应。简单地说，工业 4.0 将是“互联网 + 智能化生产”的时代。

到 2016 年，中国建筑业的经济增长持续放缓，寒冷又至。随着政府去产能、去杠杆措施的密集出台，放弃走通过货币宽松达到经济增长的老路，于投资和建筑行业而言将会产生非常深远的影响。预计未来相当长的一段时间增速将持续下行，整个建筑业的景气度将持续承压。

2017 年 2 月 21 日，《国务院办公厅关于促进建筑业持续健康发展的意见》发布，该《意见》开宗明义地写道：建筑业是国民经济的支柱产业。改革开放以来，我国建筑业快速发展，建造能力不断增强，产业规模不断扩大，吸纳了大量农村转移劳动力，带动了大量关联产业，对经济社会发展、城乡建设和民生改善做出了重要贡献。但也要看到，建筑业仍然大而不强，监管体制机制不健全、工程建设组织方式落后、建筑设计水平有待提高、质量安全事故时有发生、市场违法违规行为较多、企业核心竞争力不强、工人技能素质偏低等问题较为突出。《意见》为进一步深化建筑业“放管服”改革、加快产业升级、促进建筑业持续健康发展、推进新型城镇化建设提供了支撑。

《意见》从 7 个方面对促进建筑业持续健康发展提出具体措施。

一是深化建筑业简政放权改革，优化资质资格管理，强化个人执业资格制度；完善招标投标制度，缩小必须招标的工程建设项目范围，将依法必须招标的工程建设项目纳入统一的公共资源交易平台。

二是完善工程建设组织模式，加快推行工程总承包，培育全过程工程咨询，发挥建筑师的主导作用。

三是加强工程质量安全管理，全面落实各方主体的责任，强化政府对工程质量安全的监管，提升工程质量、安全水平。

四是优化建筑市场环境，建立统一开放的建筑市场，健全建筑市场信用体系；加强承包履约管理，规范工程价款结算，通过工程预付款、业主支付担保等经济和法律手段规范建设单位行为，预防拖欠工程款。

五是提高从业人员素质，加快培养建筑人才，改革建筑用工制度，大力发展以作业为主的专业企业；全面落实劳动合同制度，建立健全与建筑业相适应的社会保险参保缴费方式，保护工人合法权益。

六是推进建筑产业现代化，大力推广智能和装配式建筑，推动建造方式创新；提升建筑设计水平，加强技术研发应用，完善工程建设标准。

七是加快建筑业企业“走出去”，加强中外标准衔接，提高对外承包能力，鼓励建筑企业积极有序开拓国际市场；加大政策扶持力度，重点支持对外经济合作战略项目。

这个《意见》更加具体和清晰，从招投标、监理、监管、资质、造价、人才等各方面进行了改革，还列明了未来的建筑业发展重点方向：建筑产业现代化。

建筑业的二次革命即将到来，市场资源的重新配置、新型城镇化建设的浪潮、BIM+ 互联网、住宅工业化的推广，都将是建筑业的新机遇和新挑战。

因此，如果建筑业还是按以往的模式发展，就会夕阳西下；但是按全新的模式，一个新时代就会来临。

4 “五期叠加”

从 2012 年起，中国经济面临增长速度换挡期、结构调整阵痛期、前期刺激政策消化期的“三期叠加”。党的十九大报告指出，中国当前经济正从高速增长向高质量增长转变，因而压力与潜力并存。

因此，在改革开放 40 周年之际，在国际、国内经济大气候和行业、企业发展小环境都急剧变化的当下，三局正处于一个“五期叠加”的关键时期，即传统建造的瓶颈期、基础设施的调整期、投资运营的攻坚期、建筑产业化的起步期、信息智能化的探索期。

传统建造的瓶颈期

经过数十年的调整发展，传统建造已经进入了瓶颈期，主要表现为：一是生产方式落后，必须依靠大量的人力资源和自然资源，在劳动力成本急剧上升和绿色发展、环保要求越来越高的现实情况下，传统建造方式正面临产业拐点；二是利润率长期低下，建筑市场多年的恶性竞争，使得超低的利润率和超高的风险严重不匹配，无论是市场的“无形之手”还是政府的“有形之手”短期内无法解决这个困局。

就施工手段与技术来说，传统建筑业尚未真正进入“工业化”，而就整个工业化进程来说，中国已经进入工业化中后期（国务院发展研究中心对工业化在增长理论、驱动因素、主导产业等综合研究后，得出中国的工化业已经进入中后期的结论。而中国科学院认为2010年以后，中国已经进入工业化后期）。传统建造的瓶颈期其实早已经到来，依靠规模和外延式增长的时代已经过去。

基础设施的调整期

主要表现在基础设施建设正由东部发达地区向西部落后地区转移、从地上交通向地下空间转移、从繁华城市向乡村荒野转移、从排污排水向水务环保转移、从BT模式向PPP模式转移、从单纯的工程施工向投资运营转移，市场从国内向国外转移。

经过40多年的发展，中国的城镇化进程速度惊人，但仍然有广阔的市场，问题在于企业的策略调整能否跟上市场的进度，这将迫使企业从技术、市场、管理以及模式上做出相应的调整。

投资运营的攻坚期

投资运营将是三局的重要转型方向。从2007年三局第一个真正意义上的房地产项目开工后的10年，三局的投资运营主要集中在房地产开发，也取得了非常好的效益和一定的品牌知名度。另外，还有一些PPP投资项目也将从施工阶段进入运营阶段。

但是三局的投资运营模式过于单一，还应当结合国家乡村振兴战略，加快城镇综合开发以及运营，在城市设施配套建设、文化、旅游、娱乐、医疗，以及自持物业、自有商业的运营等领域实现突破。

中建·光谷之星 | 建筑面积约 105 万平方米，是中建三局在武汉投资的首个超大型城市综合体

在第二产业，特别是建筑业整体面临拐点的时期，投资运营是从第二产业向第三产业转型的重要标志和手段，而第三产业的发展空间才是未来最主要的空间。天津大学教授王宏广在其《填平第二经济大国陷阱》一书中断言：第三产业是中国当前占 GDP 比重最大、增长速度最快、市场潜力最大的产业，并预测在 2030 年以前，第三产业将一直是中国经济增长的主要推动力。其保守预估在 2030 年左右，第三产业将拥有 70 万亿元的潜力，到 2035 年将达到 90 万亿元的潜力。

因此，之所以说投资运营到了攻坚期，是因为三局需要在理念、模式、战略和人才等方面均需要打破陈规，及时布局、尽快执行。三局的决策层已经认识到这个问题，2018 年 10 月召开的三局第六次党代会报告强调，要将三局打造成为“世界一流的投资建设集团”。这与以往的“建设投资集团”表述有着明显的不同。

建筑产业化的起步期

建筑产业化是指运用现代化管理模式，通过标准化的建筑设计以及模数化、工厂化的部品生产，实现建筑构部件的通用化和现场施工的装配化、机械化。

建筑产业化的核心是建筑生产工业化，其本质是生产标准化、生产过程机械化、建设管理规范化、建设过程集成化、技术生产科研一体化。其实，建筑生产工业化在美国、日本和新加坡等工业发达国家已有近 50 年的发展历史，其建筑工业化的程度也达到了相当高的水平。例如一栋住宅有一半用预制构件组装完成，预制构件率最高达到 80% 以上。但是我国的建筑产业化研究起步比较晚，由于受整个社会经济发展水平的限制和市场不成熟、企业不成熟、没有形成规模、产业集中度不高等因素的影响，一直以来成效不大。

推行建筑产业化优点很多：一是节省资源。与传统建造方式比较，建筑产业化可节水 60%，节省木材 80%，节省其他材料 20%，减少垃圾 80%，减少能耗 70%。二是推动技术创新，提高建筑品质。建筑产业化的内在要求，可促进新技术、新材料、新设备和新工艺的大量运用，大大提升建筑安全性、舒适性和耐久性，同时可带动设计、建材、装饰等 50 多个关联产业产品的技术创新。三是集约增效，利于企业“走出去”。建筑产业化促进建设标准规范化、流程系统化、技术集成化、部品工业化以及建造

中建三局武汉绿色建筑产业园国家住宅产业化基地揭牌仪式

集约化，能减少用工 50%，缩短工期 30%~70%，可显著降低用工需求的特点，也为建筑业“走出去”注入了强大的活力。四是促进建筑企业转型升级，走上集约化、可持续发展道路。

三局在 2016 年成立了绿色产业投资有限公司，并建成了第一家 PC 构件厂，截至 2018 年共有 7 个已经在建和拟建的建筑 PC 构件厂。到 2018 年 10 月，三局已经在雄安市民服务中心、济南鲁能领秀城 P2 项目以及自己开发的中建・壹品澜湾楼盘等建设中，成功运用了工业化生产的装配式建筑。但是由于全行业均在起步阶段，在全局所占比重不足 3%，因此，要想看到显著成绩还需要长期坚守。

信息智能化的探索期

早在 20 世纪 60 年代初，日本学者梅棹忠夫就提出了“信息化”的概念。而直到 1997 年，中国召开首届全国信息化工作会时，才对信息化进行了明确的定义：信息化是指培育、发展以智能化工具为代表的新的生产力并使之造福于社会的历史过程。中国的信息化进程从此突飞猛进，不仅广泛运用于各行各业，就连信息化经济也成为最具活力的新的业态之一。如今中国的信息化已经渗透到生活、工作每一个角落，后发优势明显。综合国内外专家的意见，信息化进程大约可分为“数字化、网络化、智能化”三个阶段。初期为个人电脑阶段，中期为网络化阶段，又可分为互联网和物联网两个阶段，后期为智能化与机器人阶段。

时代在发展，随着个人电脑的普及以及互联网的出现，完全改写了人们的社会生活，甚至颠覆了一些传统领域的商业模式。三局也进行了一系列的“互联网 + ”的革新，比如财务 NC 系统、项目管理电子系统、材料集中采购系统、OA 办公系统、工程远程监控系统、BIM 技术等得以大量使用，但是仍然与理想的信息智能化差距甚远。信息化在建筑业中推行艰难的原因很多，主要有海量的数据收集和录入、产品标准不统一（因为几乎没有一个建筑是相同的）、工艺不标准、先进技术的普及程度不够、政府和企业的认知不深等。

所以说，建筑业的信息智能化水平还处于探索阶段，但却无疑是未来的发展方向。

“五期叠加”不仅是三局面临的问题，可能也是建筑业共同面临的问题。

尽管三局发展中的问题还有很多，但是任何一家企业都不可能没有问题，只要勇敢认知并加以改进就能进步。

5　变和不变

改革开放，如同打开了积蓄百年的水库闸口，大潮汹涌而去，挟裹泥沙，一路冲刷，又迂回百折。这片深沉多难而又神圣的土地发生了前所未有之变化，其中最深刻的变化是思想观念的变化，过去的许多“离经叛道”已经成为今天的“理所当然”，而同时许多“名门正统”又成为“不合时宜”。无论是身边微末之事的变化，还是宏大的国家时政变化，时代车轮滚滚向前。在快与变之中，在速生与速朽之间，那旋转的万花筒，有一个坚定稳固的内核，它们经历时间的淬炼，依然散发出不变的灼灼光芒。

2016 年 7 月 1 日，习近平总书记在庆祝中国共产党成立 95 周年大会上明确提出，中国共产党人“坚持不忘初心、继续前进”，就要坚持“四个自信”，即中国特色社会主义道路自信、理论自信、制度自信、文化自信。他还强调，“文化自信，是更基础、更广泛、更深厚的自信”。

文化自信来源于源远流长的民族记忆和圆融大气的中国智慧。文化自信是所谓西方文化思潮涌入后对中华优秀传统文化的坚决捍卫，是对自身文化价值的充分肯定，是对自身文化生命力的坚定信念。如果说世界潮流是奔腾的河流，那么文化自信就是亘古的河床，是瞬息万变中的相对不变！

在三局建局 50 周年之际，陈华元特意率领中层以上干部赴攀枝花、安顺寻根溯源。在攀枝花，他特意捧回了一把红土带回三局。他在庆祝大会上告诫全体员工：“无论我们走多远，都不应当忘记我们当初为什么出发！”

变化是表，不变是里。在所有的变化里，总有一些东西会历久弥新。知止而后有定，激荡之中有静。人们在经历了一开始的彷徨迷茫之后，开始了冷静反思——有一些我们不必改变，有一些我们应当坚守！

三局不变的是“家国天下、建设祖国”的情怀和使命。

三局成立于三线建设时期，是建筑的“国家队”和“野战军”，听党的话、响应国家的号召就是他们的最高使命。他们在人迹罕至的大山搞建设，战天斗地、舍生忘死，以最简陋的工具，在最恶劣的自然环境中，凭借信念建设祖国。改革开放之后，企业的经济属性虽然更突出，但是这种政治使命、产业报国的宗旨却从不敢忘，始终与国家发展同频共振，始终与时俱进。这解答的是三局“为谁而战”的根本问题。

在2011年武汉长江大道的改造中，三局就干了一件“傻事”。这原本是一个投入大、无利润、风险大、难度高的工程，从商业角度讲是吃力不讨好的脏活、累活，因此谁都不愿接手。但是三局义无反顾地接下了，因为这是解政府之忧、纾市民之难，是三局应尽之责。陈华元强调：三局要有大局意识，不能只顾眼前利益。三局扎根武汉，回报社会是应有之举。

所以在2008年汶川大地震抗震救灾中，就有了600名抢险先锋队员的义无反顾，有了后续持续数年的不计报酬的援建，也有了在深圳光明新区山体滑坡中的奋勇救灾，有了每年率领30万农民工奔小康的幸福空间……三局的奖牌陈列室里，“武汉最具社会责任感企业”“荆楚责任企业荣耀榜杰出贡献奖单位”“全省扶贫开发工作先进集体”“湖北省对口支援三峡工程移民工作先进单位”等数十个奖牌、奖杯熠熠生辉，折射的是三局的央企担当，更是他们继续争先奋斗的动力。

三局不变的是“党建引领，固根铸魂”的方向和动力。

在三局50多年的发展中，三局始终坚持党对企业的领导，始终体现党组织的政治核心作用，始终发挥党建引领的独特优势。

党建引领，体现在三局党委始终坚持把握企业发展方向、参与重大决策上。无论是在三线建设、出征开拓、变革跨越、转型升级的哪一个时期，无论三局的领导体制、经营机制和治理结构如何变化，三局各级党组织始终深入贯彻党的路线、方针与政策，在思想上政治上行动上与党中央保持高度一致，始终与国家同呼吸、共命运，彰显了央企“听党指挥、为国争光”的政治担当和“建设祖国、奉献社会”的家国情怀。

党建引领，使得三局有了根和魂，有了原动力，这种原动力就是“胸怀祖国、放眼世界”的大格局，就是“敢为人先、引领行业”的大担当，就是“奉献社会、造福人类”的大情怀，就是致力“民族复兴、实现中国梦”的大抱负。

三局不变的是“敢为天下先，永远争第一”的豪气与胆魄。

业内人士只看到三局创造了多项中国建筑业甚至世界建筑史上的“第一”，却不知道这背后的艰辛和付出需要多大的勇气和担当。世人只看到三局节节攀升的经济指标，却不知道背后经历的多次命悬一线的重重危机，这需要有人直面困难、向死而生。

三局在其每一处工地的门楼上都写上：敢为天下先，永远争第一。他们之所以有这份自信和底气，是因为在每一处工地上、每一条战线上都有着“敢于担责、勇于担难、善于担险”的员工。

三局创造“深圳速度”时，第一次将滑模技术运用到超高层民用建筑，当三次试滑失败时，张恩沛毅然对深圳市政府表态：“再滑一次，如果失败，责任我负，法办我也行！”当设备不足时，是张恩沛毅然拍板突破常规，贷款购置设备。在天津广播电视塔的施工中，当遇到技术难题时，是三局人决然地说：“如果再次失败，我愿去坐牢。”在全面学习“鲁布革经验”进行管理变革而面对各种指责时，三局决策层坚持改革毫不动摇，强力推行管理革命。在上海正大广场的承接中，面对国际总承包风险的不确定性，三局人顶着压力向死而生。在“三大地标”的承接中，三局喊出“保一争二望三”的目标，史无前例地将三项顶尖项目统统揽入怀中。在武汉火车站的施工中，面对只有常规工期一半的压力，数千名三局员工日夜抢工、长年无休。

40 多年改革开放，中国的“变”可谓翻天覆地，但是中国的“不变”同样有很多。千年的文脉不曾断层，勇敢的优良传统不曾丢失，勤劳善良的本性始终是社会主流。

同样，40 年多来，三局“变”的有许多，“术”（技术）更精、“法”（管理）更进。然而，三局似乎并不对这些“变”感到多么骄傲，因为这样的变是理所当然，是顺势而为。反倒是一些“不变”让他们备感荣光，因为这些“不变”是初心，是使命，是核心价值观。

大道至简，三局的“道”就是这些“不变”，正是这些“不变”成就了“变”。

当代最著名的企业家、日本最著名的实业家之一稻盛和夫创建两家世界 500 强级别的公司，曾出版《京瓷哲学》一书。他将企业管理上升到哲学的层面，他的经营哲学集中到一点就是：“敬天爱人”——这是稻盛和夫的“道”。所谓“敬天”，就是按事物的本性做事，这里的“天”是指客观规律；所谓“爱人”，就是按人的本性做人，这里的“爱人”就是“利他”，“利他”是做人的基本出发点，利他者自利。

稻盛和夫在书中写道：

我在自己的经营和人生道路上，也有碰壁、痛苦和焦虑的时候。每每这时，我就会返回“何为正确的做人准则”这一原点，对事情进行认真思考，然后再将这一原则贯穿到实际行动当中。然而正是这些日日月月的点滴积累，在不知不觉中结出令人难以想象的丰硕的成果。这样的“哲学”，乍看之下或许给人一种与企业经营毫无关联的印象，但我却坚信，通过探求做人的道理，可以使经营活动应处的坐标变得更加清晰明了。所谓经营活动，就是经营者人格的直接反映。因此，只要经营者具有正确的判断基准，就一定能够在经营的实践活动中发挥其有效作用。

有了“不变”，企业才可以在商海中不至于迷失方向；有了“变”，企业才能动力十足、乘风破浪。

党的十九大召开两个月后，习近平总书记到江苏省著名的国企徐工集团考察时说，国有企业是中国特色社会主义的重要物质基础和政治基础，是中国特色社会主义经济的“顶梁柱”。这是党和国家对国企全新的、最明确的定位！

中建三局党委号召全体员工认真领悟，并展开大讨论。三局是有着红色基因的“建筑国家队”、是建设中国的“野战军”，在新时代也当然是中国经济的“顶梁柱”。

“顶梁柱”不仅仅表现在盖起多少幢高楼，还应当体现在“企业公民”的担当上。而三局人的理解就是：产业报国、回报社会、服务客户、造福员工。具体体现在近10年来，三局累计缴纳税费200多亿元，近5年国有资产年均保值增值率为126.79%，为社会提供就业岗位30万个以上，率领30万农民工兄弟一起奔小康。

改革开放40多年，争先奋进正当时。争先奋进的年轮上铭刻的是建设者坚定前行的足迹，大国崛起的征程中浇铸了他们奋进的汗水。

第五章

千年雄安

从深圳特区到雄安新区的 40 年，是人类经济史上波澜壮阔的 40 年，是世界建设史上高歌猛进的 40 年，也是中国发展史上快速崛起的 40 年。中国建筑人将汗水和智慧搅拌入混凝土，浇铸在中国发展的快车道上，标注在崛起的地标中。几代人的青春、梦想和拼搏都浇铸在了这个伟大的时代中，每一个投身到这场改革开放洪流、做出了贡献的人，无论是伟人或是最普通的建设者，都堪称英雄，理当被时代铭记。

1 千年大计

2017 年 2 月 23 日，燕赵大地春寒料峭，一片萧瑟。但是经冬的种子正在土地下发芽——再有一场春雨，就将满目春色。

习近平总书记驱车来到河北省安新县大王镇小王营村，在一片开阔地，他极目远眺，随后又在一张规划图前仔细察看区位、规划状况。在领袖的心中，一个宏伟的规划正在酝酿中——这里将是雄安新区的核心区。

当天中午，习近平总书记在安新县主持召开了一场小型座谈会，他指出，规划建设雄安新区是具有重大历史意义的战略选择，是疏解北京非首都功能、推进京津冀协同发展的历史性工程。

2017 年 4 月 1 日，雄安新区成立的新闻吸引了全世界的目光——中共中央、国务院在距离北京和天津 105 公里的地方画了一个圈，设立河北雄安新区，包含河北雄县、安新县、容城县 3 个县及周边部分区域。

消息一出，犹如平地惊雷，响彻神州大地，雄安新区成为举世瞩目的焦点。

雄安新区的名字取自“雄县”“安新”的第一个字，有“雄安容天下，京津冀未来”之意，是继深圳经济特区和上海浦东新区之后又一具有全国意义的新区。

雄安新区地处北京、天津和保定腹地，具有很强的区位优势。距离保定只有约 30 公里，距离北京、天津均约 105 公里，北京、天津、雄安三地成为一个等边三角形，形成北京发展的新翼。“京津雄三角”优化了京津冀城市布局和空间结构，未来将经济能量辐射到整个华北地区。此外，雄安新区水利、地质、环境优良，发展空间充裕，正是集中承接北京非首都功能疏解的首选之地。

雄安新区规划建设以特定区域为起步区先行开发，起步区面积约 100 平方公里，中期发展区面积约 200 平方公里，远期控制区面积约 2000 平方公里，一座担当着新时代发展使命的未来之城将跃然而出。

设立雄安新区是中国改革开放进程的又一个重大节点，是以习近平同志为核心的党中央做出的一项重大的历史性战略选择。党中央将雄安新区定位为首都功能拓展区，深入推进京津冀协同发展战略的重要突破口，探索建设人口经济密集地区优化开发的新模式，谋划区域发展的新路子，打造经济社会发展新的增长极，是千年大计、国家大事。

又一个春天的故事拉开帷幕。

2017 年 6 月，雄安新区党工委和管委会成立，两大机构合署办公。雄安新区党工委全称为中国共产党雄安新区工作委员会，是河北省委的派出机构；雄安新区管委会全称为雄安新区管理委员会，是河北省政府的派出机构。根据中央精神，雄安新区将不同于其他的城市建设，实行的是先规划再建设，要确保“一张蓝图建到底”。自设立之日起，雄安新区的规划工作就在紧锣密鼓地进行着。

2017 年 10 月，党的十九大在北京召开，习近平总书记在党的十九大报告中再次明确雄安新区的定位："以疏解北京非首都功能为'牛鼻子'推动京津冀协同发展，高起点规划、高标准建设雄安新区。"

就在党的十九大召开之前，2017 年 10 月 9 日，河北省公共资源交易中心在其官方网站发布了《雄安市民服务中心项目选择投资人招标公告》。公告发布的消息迅速在建筑业和投融资界传播开来。这是雄安新区的第一个建设项目，这标志着雄安新区成立后大家翘首以盼的"雄安第一标"被推上了日程。

于是，国内众多知名大型企业都盯上了这个千载难逢的机会，中国建筑旗下的各大工程局、四大国有银行等全国各地的大小企业蜂拥而来，纷纷租房设点办公，将小小的容城县城挤得水泄不通。走在容城县奥威路上，道路两边的房屋上数十家央企招牌林立，诸如中国建筑、中国铁建、中国中铁、中国交建等，中建三局也来了！奥威路因此被称为"央企一条街"。

这里既有响应中央号召建设雄安新区的责任和使命，也有着企业发展的无限商机。

2 雄安第一标

雄安市民服务中心项目是雄安新区成立后首个开始建设的工程项目，被业界称为"雄安第一标"，承担新区的规划展示、政务服务、会议举办、企业办公等多项功能，是新区对外展示的首个窗口。同时，这个项目还是建筑业转型的代表作，是未来雄安绿色建造、智能建造的样板。如果说雄安新区的建设市场是一个战场的话，那么这个项目就是制高点。谁能抢到，谁就将在未来的竞争中占领优势。

因此，"雄安第一标"的投标战，注定是一场异常激烈的交锋，也是各大企业展示实力和进一步提升品牌影响力的大好机会。

2017 年 8 月 22 日，雄安建设投资集团（雄安新区管委会下设的建设平台公司，以下简称“雄安集团”）召开“雄安第一标”——雄安市民服务中心项目 MPPP 投资招标说明会。当时的中建三局大项目公司［现中建三局国际公司（大项目公司），下同］立即组建一个团队前往参加。“当时一心只想着必须拿下雄安新区第一标，没有想到背后竟然会有那么大的困难。”时任投标团队重要成员、大项目公司副总经理肖游和朔说。

当团队赶到说明会现场，发现中建集团中建一局、二局、八局都参加了说明会，此外万科、华润、中集、中铁建、中铁工等企业也都来了。“都是业内的巨无霸，竞争将会异常激烈。”投标团队成员的心里直打鼓。

雄安新区党工委和管委会旨在将雄安市民服务中心打造成雄安新区践行绿色、环保、节能及智慧理念的示范项目和标杆项目，成为新区建设的样板，因此在说明会上，对参加投标主体的实力和资质进行了极其严格的规定。

然后，管委会介绍说：“本项目将采用 MPPP 模式建设！”

“MPPP 是什么？”肖游和朔蒙了，他只知道 PPP 模式，对于 MPPP 模式还是第一次听说。

所谓 MPPP 模式，是由雄安集团和一个由多家具备相关资质的企业组成的联合体各出资 50% 成立基金公司，然后由此基金公司来进行投资、建设、运营和移交，与之前的 PPP 模式有很大不同，是一种全新的投资建设模式。这一模式以产业导入为主，旨在打破地方政府的土地经济怪圈。

投标主体既要有建筑资质，又要有产业导入能力，还要有设计、投资和运营能力。国内具有这样资质和能力的企业凤毛麟角，因此许多企业都采取了组建联合体的方式参与投标。

于是，市场开始了“自由配对”：万科集团与中建一局牵手、正龙地产与中建二局“联姻”、华润地产联合中铁建、招商局联合中铁工进行投标。

以上企业，无论是哪一家，单独拿出来都是业内顶尖的巨无霸企业，都具有极强的操盘和运营能力，何况他们还联手组成更强大的团队来竞标。那么中建三局呢？能在这样的群雄环伺之下冲出一条血路吗？

投标团队冷静分析后认为：作为国内建筑资质全行业覆盖的企业和中国建筑的领跑者，中建三局在超高层建筑、EPC 总承包管理等方面都具有巨大的优势，然而在产业导入、园区运营等方面涉猎较少，与竞争对手相比并无优势。

单兵作战的中建三局面对虎视眈眈的各大投标联合体，形势极为不利。此时，更不利的消息传来：中建三局不够格参与竞标。

随后，在雄安集团 9 月份召开的第二次说明会上，中建三局被挡在会场门外，连参加说明会的资格都不给。

天时、地利、人和，中建三局都处于不利地位，“我们是来打酱油的”悲观情绪很快在投标团队中蔓延。时任中建三局副总经理、大项目公司总经理汤才坤和大项目公司党委书记、副总经理曾运平鼓励投标团队：“还没有到最后一刻呢，哪怕只有 1% 的希望，也要尽力而为！”

三局需要找投标合作伙伴。三局将眼光瞄准了中建投资基金管理公司（简称“中建基金”）、中建设计集团（简称“中建设计”）和中海地产。三局与中建基金、中建设计两家单位接洽，很快就获得对方的支持。中海地产作为中国建筑旗下的国际化不动产开发运营集团，具有住宅开发、城市运营、创意设计及现代服务等能力，特别是城市运营和现代服务能力较强，因此也是组成投标联合体的完美搭档。三局与中海地产几经谈判，终于说服中海地产参与。

于是，由中建三局、中海地产、中建基金、中建设计 4 家单位组成的联合体成立，4 家单位分别占股 79%、10%、10%、1%。

中建三局也因此拥有了竞标“雄安第一标”的“入场券”。

2017 年 10 月 9 日，国庆、中秋节后上班第一天，雄安市民服务中心项目选择投资人招标公告发布。

就如同当年承接央视新址大楼一样，三局迅速抽调精兵强将，大项目公司、一公司、总承包公司组建的一个专业能力强、分工明确的投标团队迅速集合。

相对以往的标书来说，雄安市民服务中心的技术标需要涵盖设计方案、施工方案、项目运营、产业导入、基金运作等内容，而其中项目运营、产业导入、基金运作都是中建三局投标团队没有遇到过的内容。

中建三局、中海地产、中建基金、中建设计这 4 家中建系统单位多兵种、多团队联合作战，体现出良好的团结、协作、互助精神。几家单位根据各自特点、特长进行分工：中建三局团队主要负责施工方案的编写；中海地产主要负责项目运营和产业导入的编写；中建设计负责设计方案的编写；中建基金与中建三局共同负责编写基金运作、管理部分的内容。

2017 年 10 月 30 日上午 9 点半是雄安市民服务中心项目投标文件递交的截止时间。原计划在 10 月 29 日晚上进行封标，然而投资额、基金运作、建造成本等数值还没有调平，大家只得通宵鏖战，直到 10 月 30 日 6 点才确定封标。

标书终于在 10 月 30 日上午 9 点半之前交到容城县公共资源交易中心，到达时标书还是热的。经过 9 位专家公开、公平、公正的评定，中建联合体综合得分位居第一。

2017 年 11 月 22 日，中标通知书正式发出：中建联合体中标！

客观上说，上述多个联合体皆是业内顶尖企业，谁中标都有可能。但最终中标的却是之前不被看好的中建联合体，这得益于他们永不放弃、永不认输的精神，也得益于中建联合体的敬业态度和专业水准。

中标后，为便于项目运作及后续发展，中建三局顺势成立了“中建三局雄安城市建设发展有限公司”。

3 建功雄安

中标已经尘埃落定，建设大幕由此拉开。

雄安市民服务中心项目要求之高，世所罕见！作为雄安新区建设的开篇之作，雄安市民服务中心项目立意高远，以习近平新时代中国特色社会主义思想为指导，将坚持世界眼光、国际标准、中国特色、高点定位，致力成为推动高质量发展的全国样板，是雄安新区面向全国乃至世界的窗口，是雄安新区功能定位与发展理念的率先呈现。

雄安市民服务中心项目占地面积 24.24 万平方米，建筑面积 10.02 万平方米。

从开工到完成，如此巨大的工程工期只有 112 天。常规来看，即使是采用人海战术，仍然是不可能完成的任务。

关于抢工，三局太熟悉了。从深圳国贸大厦、厦门富山展览城开始，三局几乎每一天都有不同的工地在抢工。比如 10 万平方米的天津梅江会展中心、33.25 万平方米的武汉火车站、95 万平方米的福州京东方厂房等，这些工程都在巨大工期压力之下，不断刷新中建三局的建设速度。而“雄安第一标”的要求更高：既要高速度，更要高质量。

无论是雄安新区管委会还是中建集团内部，均希望以一场完美的建设

雄安市民服务中心奠基仪式

来为千年大计开一个好头。

2017 年 11 月 3 日，雄安市民服务中心项目中标信息公示的第二天，在三局总部，陈华元董事长主持召开局董常会。陈华元强调：“要以高度的政治责任感、巨大的历史担当，建设好雄安市民服务中心项目，将其打造成新时代的标杆工程。”

同时，三局旗下的大项目公司、一公司和总承包公司迅速行动起来，调集精兵强将奔赴雄安新区。

仅仅 3 天时间，328 名骨干人员从全国各地聚集到雄安新区。其中党员 126 人，比例超过 1/3。项目第一时间成立了中建三局雄安新区指挥部党工委，并成立总包部党支部和一、二工区党支部。

雄安市民服务中心项目班前安全教育

2017 年 12 月 7 日，农历十月二十，大雪节气。早上 6 点，一轮下弦月挂在天空，星星还清晰可见，容城县小白塔以东的一块空地上人头攒动，雄安市民服务中心项目将在此举行开工典礼。8 点，一轮红日从东方天际跃出，参建员工齐声高呼："首战用我！用我必胜！"随后，汤才坤下达开工指令，"雄安第一标"的建设正式打响！

这是一次对施工组织能力的极限考验。

雄安市民服务中心项目工期紧、要求高、专业多，项目参考"军委管总、战区主战、军种主建"的人民军队建设新格局，以中建三局具有国内领先水平的总承包管理成果《项目集成管理体系》为指导，采用扁平化、标准化的矩阵式组织架构，确定了"总包管总、工区主战、专业主建"的

“大兵团作战”管理模式，将最高端资源与最优秀人才集中投入建设。

具体来说，就是由中建三局大项目公司、一公司、总承包公司成立联合总包部，并设置各职能部门；整个项目划分为两个工区，分别由一公司、总承包公司承建；在此基础上，项目又纵向设置各个专业执行小组，发挥中建集团全产业链建造优势，整合中建装饰、中建钢构等优势资源，引入中国节能、国家电网、达实智能等业界顶尖专业分包公司，有力保证项目履约。

其中，联合总包部主要负责协调，工作职能包括指定专业分包与工区之间的施工界面划分、工区间交叉部位的施工协调、施工外围整体平面、交通协调、施工组织方案制订、设计协调、施工总计划管控、合约管理、管理体系建设等；工区主要负责单体建筑施工、专业公司管理等；专业公司主要负责分包工程施工。为避免横向工区之间的矛盾，现场以纵向工作部门协调指令为主，清晰的管理职能为项目优质高效履约提供了坚强保障。

这种“大兵团作战”的管理模式优势凸显。

首先，计划管理是项目总承包管理的关键。联合总包部以项目工期管理为主线，按照设计线、工程线和招采线 3 条支线，提出超细颗粒度工程计划、动态网络计划，以应对工期紧、专业多且横跨春节等工期障碍。

其次，计划管控以项目整体里程碑节点把控为重点，以“全过程覆盖、全需求集成”为原则，结合项目工期特点，将计划按过程及需求进行分离，分为报建计划、出图计划、招采计划、建造计划、验收计划 5 个类别。严格进行计划考核，组织每日生产会进行计划对比，确保工期总体可控。

再次，联合总包部科学有力的组织，一方面保证了工区施工的有序推进，另一方面也推动了设计与建造的融合。在 MPPP 模式中，设计单位与施工单位具有共同的利益诉求，联合总包部全面统筹协调设计工作，发挥 4

家设计院整体优势，集群设计，明确各方设计界面与服务范围，制订细致可行的计划，确保对项目全生命周期集成化管理，有效缩短设计相关工作流程周期，兼顾业主、物业、运营各方需求，提高施工效率。

最后，指定中建集团最大号码公司——中建三局一公司、中建集团最好直营公司——中建三局总承包公司分别承建两个工区，可谓深思熟虑、富有深意。一方面，旨在强强联手；另一方面，则是推动两家单位同台竞技、相互比拼，最大限度地发挥争先文化的精神效能。

在专业分包的选择上也有类似的考虑，如装饰施工有中建装饰集团及所属深圳装饰公司、东方装饰公司一起参战；钢结构施工有中建钢构和中建三局一公司钢结构公司同台竞技。工区内部也有一种竞赛模式，比如一工区有6栋单体，每一栋单体组织一支青年突击队，相互之间也在你追我赶。

雄安速度有多快？看完下面这一组数据大家就能体会了：

3天，锁定所有劳务、专业分包和物资供应商；

4天，完成3100吨基础钢筋的安装，相当于一列火车承载的重量；

5天，完成2000平方米现场临建布置，相当于6个标准篮球场的面积；

7天，完成12万立方米土方开挖，可以填满48个标准游泳池；

7天，组织2500多名建设人员进场，1000多台套设备进场，建设期间项目共集合700多名管理人员、5000多名建设者；

10天，完成35500立方米基础混凝土浇筑，比正常浇筑工期提前了近20天；

25 天，完成 12200 吨钢构件安装；

1000 小时（40 天），所有 7 幢单体建筑钢结构封顶。

一般来说，工程施工计划多以月为单位，最忙时能把计划精确到每一天，但在本项目中则是以小时为单位安排施工计划，每一道工序、每一项工作都必须精确计算。这种情况在三局的历史上，在建成的数万个工程中出现的次数不超过 10 次。偌大一个工地，数千人马、数百套设备就如同一个巨大的精密的施工机器开始运转起来。

总包部就如同机器的中央处理器，各种计划、生产调度、人员安排等指令下达，两大工区就如同双发引擎开始高速工作，各大分包就如同齿轮般严丝合缝地运转。

项目会议室有一句标语“瞄准方向扣扣子，盯紧目标钉钉子”，这既是工作方法也是工作态度。每一个人都是不可或缺的零件，每一条关键施工线路节点的进度、质量、安全均有专门的监督协调员负责，一旦发生问题会第一时间反馈到“中央处理器”。工地有计划预警制度，不管刮风下雨，在保证安全的前提下，工作严格按计划推进，每天进行考核公示，进行红、黄牌预警。

项目组每天定时召开计划、生产、协调等方面的各种会议对工作方向实时修整，为保证骨干都在施工一线，会议大都是在中午和晚上召开，因此被大伙戏称为“午餐会”和“夜总会”。

由于时间太紧，任务太重，所以在这儿没有“加班”一说，因为每天 24 小时都是上班时间——项目团队在醒目位置打出标语：努力到无能为力、拼搏到感动自己！

如果项目部是一台高速运转的机器，那么项目党建工作就是动力引擎。

由于持续加班，员工压力巨大，总包项目党工委、各分区党支部、党小组发挥重要的组织保障和思想动力作用。党员干部亮身份、亮承诺、发挥先锋模范作用不再只是空洞的口号，而是成为实实在在的力量。在现代工程管理中，许多专家学者提出一系列科学管理的理论和方法。科学管理固然重要，但他们往往忽略了党建的力量——这种力量对员工战斗力的提升是呈几何级的，这也是央企政治特色转化为竞争优势最为关键的一点。有了党组织，员工们就有了魂；有了党的领导，企业就有了方向。

2018 年 1 月 1 日，习近平总书记发表新年贺词，他在贺词中表示“幸福都是奋斗出来的”。雄安市民服务中心项目的工地上弥漫着浓浓的奋斗气息。项目组将习近平总书记的这句金句做成巨幅广告牌，立在工人们每天上下班经过的路口，这居然成了项目“景点”，工人们上下班时都忍不住以此为背景拍照后发到朋友圈。

新年的第一缕阳光照进雄安新区，项目建设者们聚集在临建区广场上举行新年升旗仪式。全体员工肃立齐唱国歌，五星红旗在雄安新区上空冉冉升起、迎风飘扬。这种奋斗在新时代的自豪感激发了本已经疲惫不堪的员工们，大家唱完国歌再一次拼搏在施工现场。

接下来，他们还将面临一个难关——春节抢工。春节作为中国人的传统佳节，人们一般都会回家与家人团聚，但是雄安市民服务中心项目必须照常生产抢进度，如何留住工人成为雄安项目管理团队的一大挑战。

大年三十，一场“工地春晚”在雄安市民服务中心项目的规划展示中心大厅内举行。时任河北省委常委、副省长、雄安新区党工委书记、雄安新区管委会主任陈刚等特地来到联欢会现场，祝 3000 名建设者春节快乐，并与大家一起高唱《歌唱祖国》，将联欢会推向高潮，极大地激发了广大建设者的爱国热情。陈刚眼含热泪地致辞：“今年的春节不一般，这是雄安新区的第一个春节，来到这个工地我除了感受到浓浓的建设氛围外，我还感受到暖暖的春意，有人说雄安有高度、雄安有速度，今天我还感觉到雄安有温度。”

有温度的雄安也是如此有战斗力。大年初一，所有建设者都重新投入到建设的热潮之中。这个场景被媒体记者捕捉到了，中央电视台记者深入项目采访，在《新闻联播》《新闻30分》《新闻直播间》等多个栏目进行报道，新华社和《人民日报》记者也相继对春节期间仍然坚守在一线的建设者进行报道，雄安市民服务中心和中建三局一时间成为全国的热点。

51岁的宋福生，35年前曾参加深圳国贸大厦的建设，他的父亲20世纪70年代参加过人民大会堂的修缮工作。他子承父业，大半辈子随着工程转战各地。

建成后的雄安市民服务中心绿意盎然

面对采访他的记者，他说："我父亲参加人民大会堂的建设，我年轻时又参与了创造'深圳速度'，今天又亲历雄安新区的建设。就是一个传承接力，作为一名建筑人，还有比我更幸运的吗？父亲知道也会很欣慰的！"

在"雄安第一标"，对工程已经安装完成的空调管线进行检测是宋福生每天雷打不动的一项重要任务，对质量管控的更高标准也让他深有感触。他兴奋地表示，当年在深圳时机械很单一，主要靠人海和塔吊，而如今的技术更先进，现场有大型机械近百台，盖房子前先用三维建筑模型，优化施工工艺；机电管件采用数字化加工；一些很难焊接的地方用焊接机器人。他说："这都得益于时代的发展和技术的进步。"

2018 年 3 月，陈华元在参加全国"两会"时，提交了"把生态优先理念贯穿雄安新区建设全过程"的建议。除了党建铸魂、科学组织，"雄安第一标"还应用了许多新科技。

一是设计上，采用人与建筑环境有机协调的设计，充分尊重场地原有生态系统，融入海绵城市、绿色建造理念；引入被动式房屋，采用再生水热泵 + 浅层地温能热泵 + 冷热双蓄方式，实现供热、制冷，生活热水一体化供应节能机制；创新宜廊则廊、宜沟则沟、弹性拓展、系统集成的管廊体系；采用钢结构和模块化绿色装配式建筑方式，提高建筑品质和建设速度，降低施工对环境的影响。

特别是雄安市民服务中心项目装配率超过 30%，其中企业临时办公区 7 栋房屋全部采用集成化模块房屋，建筑面积达到 3.46 万平方米，提供企业办公用房、酒店。中集集团旗下中集模块化建筑投资公司负责 6 栋房屋的施工，中建集成负责其中 1 栋房屋的施工。

建筑模块具有可循环使用、可拆卸特点，不仅作为永久性建筑满足新区前期建设阶段各界人士的居住、办公和商业需求，更可随着雄安新区市政建设规划的进一步完善而进行搬运移动，可有效规避混凝土建筑拆迁爆破带来的社会问题、传统钢构建筑拆除内部装饰功能空间无法再回收使用的资源浪费问题。

建筑模块是一种钢结构集成装配式建筑，属于国家正在大力推行的装配式建筑的一种类型。其优势在于将钢结构集成模块的理念最大限度地应用到装配式建筑领域，集设计、制造、建造、运输于一体，可以实现一栋建筑 80%~90% 工程量在工厂预制完成，其中包括主体结构、水电系统、内部硬装甚至软装，施工现场只需要完成剩下 10% 左右的搭装工作，至少减少 50% 以上的现场施工时间，搭装现场基本无扬尘和建筑垃圾，最大限度地降低了传统建筑方式造成的环境问题，是目前建筑工业化能力的巅峰体现。

二是建造上，实行智慧管理。项目智慧管理基于 BIM 模型，以大数据为枢纽，建立互联协同、智能生产、科学管理的施工项目信息平台，实现数字化全过程管控。项目总包部经理刘创说："如果没有这些现代化的技术手段，要实现 112 天建成如此大体量的工程是不可能的。"

综上所述，科学的管理方法、强大的资源组装能力、新时代党建铸魂力量和现代化智慧建造手段是优质高效建成"雄安第一标"的 4 个必然要素。2018 年 3 月 28 日，经过 112 天的紧张施工，"雄安第一标"——雄安市民服务中心项目惊艳亮相。这是改革开放 40 年来中国建筑创新成果的一次集中呈现，是中国建设者践行新发展理念的一次全新尝试。

从深圳特区到 2018 年的雄安新区，历史在这一刻实现交接，还是那支叫"中建三局"的建设者队伍，在不同的时空中、不同的经纬度上书写了两个不同的建筑传奇，共同铸就了中国的骄傲！

千年大计，国家大事。作为雄安新区设立以来首个完工启用的建设项目，雄安市民服务中心寄托着人们对美好生活的向往，承载着人们对未来之城的梦想。

千年大计从兹始，一张“绿图”绘到底。许多年后，当园区的白桦树长成参天古木，当雄安市民服务中心周围有了更多绿色建筑，雄安新区成为世界级绿色城市时，人们依然会记得，这个绿色故事的起点。

4 从高速转向高质

如果说“深圳速度”依靠的是生死存亡的压力、突破体制的勇气、向死而生的决心，那么今天的“雄安第一标”则更多依靠科学管理的手段、技术革新的方法、推陈出新的模式。此两者之间截然不同，却也有着内在的必然联系。这种联系是中国改革开放 40 多年来的巨大成就，是中国共产党率领全体国人不忘初心的接力奋斗，是中国建设者前赴后继的不懈努力。

对中建三局而言，如果没有“深圳速度”冲刺在前，就没有“建功雄安”接力在后。

对中华民族而言，如果没有 40 多年前改革开放的破冰试水，也就没有今天大国崛起的淡定从容。

新时代，新蓝图。

2018 年 4 月 1 日，雄安新区刚满一岁。《河北雄安新区规划纲要》（简称《规划纲要》）在春光里诞生。

《规划纲要》指出，在党中央坚强领导下，河北省、京津冀协同发展领导小组办公室会同中央和国家机关有关部委、专家咨询委员会等方面，深入学习贯彻习近平新时代中国特色社会主义思想和党的十九大精神，坚持世界眼光、国际标准、中国特色、高点定位，紧紧围绕打造北京非首都功能疏解集中承载地，创造“雄安质量”、成为新时代推动高质量发展的全国样板，培育现代化经济体系新引擎，建设高水平社会主义现代化城市，借鉴国际成功经验，汇聚全球顶尖人才，集思广益、深入论证，编制雄安新区规划。

《规划纲要》明确的发展定位是：雄安新区作为北京非首都功能疏解集中承载地，要建设成为高水平社会主义现代化城市、京津冀世界级城市群的重要一极、现代化经济体系的新引擎、推动高质量发展的全国样板。

整体来说，就是打造“四个区”，即绿色生态宜居新城区、创新驱动发展引领区、协调发展示范区、开放发展先行区。

这座贯彻创新、协调、绿色、开放、共享新发展理念的“未来之城”，将探索出一条可复制、可推广的新时代中国特色城镇化的新路子。到21世纪中叶，全面建成高质量、高水平的社会主义现代化城市，成为京津冀世界级城市群的重要一极。新区各项经济社会发展指标达到国际领先水平，治理体系和治理能力实现现代化，成为新时代高质量发展的全国样板。彰显中国特色社会主义制度优越性，努力建设人类发展史上的典范城市，为实现中华民族伟大复兴贡献力量。

根据《规划纲要》，也就是说，雄安新区的建设才刚刚开始！

坚持“世界眼光、国际标准、中国特色、高点定位”规划和建设的雄安新区，必将成为引领未来发展的千秋之城、未来之城、典范之城。雄安新区的建设理念是中国5000年文明史和现代科技的必然结合，是对以往发展理念的全面革新，不仅是中国未来的发展新模式，将可能开启人类发展的新纪元。

这些都是对以中建三局为代表的中国建设者们提出的新挑战，同时也是中国建筑业的新未来。

2019 年 1 月 16 日，在时隔两年之后，习近平总书记再次来到雄安新区考察调研。在三局人倾心打造的“雄安第一标”——雄安市民服务中心，他听取了雄安新区总体规划、政策体系及建设情况介绍，视察了服务窗口，与工作人员、办事群众和部分进驻企业代表亲切交流。大家看到习近平总书记来了，热情围拢上来。习近平总书记勉励他们说，我们建设雄安新区，需要各类企业共同参与。无论是国有的还是民营的企业，无论是本地的还是北京的企业，都要把握住这个千载难逢的机会，把握住历史机遇，做民族复兴、改革创新的弄潮儿，创造新的辉煌业绩。

习近平总书记的讲话让所有人都激动不已，现场响起了热烈的掌声！这掌声既是表达对领袖的敬爱，也表达了对未来的期盼！

从深圳特区到雄安新区，中国以“深圳速度”高速发展，创造了人类经济史上的奇迹，中国人也从当初的迷茫无助变为今天的从容自信。

如果说“深圳速度”代表的是高速度发展，那么“雄安质量”将代表高质量发展。“高质量发展”是党的十九大首次提出的新表述，表明中国经济由高速增长阶段转向高质量发展阶段。

高质量发展是能够很好满足人民日益增长的美好生活需要的发展，是体现新发展理念的发展，是创新成为第一动力、协调成为内生特点、绿色成为普遍形态、开放成为必由之路、共享成为根本目的的发展。推动高质量发展，是保持经济持续健康发展的必然要求，是适应我国社会主要矛盾转化和全面建成小康社会、全面建设社会主义现代化国家的必然要求，是遵循经济规律发展的必然要求。

高质量发展要求我国经济要从主要依靠增加物质资源消耗实现的粗放型高速增长，转变为依靠技术进步和提高劳动者素质实现的高质量发展。高质量发展的目标就是要推动我国经济持续健康发展，更好地满足人民群众多样化、多层次、多方面的需求。

要实现高质量发展，必须有三个转变：一是发展方式的转变，要实现从数量追赶转向质量追赶；二是产业体系和产业结构的转型升级，必须从要素密集型产业为主的产业体系，转向以技术和知识密集型产业为主的产业体系，从目前低技术含量、低附加值产品为主的产品体系，转向高技术含量、高附加值的产品体系为主；三是向环境友好型经济转变，必须在经济发展过程中加强生态环境保护，有效利用自然资源，走绿色发展道路。

2018 年 6 月 14 日，陈华元在三局领导干部学习党的十九大精神集中培训班上有一个讲话，就是聚焦高质量发展。他提出三局在新时代的发展体现了四个特征。

一是由规模高速增长向高质量发展转变。作为国民经济发展中坚力量的国企，身处与国计民生紧密相连的建筑行业，适应高质量发展是我们必然遵循的客观要求。从行业看，建筑业的增速持续放缓，政策红利逐步减少，三局要实现持续健康发展，也必须及时依据政策和环境变化调整发展战略，把高质量发展作为企业的主动追求。

二是由要素驱动向创新驱动转变。三局以往的快速发展，主要依靠资源、资金投入推动。在近 2000 亿元的规模下，三局不可能再无限制地接项目、铺摊子，以往通过要素驱动的发展模式终将难以为继。未来必须向创新要动力，靠组织制度、管理模式、商业模式、生产方式、科学技术等各方面创新，持续提高发展效率，实现更高质量发展。

三是由轻资产运营向重资产运营转变。在过去相当长的时间内，三局以施工业务为主，发展模式相对简单。“十二五”以来，三局实施“两轮驱动”战略，业务结构显著优化。但投资业务的开展，同时将企业逐渐引向高负债、低周转的不利局面。在未来，投资业务仍将是三局实现转型的重点，但 PPP 项目合作期限长达 10~30 年，新一轮房地产调控从“售房为主”向“租售并举”转变，无论是 PPP 新政还是房地产调控，都突出了持有和运营，这将对项目的投资周期和效益产出造成不利影响，会进一步加剧三局重资产运营倾向。

四是由单纯靠内生式增长向靠内生式增长与外延式发展并举转变。回顾企业发展历程，过去三局一直以内生式增长模式为主，团队、资源、市场主要依靠自身培育，取得发展成效的同时，也暴露出周期长、见效慢等问题。着眼当前，市场机遇转瞬即逝，企业自身短板客观存在，这种形势下，单纯的内生式增长模式已难以满足企业转型发展的要求，必须走上内生式增长与外延式发展并举的道路。通过并购等方式迅速补齐短板，抢抓市场机遇，实现企业快速发展。

这 4 个特征的提出体现了三局领导团队对现状的清醒认知、对未来发展的科学的研判。

那么对于高质量发展，三局应当怎样理解呢？对此陈华元说：

> 高质量绝不仅仅体现于企业的产品品质、经济效益，这是十分狭隘的理解。它还应该包括更加广泛的内容、更加深刻的含义。比如，从企业自身运行角度看，高质量意味着组织结构、业务结构、人才结构更加优化；从企业管理角度看，高质量意味着管理手段更加科学、高效、精细、智慧；从企业产品角度看，高质量意味着更加安全、绿色、节能、环保；从企业市场竞争力来看，高质量意味着具有更强的价值创造力，包括我们的品牌价值和文化魅力要更加彰显；尤其重要的是，高质量发展意味着我们对党和国家政策的把握，能够及时根据宏观政策导向调整企业发展战略，确保企业始终

港珠澳大桥珠海口岸

在正确的方向实现更可持续的稳健发展。当然，高质量的内涵一定远远不止这些，还有待大家打开思路、解放思想，深入地探讨研究，不断挖掘新的内涵。

要实现高质量发展，无论是国家层面还是企业层面都处在探索阶段，三局已经或者正在进行一次尝试，主要表现在 7 个方面。

一是加快推进战略转型。三局从“十二五”开始就着力“三个转型”，分别在高端建造、投资和海外战略中取得重大进展。在工程局第六次党代会上更是提出了“成为最具价值创造力的世界一流投资建设集团”战略目标。在实现上述战略目标的战略路径上仍然坚持“三个转型”，即向综合性高端建造商转型、向建造与投资并重的现代企业集团转型、向海内外一

中建三局召开粤港澳大湾区发展研讨会，开启“二次南下”新征程

体化的跨国企业转型。

二是着力实施创新驱动。创新已成为时代主题，不创新、慢创新，都会直接导致我们在管理效率、技术水平、发展模式上落后于时代，甚至被时代淘汰。创新主要包括模式创新、管理创新和技术创新等。三局不断地持续加大创新力度，在发展模式上打破建造为主的格局，在投资开发、产业运营等方面成效卓著。在管理创新上结合“两化融合”多次升级管理标准。更是在技术上自主研发了以“空中造楼机”为代表的一系列核心技术，引领了行业发展。但是随着业务领域日趋多元，新的模式、业态不断涌现，市场环境比以往更加复杂，制约因素比以往更加严苛，创新将是永恒的课题，每一个人、每一家企业都还在路上。

三是深入推进精益建造。三局从 2018 年开始就在原有的“精细化管理”基础之上推行“精益建造”，多次修订了精准建造实施手册，使精益建造工具化、模块化和全员自觉化。目前三局正着力将精益建造理念延伸到管理的各个环节。

四是努力建设智慧三局。三局早在 10 年前就开始了信息化和标准化的“两化融合”工作，正着力利用互联网建设云数据中心，目前正从智慧工地向智慧管理以及智慧三局进阶。将从企业的计划实施管理、财务资金管理、资源整合调配、项目可视化管理、核心技术共享等方面建设全互通的智慧管理平台。

五是全面落实人才强企。三局根据发展愿景已经制订了一系列的人才强企规划，主要是从培养选拔、交流晋升、福利薪酬等进行全体系的改革。

六是高度重视品牌建设。三局信奉品牌是“做出来”的原则，半个世纪以来三局已经是建筑市场的一块金字招牌，但是品牌张力和品牌内涵还有待加强，三局正着力对品牌体系架构进行优化。三局董事长陈华元说：“要让中建三局成为敢打硬仗、诚信履约的代名词，成为精工筑造、百年品质的代名词，成为绿色环保、生态宜居的代名词，成为服务城市发展、增进民生福祉的代名词。”

七是不断激发文化活力。在 50 多年的发展中，三局形成了自己独特的以“敢为天下先，永远争第一”为核心的企业文化，使之成为三局的灵魂支柱，并结合企业发展实际多次对企业文化进行了更新修订，不断地注入新的元素，使企业文化生机勃勃。2019 年，他们再一次根据习近平新时代中国特色社会主义思想和新时代的要求，对“争先文化”进行了升级，使之更具时代性、国际范和接地气。

以“深圳速度”一路慷慨激昂、高歌猛进的中国是时候更换一条新跑道了，这条新跑道是以“创新、协调、绿色、开放、共享”铸就的跑道，中国将以全新姿态再次起跑！

5 二次南下

2018 年 10 月 23 日，伶仃洋畔，海风轻拂、海浪如练。在由中建三局建设者倾心打造的珠海口岸旅检大楼，正在举行隆重的港珠澳大桥开通仪式。中建三局一公司董事长、党委书记吴红涛作为建设者代表受邀参加仪式。他亲耳听到习近平总书记庄严宣布："港珠澳大桥正式开通！"全场响起热烈掌声。

一桥连三地，天堑变通途。开通仪式结束后，习近平总书记乘车从珠海口岸旅检大楼出发巡览港珠澳大桥。伶仃洋上，云开日出、烟波浩渺，海天一色、清风徐来，港珠澳大桥如同一条巨龙飞腾在湛蓝的大海之上。

习近平总书记强调，港珠澳大桥的建设创下多项世界之最，非常了不起，体现了一个国家逢山开路、遇水架桥的奋斗精神，体现了我国综合国力、自主创新能力，体现了勇创世界一流的民族志气。

这是一座圆梦桥、同心桥、自信桥、复兴桥，将为粤港澳大湾区建设发挥重要作用。

700 多年前，南宋抗元将领文天祥曾在此以无比悲愤的心情写下"山河破碎风飘絮，身世浮沉雨打萍。惶恐滩头说惶恐，零丁洋里叹零丁"。

170 多年前的 1841 年，第一次鸦片战争后，英国经伶仃洋强占香港岛。

80 多年前的 1941 年 12 月 25 日，日军又经此进犯香港，开始了三年零八个月的"日据时期"。

1978 年改革开放，1997 年香港回归祖国，2018 年港珠澳大桥通车，可以说伶仃洋见证了历史的沧桑巨变。

经过 70 年砥砺奋进，这里已经发生了前所未有之变化。进入新时代，中央又提出更为宏伟的发展目标，推进粤港澳大湾区建设。粤港澳大湾区由香港、澳门两个特别行政区和广东省广州、深圳、珠海、佛山、惠州、东莞、中山、江门、肇庆组成，总面积 5.6 万平方公里，2018 年末总人口已达 7000 万人，是中国开放程度最高、经济活力最强的区域之一，在国家发展大局中具有重要战略地位。推进粤港澳大湾区建设，是以习近平同志为核心的党中央做出的重大决策，是习近平总书记亲自谋划、亲自部署、亲自推动的国家战略，是新时代推动形成全面开放新格局的新举措，也是推动“一国两制”事业发展的新实践。

从深圳特区到粤港澳大湾区，标志着中国的改革开放进入新纪元。从创造“深圳速度”到建成港珠澳大桥珠海口岸旅检大楼，中建三局一直在行动。

2019 年 3 月 26 日，三局召开粤港澳大湾区发展研讨会。陈华元强调：推进粤港澳大湾区建设，是党中央做出的重大决策，全局要加强战略研究，积极抢抓粤港澳大湾区发展机遇，在服务国家重大发展战略中打先锋、当主力。要立足国家战略，把握市场趋势，坚守争先追求；进一步分析研判形势，进一步研究架构设置，进一步探索模式设计，进一步加大资源投入，进一步优化角色分工；厚植资源，跟踪项目，加强联动，有序推进，正视困难，注重实效。

陈华元将三局参与粤港澳大湾区建设称为“第二次南下”。虽然从创造“深圳速度”之后，三局有多支力量一直活跃在这片热土之上，建成的地标建筑数不胜数，但是“第二次南下”与当年是完全不同的。其一，出击更为从容和坚定。当年是为了解决生存之困的不得不为，这一次则是谋求更大发展的尽早布局。三局如今每年在大湾区有至少 300 亿元以上的稳定产出，品牌知名度也属顶尖。其二，布局更成体系和完善。与 40 年前的孤军奋战相比，今天三局在大湾区市场已经是成熟的兵团作战，目前三局在大湾区员工人数已经突破 4000 人，同时战略规划更为科学，体系运营更为健全。其三，模式更加创新和灵活。三局将逐步改变以往的纯建造模式，寻找更为深入的市场开拓和更灵活多样的合作模式，从 EPC 、PPP 等进行突破，并成立南方投资事业部，将以投资模式直接参与到大湾区的建设中来。

参与大湾区建设，是中建三局践行国家使命的再出发，是三局央企属性所向、红色基因所系；与大湾区地方政府建立合作关系，共同推进大湾区建设发展，三局义不容辞，这是以陈华元为代表的三局上下的普遍共识。绸缪既毕，步稳蹄疾。为此，陈华元率领团队多次南下拜会广州、珠海、韶关等地的领导，表达了三局响应国家号召参与当地建设的热忱，地企双方共商大计，并签订战略合作协议。2019 年 3 月，三局在粤港澳大湾区迎来突破，以 EPC 模式中标珠海横琴科学城（二期）一标段总承包项目，中标总额高达 80 亿元。

从 40 年前张恩沛率队“南下找米”并创造“深圳速度”开始，到三局“二次南下”，历史进行了一次奇妙的轮回。这片中国经济最活跃的热土之上每一天都在诞生奇迹，而奇迹正是由千万勤劳和敢于创新的中国人共同创造的。三局的建设者参与其中，与有荣焉，并将在此续写传奇。

6 百年梦想

1895 年，李鸿章代表清政府和日本签订了丧权辱国的《马关条约》。1896 年，李鸿章又出使莫斯科参加俄国最后一个沙皇——尼古拉二世的加冕典礼，仪式上有一个轮奏各国国歌的环节，但是清朝没有国歌。已经 74

中建三局第六次代表大会

岁的李鸿章尴尬起身，身着蓝色官袍拖着长辫子唱了一首家乡的安徽小调。

此后李鸿章又出使了欧美诸国，坠入一场由巨轮、火车和摩天大楼组成的梦幻之旅中。幻梦如同噩梦，身穿光绪皇帝亲赐的黄马褂，李鸿章迷茫地坐在伦敦和巴黎的街头，如同一个错过末班车的弃童。

由于身临其境、耳闻目睹，他对西方的进步发出由衷的赞叹，曾再三大声疾呼："五洲列国，变法者兴，因循者殆！"因此他是维新变法的同情者。然而，即便有李鸿章这样的清醒者，但清政府已经摇摇欲坠，1900年，八国联军攻破北京，人们仓皇逃亡，19世纪就在这样的屈辱中仓促谢幕，而20世纪的潮声如雷而至，蒸汽机发出巨兽般的吼叫，在时代进步的大道中扬起一片尘埃，而延续了260多年的大清王朝即将被埋入时代进步的尘埃。

1901 年，李鸿章代表清政府签下屈辱的《辛丑条约》，他死前悲愤地哀叹道：秋风宝剑孤臣泪，落日旌旗大将坛；海外尘氛犹未息，诸君莫作等闲看。

这个伟大的民族自然不会“等闲看”，无数仁人志士开始了救亡图存，在经历了长达半世纪的伟大斗争之后，1949 年 10 月 1 日，伟人毛泽东在北京天安门城楼向世人宣告：中国人民从此站起来了！

70 年之后的 2019 年 10 月 1 日，还是北京城，同样炮声隆隆，不过这再也不是列强入侵的枪炮之声，而是新中国成立 70 周年的礼炮之音。无数国人同唱国歌，声震九霄！今日之中国已经不是百年前的中国，习近平总书记在天安门城楼上再次向世人宣告：今天，社会主义中国巍然屹立在世界东方，没有任何力量能够撼动我们伟大祖国的地位，没有任何力量能够阻挡中国人民和中华民族的前进步伐。

从人类文明启蒙，我们 5000 年文脉相承。

从公元元年计算，我们 1800 年引领世界。

从鸦片战争开始，我们经受 100 年屈辱苦难。

从新民主主义革命开始，我们经历 100 年伟大斗争。

未经黑暗，便看不到光明的可贵；历经磨难，才深知复兴的意义。历史，总是在一些特殊年份给人们以汲取智慧、继续前行的力量。70 年辉煌历程，40 多年改革开放，是中华民族再次向世界唱响的一首高亢的咏叹曲，它承载了太多人的光荣和梦想，不仅是一代人共同的成长记忆，更是这个文明绵长、历史悠久的民族重新崛起的嘹亮号角。

来途苍茫，去路迢迢。

未来如何？难下定论，却可预估。经济学界有一个共识：未来的 10~20

年间，中国超越美国成为世界第一大经济体将是大概率事件。我们比之前任何时候都更接近中华民族伟大复兴的中国梦。

党的十九大已经绘出了路线图：在 2020 年全面建成小康社会、实现第一个百年奋斗目标的基础上，再奋斗 15 年，在 2035 年基本实现社会主义现代化。从 2035 年到 21 世纪中叶，在基本实现现代化的基础上，再奋斗 15 年，把我国建成富强民主文明和谐美丽的社会主义现代化强国。

2018 年 10 月 29 日，三局召开第六次代表大会，党委书记、董事长陈华元在会上向全体代表深情地说："从三线建设到改革开放，再到今天的雄安新区建设，我们始终坚持与国家发展同频共振。我们今天的成就得益于这个伟大的时代、得益于我党的正确英明领导、得益于三局的前辈们筚路蓝缕、得益于全体员工的团结奋斗，那么我们要将怎样的一个中建三局留给后人？那就是我们必须树立打造百年名企的梦想，要在新时代有新作为！"

未来，中建三局要成为"最具价值创造力的世界一流投资建设集团"。结合党的十九大"两个阶段"部署，中建集团 2030 年、2050 年目标，三局将分"两步走"实现发展愿景。

到 2030 年，在中建集团，营业规模最大、跨国指数最高、业务结构最优、综合实力最强。全面赶超法国万喜集团等国际优秀同行企业，跨入世界一流投资建设集团行列。

到 2050 年，在全球范围内，具备卓越的科技创新力、国际竞争力、品牌影响力和可持续发展力，成为最具价值创造力的世界一流投资建设集团。

在此基础上再奋斗 15 年，到建局 100 周年时，成为行业发展的全面引领者、国家使命的优秀担当者、中华文化的杰出传播者、社会进步的卓越贡献者，成为一家受人尊敬的伟大企业。

陈华元提醒全体员工目标在远方，而路在脚下，当下要突出党建引领、聚力改革创新、昂扬争先斗志，要按照高质量发展要求，全面加强党的建设、全面推进转型升级、全面实施创新驱动、全面建设人才强企、全面发展先进文化、全面坚持共享理念。一代接着一代努力奋斗，梦想终究会绽放美丽的花朵。

2018 年 12 月 18 日，习近平总书记庆祝改革开放 40 周年大会上发表重要讲话，指出改革开放铸就的伟大改革开放精神，极大丰富了民族精神内涵，成为当代中国人民最鲜明的精神标识。40 年春风化雨、春华秋实，改革开放极大改变了中国的面貌、中华民族的面貌、中国人民的面貌、中国共产党的面貌。习近平总书记强调，要高举新时代改革开放旗帜，继续全面深化改革、全面扩大开放，把改革开放不断推向深入。我们就是要在这里向世界宣示，中国改革开放不停步。

中华民族迎来了从站起来、富起来到强起来的伟大飞跃！中国特色社会主义迎来了从创立、发展到完善的伟大飞跃！中国人民迎来了从温饱不足到小康富裕的伟大飞跃！

习近平总书记说，中国的昨天已经写在人类的史册上，中国的今天正在亿万人民手中创造，中国的明天必将更加美好。

不畏山高路远的跋涉者，山川回馈以最奇绝的秀色；不惧风高浪急的弄潮儿，大海回报以最壮丽的日出。

从深圳特区到雄安新区的 40 年，可能是人类经济史上最为波澜壮阔的 40 年，是世界建设史上最声势浩大的 40 年，也是中国发展史上最快速崛起的 40 年。中国城市里那些林立的高楼、广袤国土上那些通达的路网、大江大河之上让人惊叹的桥梁足以说明一切。中国建筑人将汗水、青春和智慧搅拌入混凝土，浇铸在中国发展的快车道上，标注在崛起的地标上。这个过程是如此壮丽雄浑、如此斑斓多彩，恐怕再多的文字、再大的画卷也无法将其一一说清，但是从中建三局这家企业的发展历程上或许可以窥见一斑！

回顾三局的历史，刘贤、岳洪林、楚福和等已经故去，张恩沛、孙文杰、李传芳、洪可柱、熊德荣等已经光荣退休，当年创造“深圳速度”的宋福生等一线建设者也已经人到中年，整整一代人的青春、梦想和拼搏的汗水都浇铸在这个伟大的时代。

温斯顿·丘吉尔说：“我们能看到多远的过去，就能看到多远的未来！”

愈是寻找幽远而纯粹的源头，愈是能够帮助我们找到未来的方向。我们回顾波澜壮阔的改革开放 40 多年历程，乃至更远的过去，无论是充满浩然之气的圣贤气象，还是回荡悲欢离合的人间烟火，抑或是雄浑豪迈的伟人壮举，又或是风霜坎坷的平凡人生，无不与天地精神同呼吸，无不与时代脉搏共跳动。

1978 年，春潮涌动。

中国改革大戏一直有一个坚定的目标：中国崛起、人民幸福！这股大潮浩荡东流，曲折多弯，挟泥裹沙，惊涛与礁石搏斗、旧水与新流争势，时而江平两岸阔，时而险滩风浪急，但是目标坚定、百川汇聚，终成浩瀚主流！

2019 年，梦想无碍。

此时的中国以新兴大国的姿态站立在历史的临界线上。中国以及每一个中国人都是如此自信，回看百年历史、复盘 40 多年改革开放，当然可以对酒当歌，慨当以慷。

这片深沉的土地上生活着的每一个人都是时代的见证者、推动者和创造者，每一个投身到这场改革开放洪流、做出了贡献的人，无论是伟人或是最普通的建设者，都堪称英雄，理当被时代铭记。

当下正成历史，我们就是时代！

展望未来，梦想无疆，日月之行，其道大光。在中华民族没有终点的征途中，有人青春已逝，也有人在感叹“世界如此之新，一切尚未命名”。面对即将到来的“第四次浪潮”，面对即将开始的“未来之城”，必然还有许多不确定性，但有一点可以肯定：蓝图已绘，未来可期！

“凡是过往，皆为序章。”中国的崛起之路才刚刚开始！中国的建设者们还任重道远！

后记

谁持如椽笔　标注新时代

文 / 许名波

两年前到深圳出差，我特意去“朝圣”曾创造“深圳速度”的深圳国贸大厦，这幢当时号称“华夏第一高楼”的建筑已经被淹没在周边更高、更亮眼的楼群之中，变得毫不起眼。同样，我也在“雄安第一标”的工地上感受到热火朝天和拼搏奉献，相信不久的将来此处将会崛起一座让人耳目一新的新城市。

从“深圳速度”的激情奉献到今天雄安新区的磅礴大气，世景变迁让人恍如隔世、感慨万千。

剧变的时代催生了许多经济神话和商业传奇，有许多企业紧扣时代、创新模式，一夜之间成长为“独角兽”，但是仍然有许多像中建三局一样的企业，肩负历史责任、怀揣神圣使命、身处传统行业，在时代浪潮冲击之下慢慢累积、坚韧成长。就如同他们建成的万丈高楼一样，起于平地、垒于砂石。

时代发展最直观的景象是城市“每天不一样”地在快速长大、长高，并通过快捷的路网缩短城与城的距离。因此，建筑无疑是时代最好的参照物和标注点，以中建三局为代表的中国建设者用勤奋和智慧为如椽大笔，以泪水、汗水为墨，尽情地描绘这个时代。他们就如同最平凡的砂石一样被铸在中国崛起的大厦中、铸在时代进步的路桥中。

摩天高楼总是从平凡的砂石开始累积，伟大梦想总是从万千民众中发出巨大回响。

如果把广袤的中国大地比作一张巨大的画布，那么40多年来发生的一切无疑是最经典、最壮阔、最宏伟的画卷。生活在这片土地上的每一个人都是画卷的描绘者，甚至是画卷的一部分。要想全面描绘这幅巨大的画卷是难以做到的，那么解析我最熟悉的也是中国建筑业最具代表性的中建三局却是有可能的。

那么，我为什么要写这样一本书?

一是并肩战斗的情感共鸣。三局是一家优秀的企业，作为他们中的一员备感荣幸，感受他们的喜怒哀乐，见证他们的拼搏奋斗。我们一起流下汗水、泪水和血水，一起经历挫折、失败和胜利。这段经历平凡而又独特，这份感情粗犷而又细腻。在这个伟大的时代，我们从来都不是观光客。我的前辈们、同事们、兄弟们奋战在遍布全中国甚至全世界的各个工地上，用汗水描绘幸福、用砂石标注时代。记录他们的点滴进步是理所当然的。

二是伟大时代的激情感召。我们正处在一个快速迭变的时代，改革开放40多年让人们见识到了何谓沧海桑田，何谓翻天覆地。从深圳特区到雄安新区的40年或许是人类历史上最伟大的时代之一，聆听时代脚步的铿锵回响，身在伟大国家，怎能不被这“敢教日月换新天”的激情所感召怎能不随这激情澎湃的时代潮音一起呐喊？

激情之余也要反思，我们为何出发？因何而兴？经济学家吴敬琏说，中国的改革并不是一路凯歌。同样，三局的发展也不是一帆风顺。市场开拓、管理变革、战略规划、制度建设、模式改变等都曾有多种挫折甚至失误，我们有必要在理性层面上作一些抽丝剥茧的回顾和分析。

三是去向何方的使命召唤。习近平主席在“一带一路”国际合作高峰论坛发表主旨演讲时说，人类社会正处在大发展、大变革、大调整时代。不确定因素增多，特别是理念创新、技术革新、模式更新等都可能重新改写我们的既定目标和发展方式。站在新时代的起跑线上，每一个人都面临着“去向何方”的焦虑和不安，我希望能通过本书引发更多有识之士的共同思考，并坚定我们走向前方的信念。

在写作时，我有三个“试图”。

一是将三局置于改革开放的洪流中进行剖析，试图找到企业发展的时代节拍；二是把三局放在行业发展中进行论证，试图找准三局的行业定位；三是把三局置于时代轨迹中进行分析，试图探索三局的未来方向。但是限于个人能力和眼界，书中许多观点未必准确、总结亦未必到位，以上三个“试图”可能只是一厢情愿的“企图”。

书稿在创作过程中得到了原国家体改委副主任、中国经济体制改革研究会原会长、著名经济学家高尚全先生的支持，并为本书写序。也得到中建三局党委书记、董事长陈华元的支持与肯定，他多次为本书提出宝贵意见，并欣然为本书写序。特别感谢中建三局党委副书记胡金国的大力支持，他多次亲自审阅稿件并提供大量素材。还要感谢中建三局企业文化部，为最终本书出版提供的无私支持与辛苦付出。

两年前，按局党委安排在撰写《敢为天下先》时，曾采访了大量的三局老前辈，他们中有孙文杰、王祥明、张恩沛、李传芳、洪可柱、傅开荣、熊德荣等。他们是三局历史的书写者，也是时代的标注者，他们提供了大量的第一手资料，构成了本书的基础性素材。同时，三局相关部门、分公司、子公司也提供了大量的素材。在此一并表示感谢！

新时代必然有新使命，也将面临新挑战。时代的发展如同滚滚海潮，每一家企业都被裹挟其中，是折戟沉沙还是浪尖弄潮？这是我们需要思考的大问题。科技进步正在快速颠覆传统产业，工业 4.0 时代正迎面扑来，万物联网的脚步越来越近，生物科技有可能挑战人类道德伦理，建筑机器人或许要重构行业态势。处在大变革前夜的我们并不知道天亮后又会是怎样的景象和际遇。

但 2000 多年前，春秋时期著名的改革派管仲曾写道：疑今者，察之古。不知来者，视之往。因此，未来虽然不可预知，但走过的路已经给出了方向。